山东省社会科学规划办基金研究项目
"新常态下鲁日经贸合作：障碍、风险与对策"
（项目批准号：15CJJJ26）的研究成果

鲁日经贸合作
障碍、风险与对策

李　萍　隋红霞　著

中国社会科学出版社

图书在版编目（CIP）数据

鲁日经贸合作：障碍、风险与对策／李萍，隋红霞著．—北京：
中国社会科学出版社，2017.6
ISBN 978 – 7 – 5203 – 0561 – 7

Ⅰ. ①鲁… Ⅱ. ①李…②隋… Ⅲ. ①对外经贸合作—
研究—山东、日本 Ⅳ. ①F752. 852②F752. 731. 3

中国版本图书馆 CIP 数据核字（2017）第 130138 号

出 版 人	赵剑英	
责任编辑	周晓慧	
责任校对	韩海超	
责任印制	戴 宽	

出　　版	中国社会科学出版社	
社　　址	北京鼓楼西大街甲 158 号	
邮　　编	100720	
网　　址	http://www.csspw.cn	
发 行 部	010 – 84083685	
门 市 部	010 – 84029450	
经　　销	新华书店及其他书店	

印　　刷	北京明恒达印务有限公司	
装　　订	廊坊市广阳区广增装订厂	
版　　次	2017 年 6 月第 1 版	
印　　次	2017 年 6 月第 1 次印刷	

开　　本	710×1000 1/16	
印　　张	19.5	
插　　页	2	
字　　数	266 千字	
定　　价	86.00 元	

凡购买中国社会科学出版社图书，如有质量问题请与本社营销中心联系调换
电话：010 – 84083683

目　　录

前 言

区域间经贸合作有着巨大的经济效应和福利效应，对贸易双方经济迅速发展具有重要的推动作用。国外学者对区域经贸合作的研究主要集中在关税同盟理论和自由贸易区的经济效应方面。德比尔斯（de Beers，1950）最早提出了关税同盟理论，后由美国经济学家维纳（Viner，1950）对该理论进行了系统的阐述，区分了贸易创造和贸易转移，并考察了关税同盟对贸易流动的影响；科登（1972）在分析贸易创造和转移的基础上，提出了规模经济成本降低效应和贸易抑制效应，认为自由贸易将加剧贸易双方的竞争，促使双方增强竞争力，推动各种要素的充分流动，促进社会经济的发展。

中国经济发展进入"新常态"，这不仅对中国自身经济发展会产生巨大影响，在全球经济密切联系的时代也将给亚洲乃至全球经济发展带来深远的影响。根据国际货币基金组织（IMF）的分析，中国的实际增长率每下降 1 个百分点，次年中国以外亚洲地区的 GDP 将下降 0.3 个百分点，亚洲以外地区的 GDP 将下降 0.15 个百分点[①]。日本是中国的近邻，又与中国存在着紧密的经贸依存关系，中国经济的"新常态"发展必将对两国经贸合作产生一定的影响。

中国地缘政治关系发展也进入"新常态"。随着中国整体经济实

---

① 《中国经济减速影响全球 外媒：韩国不安日本因祸得福》，http：//finance. huanqiu. com/roll/2015 - 08/7208422. html。

力的增强，部分亚洲国家对于中国的崛起产生忧虑，与此同时，美国高调"重返亚太"，积极扮演中国周边国家后盾的角色，插手东海与南海争端，企图激化周边国家与中国的矛盾。其实，这些矛盾是伴随着新兴大国崛起常有的现象，只是近年来因为外部因素的影响而凸显出来。日本右翼政党上台后的一系列动作使本已脆弱的两国关系岌岌可危，而且这种政治关系当前并没有向好的方向演化的迹象，新常态下能否管控好中国与周边国家的政治关系不突破底线，尤其是中日政治关系，考验着中国的智慧。政治关系的稳定是开展经贸合作的前提，在当前的中日政治关系背景下如何努力降低政治风险，推动两国经贸合作持续发展成为必须重视的问题。

1972年中日建交之后，由于两国经济互补性强，地理上仅一海之隔，经济交往条件得天独厚，贸易关系得到快速、稳定的发展。中日贸易额从2001年的877.3亿美元增长到2015年的3033亿美元。尽管2012年以后有所下降，但两国之间仍然互为主要贸易伙伴的事实并未发生改变。日本已成为中国第四大贸易伙伴，中国则成为日本的第二大贸易伙伴。受内外部环境因素的共同影响，2012年，中日双边贸易额同比继2009年受金融危机影响而出现下降外，再次出现下降。尤其是这段时期，受钓鱼岛事件、日本教科书事件、日本企图干预中国南海事务等的影响，国内反日情绪不断高涨，这给中日经贸合作的发展带来了不确定性。

山东省与日本隔海相望，一直以来被认为具有与日本开展经贸合作的得天独厚的地理条件，山东省政府一直致力于扩大与日本在经贸领域的合作，特别是大力吸引日本企业到鲁投资，扩大对日本的商品贸易。山东省成为日本在华投资的主要地区，日本也成为山东省吸引外资的主要来源以及外贸出口的主要市场，鲁日经贸合作对于山东经济的发展起着重要的作用。2011年，鲁日贸易额达到2481823万美元，其中出口1676087万美元，进口805736万美元，顺差870351万美元，但由于受包括中日政治问题在内的多种因素的影响，自2012

年以来，鲁日贸易额连续四年出现下降，2015 年，鲁日贸易额下降到 1999577 万美元，其中出口 1474562 万美元，进口 525015 万美元，同比出现了较大幅度的下滑。日本对山东 FDI 也连续四年下降，与此同时，中日之间贸易摩擦增加。

对于中日经贸合作，国内学者已经进行了大量的研究，但研究的成果多集中于中日贸易结构、贸易效应、贸易摩擦和贸易投资等几个方面，而且主要从全国的视角进行问题的分析。秦熠群（2006）、刘昌黎（2007）和苏国辉等（2010）分别从贸易结构、比较优势、竞争优势、贸易一体化的理论基础和组织模式以及路径安排等方面分析了中日贸易的经济效应和经济互补性，认为中日自由贸易会促进两国的产业结构布局和分工体系更趋合理，资源流动和配置更加科学，区域整体效应逐渐最大化，真正实现了互利共赢；余振（2010）指出，日本出口和中国进口整体上呈互补关系，并逐渐增强，但是，中国出口与日本进口整体上呈现出弱互补性，主要表现为竞争关系；任兵（2016）通过实证分析指出，中日产业内贸易已经达到了较高的水平，贸易模式逐渐由产业间贸易向产业内贸易转变。金少胜和刘合光（2010）、陶涛和王跃生（2010）分析了日本对华投资阶段和趋势以及对中日贸易结构的影响。陆根尧、王晓琳（2011）从中日自由贸易主要商品类别的角度入手，综合运用多种指数重点对两国各类别贸易商品的竞争性和互补性进行全面、深入的分析，从中得出中日自由贸易的特点，并提出相应的对策建议。在中日自由贸易持续增长的基础上，张丹（2014）指出，中日双方的贸易摩擦也在不断加剧。刘红、田赵祎（2016）认为，随着中国经济步入"新常态"，中国经济在减速放缓的同时其过去的比较优势、增长动力以及制度环境都发生了改变。这种改变将通过投资、贸易、金融等路径对中日两国的经济合作产生冲击，使得两国的经济合作从以往的注重规模向提升质量、优化结构等方面转变。

通过梳理已有研究文献我们会发现，尽管研究的内容比较丰富，研究的范围也比较全面，但很少有人从山东省地区经济发展的视角来研究如何规避鲁日经贸合作中的风险，促进两地经贸合作稳步发展的。在新的区域经济与政治背景下，认真研究鲁日经贸合作的障碍，认真评估鲁日经贸合作的风险，并采取切实可行的措施以降低障碍，最大限度地规避贸易风险，这对于山东地区经济稳定发展的意义重大。

　　本书共包括11章。第一章分析了新常态下国内外环境特点；第二章回顾了对外贸易、区域经济合作与投资相关的理论，为后续研究提供理论基础；第三章分析了鲁日贸易与投资发展现状；第四章对鲁日经贸合作的竞争性与依赖性关系进行了研究；第五章测量了山东省对外贸易与经济的国际竞争力，在此基础上分析了鲁日经贸合作对山东省外贸与经济国际竞争力的影响；第六章分析了鲁日经贸合作中的日本经济因素，重点分析了日本对外贸易发展的阶段性特点以及对日本国内经济发展的有关指标进行了数量分析，并基于VAR模型实证分析了鲁日经济发展对双方经贸发展的影响；第七章分析了鲁日经贸合作中的政治影响因素，在介绍了所面临的中日政治环境特点之后，实证分析了中日政治环境对鲁日经贸关系的影响；第八章分析了鲁日经贸合作中的汇率变动因素，主要介绍了日本量化宽松货币政策实施的背景与目标，并实证分析了日元汇率变动对鲁日经贸合作的影响；第九章分析了鲁日经贸合作中的文化因素，在比较了中日文化的差异后，分析了日本文化中的民族主义，并基于调查数据对山东居民的民族中心主义、爱国主义与购买日货的关系进行了分析；第十章对鲁日经贸合作中的风险类型进行了分析，在构建鲁日经贸合作风险综合评价指标体系的基础上，利用层次分析法对鲁日经贸合作风险进行了实证分析；最后一章提出了突破障碍，降低风险，扩大鲁日经贸合作的对策，指出应着力做好四个方面的工作，即加强政治互信，管控鲁日经贸合作的政治风险；加强民间交流，降低鲁日经贸合作的文化风险；提高防范意识，规避鲁日经贸合作的汇率风险；提升经济的国际竞争力，降低鲁日经贸合作的经济风险。

本书在完成过程中，参考了大量学者的研究成果，已经在注释以及参考文献中注明，在此对他们表示衷心的感谢。本书的完成得到了潍坊学院经济管理学院有关领导和教师的帮助，在此表示感谢。

由于水平有限，书中难免存在缺点和不足，我们会在今后的研究中不断改进，同时敬请专家和读者批评指正。

第一章　新常态下国内外环境特点

近年来，世界经济处在国际金融危机后的深度调整过程中，各国深层次、结构性问题没有得到解决，如结构调整远未到位、人口老龄化加剧、新经济增长点尚在孕育、内生增长动力不足等，制约着世界经济的发展。全球主要发达经济体消费低迷，经济运行分化继续加剧，发展中经济体经济增长放缓，世界贸易低速增长，主要经济体政治波动加大，世界经济复苏依旧艰难曲折。与此同时，中国经济下行压力持续加大，对外贸易发展面临的内外部环境日益复杂严峻，进出口增速下滑至个位数，进出口企业困难增多。我们需要正视国内外环境的这种新常态。

第一节　中国经济发展进入新常态

一　中国经济新常态发展特征

习近平总书记 2014 年 5 月在考察河南的行程中，首次提出中国"新常态"一词："我国发展仍处于重要战略机遇期，我们要增强信心，从当前我国经济发展的阶段性特征出发，适应新常态，保持战略上的平常心态。"此后，习总书记又在多个场合提到并解读"新常态"的内涵。在 2014 年 11 月召开的亚太经合组织（APEC）工商领导人峰会上，习总书记做了"谋求持久发展，共筑亚太梦想"的主旨演讲，向包括 130 多家跨国公司领导人在内的世界工商领袖们，阐述了什么是经济新常态、新常态的新机遇、怎么适应新常态等关键点。习总书记指出，"新常态"将给中国带来新的发展机遇，这包括经济增速放缓，实际增量依然可观；经济增长更趋平稳，增长动力更为多元；经济结构优化升级，发展前景更加稳定；政府大力简政放权，市场活力进一步释放。中国领导人发表"新常态"之论，向世界发出了这样的信号：走向"新常态"的中国也将给处于缓慢且脆弱复苏中的全球经济注入持久动力。

"新常态"是针对过去"旧常态"而言的。所谓"旧常态"，是指一段时期增长速度偏高、经济偏热、经济增长不可持续的因素累积，并带来环境污染加剧、社会矛盾增加以及国际压力变大的严峻挑战，也是中共十八大以前长期改革滞后所形成的"体制病"和宏观失衡"综合征"[1]。中国经济从 1978—2011 年保持了年均 9.87% 的高速增长。在如此长的时间跨度内，实现接近两位数的增长，可以说是取得了举世瞩目的经济奇迹[2]。2012—2016 年 GDP 增长率分别为7.8% 、7.7% 、7.4% 、6.9% 、6.7%[3]。我们可以清晰地看到，经济由高速增长向中高速增长转换的"新常态"是客观事实。中国经济"新常态"表现为三个特点：经济发展呈现速度变化；结构优化；动力转换。

国家行政学院经济学部主任、博士生导师张占斌教授在 2016 年 1月 11 日的光明网上发表了题为《中国经济新常态的六大特征及理念》一文，根据总书记的历次讲话，详细解读了中国经济"新常态"的六大内涵，即中国经济增长速度由高速向中高速转换；经济发展方式由规模速度粗放型增长向质量效率集约型增长转变；产业结构由中低

---

[1] 《习近平首次系统阐述"新常态"》，http://news.xinhuanet.com/politics/2014 - 11/10/c_ 127195118. htm。

[2] 《正确认识新常态下的中国经济增长速度》，南通市物价局，http://wjj.nantong.gov.cn/art/2015/4/9/art_ 17586_ 1858690. html。

[3] 中国国家统计局网站公布的各年中国国民经济和社会发展统计公报。

端向中高端转换；经济增长动力由要素驱动向创新驱动转换；资源配置由市场起基础性作用向起决定性作用转换；经济福祉由非均衡型向包容共享型转换。①

二　中国对外贸易发展进入"新常态"

2008 年全球金融危机以来，世界经济放缓，进入稳定低速增长期，中国对外出口贸易也进入了中高速增长的"新常态"时期。金融危机前，世界经济增长维持在 4% 左右，2008 年降为 1.5%，2009年进一步恶化，降至 −2.1%。自 2011 年开始，世界经济增长基本维持在 2%—3%。2011—2016 年，世界 GDP 增长率分别为 3.1%、2.5%、2.4%、2.6%、2.5% 和 2.2%。② 从改革开放到 2008 年，中国出口贸易年均增长 17.5%，创造了世界对外贸易发展的奇迹③；2009 年，受外需急剧降低的影响，出口首次出现负增长（−16%）；2010—2016 年，中国外贸出口增长率分别为 31.3%、22.51%、7.9%、7.8%、6.1%、−1.8%、−2%。④ 2014 年，中国政府首次提出了对外贸易进入了中高速增长的新常态。

面对"新常态"，中国对外开放中的诸多问题也暴露出来，比如，外贸竞争力不够；出口市场相对集中；对资本、技术和智力的引入开发培养力度不够；对外投资方式相对单一；营商环境有待提升，等等。国内经济发展的"新常态"加上国际形势的新变化，使中国对外贸易发展与外商直接投资也发生了新的变化：对外贸易面临的不确定性增加、FDI 撤资与新进投资并存、中国对外投资步伐加快。

---

① 《中国经济新常态的六大特征及理念》，南通市物价局，http：//jingji. cntv. cn/2016/01/11/ARTIWqudGwneyMSI2cyaruwY160111. shtml。

② 联合国数据库，http：//data. un. org/Data. aspx？q = GDP&d = WDI&f = Indicator_Code%3aNY. GDP. MKTP. KD. ZG。

③ 李凯杰：《供给侧改革与新常态下我国出口贸易转型升级》，《经济学家》2016 年第 4 期。

④ 根据有关网站发布的信息汇总得来。

在世界经济总体低迷，贸易保护主义显著抬头，多重不确定性因素依旧不断叠加的背景下，外需状况若要得到实质性改善难上加难，外需低迷正成为"新常态"。与金融危机爆发以前相比，全球经济增长速度和格局都发生了变化，在未来一段时间里，发达国家经济总体低迷、新兴经济体保持较高增长态势的趋势不会改变。[①] 上海社会科学院院长王战认为，中国过去的开放发展是分享世界范围内的经济繁荣，但是自 2008 年以来，世界经济进入相对衰退期，而且这种经济的低迷发展状况还将延续一段时期。全球贸易格局的调整也挑战着中国外贸的传统优势，尤其是在发达工业国家大力主张"再工业化"的背景下，高端制造业开始向发达国家回流。[②] 由于成本优势不再，低端制造业向南亚、东南亚等国家的转移迹象明显，过去那种依靠外贸出口带动经济发展的模式难以为继，外贸出口进入"新常态"，即在贸易保护加强的背景下，贸易壁垒增高，贸易摩擦增多，出口增速放缓甚至出现负增长，出口商品结构被迫调整，出口市场结构亟须改变，外贸发展需要寻找新的突破口。面对低迷的国际经济形势，中国已经开始加快探索新的对外开放战略，以适应新的形势，其中最突出的是提出了"一带一路"与加快实施自由贸易试验区[③]发展战略。

三 外商直接投资进入新常态

在国际与国内环境的共同作用下，中国经济进入了产业结构升级和比较优势转换的新时期，推动外商直接投资出现结构调整。以追求

---

① 《中国低成本大市场堪称独一无二》，《人民日报》，http://www.chinadaily.com.cn/hqgj/jryw/2012 - 11 - 03/content_ 7418631. html。

② 《如何破局外贸低迷"新常态"广东瞄准"一带一路"等五大机遇》，https://baijiahao. baidu. com/po/feed/share? wfr = spider&for = pc&context =% 7B "sourceFrom"% 3A "bjh"% 2C "nid"% 3A "news_ 2929630240200582288"% 7D。

③ 2013 年 9 月，中国第一个肩负着制度创新试点的"中国（上海）自由贸易试验区"正式挂牌。2015 年 4 月，广东、福建、天津自由贸易区相继揭牌；2017 年 2 月，辽宁、浙江、河南、湖北、重庆、四川、陕西七地成为继上海、广东、天津、福建之后中国第三批国内自由贸易试验区。

劳动力低成本为目的、高污染与劳动密集型的外资企业，随着中国劳动力成本的上升、国家环境保护力度的加大以及国家产业政策扶持方向的调整，选择了转型、转移或转出，因此出现大量外资在国内重新布局或者退出中国市场的局面。与此同时，以追求市场为目的、重视产业配套能力，以有着更高技术的制造业、更高附加值的服务业以及开展研发活动为主要特点的外资进入步伐加快。

中国服务业加大对外开放力度，外商投资软环境得到日益改善，作为目前世界上唯一一个兼具国内大市场与综合低成本优势的国家，中国各级政府在招商引资方面具备了"选商"的条件。党的十八届三中全会报告明确提出，推进金融、教育、文化、医疗等服务业领域有序开放，放开育幼养老、建筑设计、会计审计、商贸物流、电子商务等服务业领域外资准入限制，进一步放开一般制造业。不仅如此，党的十八届三中、四中全会分别做出全面深化改革和全面推进依法治国的重大部署，社会主义市场经济的制度环境、法律环境、政策环境将会得到极大改善。上海自由贸易区正在探索的外商投资实行准入前国民待遇加负面清单的管理方式有望很快在全国推广，正在积极推进的双边投资协定、自由贸易区谈判也将进一步推动跨境投资的自由化、便利化，这些都将有力推动中国对外开放和涉外经济体制改革，加快形成更加透明、稳定、可预期、法制化、国际化的营商环境。①

四　国内经济发展出现新变化

（一）国内竞争呈国际化特点，地区竞争加剧

近年来，中国对外贸易结构没有发生根本性改变，出口中最具有竞争力的产品依旧是劳动密集型产品，特别是纺织品、服装、鞋帽、家具等。技术含量高的产品出口规模虽然在增加，但仍未掌握核心技

---

① 隆国强：《新常态 为外资提供新机遇》，《新华日报》，http：//xh. xhby. net/mp2/ht-ml/2015－04/14/content_ 1232192. htm。

术，国际竞争力依然不强。以山东省为例，近年来，根据省内外以及国内外的经济发展形势，山东省企业积极探索多种形式的对外投资，但占据主导地位的还是服装、装备制造、食品、农业等传统的优势产业。

在国内，不同省、市、区在传统优势行业领域竞争比较激烈，与此同时，众多的省、市和地区在中国对外投资比较集中的国家和地区也展开了激烈的竞争。改革开放以来，在招商引资方面地方政府一向高度重视，而且不遗余力，在地方经济利益的驱使下，中国的地方政府尤其是沿海较发达的省、市和地区对外资的"争夺"与竞争非常激烈。

（二）资源环境对经济社会发展的制约加大

当今世界各国普遍走上了快速发展的道路，资源环境的约束与经济可持续发展问题成为突出矛盾。资源和能源的紧缺是世界各国普遍加快发展的必然结果。对外贸易为中国国民经济的发展做出了巨大贡献。然而，长期以来，中国对外贸易发展主要依靠资源、能源、土地和环境等有形要素的投入，资源和环境的压力很大；同时，中国能源资源消耗大，单位产品能耗高，目前已成为全球第二大能源消费国。传统的对外贸易发展模式是以牺牲资源环境来换取经济的增长。在社会高速发展，人们生活水平显著提高的情况下，依靠过度使用资源和大量排放污染物已经无法构成成本优势来实现对外贸易的增长，带来经济效益。更重要的是，随着世界经济的发展，很多国家的环境标准不断提高，产品准入门槛越来越高，在今后一段时期里，中国经济发展的资源和环境约束将更趋强化。

（三）国家开放力度加大，各级政府在国际合作中的作用不断增强

改革开放以来，随着中国逐渐进入国际体系，地方政府国际交流与合作也得到了广泛深入的展开，地方政府国际合作已成为一个普遍而又重要的国际政治现象。特别是地方政府对外经济合作已经

成为地方对外经济贸易发展的重要动力之一。各个地方政府已经发展了大量的国际友好城市，截至 2016 年 10 月底，山东省友好城市和友好合作城市分别达到 211 对、214 对，其中省级分别是 36 对、28 对。依托国家战略导向，山东省已与"一带一路"沿线 23 个国家建立友好城市 46 对，与沿线 14 个国家建立友好合作城市 31 对，其中友好省州和友好合作省州分别达到 9 对和 8 对。① 在扩大友好国际城市的同时，地方国际合作也正走上规范化和制度化的轨道，这大大提升了地方的国际化水平，增强了地方经济实力和国际影响力。中国地方政府国际合作不仅形式多样，议题领域也较为广泛，既包括经济贸易、资源开发等经济类"低级政治"议程，也包括环境保护、医疗卫生等非经济类"低级政治"议程。无论如何，地方政府的国际合作极大地推动了对外贸易的发展，推动更多的企业成功地走了出去，站稳了脚跟，为对外经济贸易的长期、稳定和健康发展奠定了坚实的基础。

（四）各地凸显开放特色，区域发展呈融合趋势，跨国公司的带动力凸显

随着经济全球化和区域经济一体化进程的不断加快，全球范围内的资源配置成为趋势，世界各国、国内各地区之间相互依存、相互融合、相互影响和相互制约达到更高水平，加强经济合作，特别是加强区域合作，成为提升综合竞争能力，推动经济社会全面协调可持续发展的必然选择。目前，中国已进入区域经济加速融合、区域合作进一步加快的关键时期。能否融入区域一体化，通过合作取得优势，在融合中借势发展，对每个地区的发展都至关重要。加强区域合作，促进区域经济全面协调可持续发展，对进一步提升国际竞争能力具有重要的战略意义。区域合作可以实现资源配置在更大空间内的调整组合，

---

① 《山东省友好城市达 211 对 居全国前列》，http://news.sdchina.com/show/3954796.html。

在更广阔的市场上的优化配置，有利于沿海地区和内陆地区的有机对接，推动产业的转移和市场的扩展，加快资源优势的转化和国际化步伐，进一步扩大对外开放，全面提升国际竞争力。

外贸下行压力将是中国长期面临的挑战。针对严峻、复杂的国内外环境，中国对外贸易政策应继续着力于稳增长、调结构、促平衡，促进外贸发展方式的转变，增强外需对经济的拉动力。中国要从贸易大国转型升级成为贸易强国，需要提高贸易附加值，增加技术含量和品牌竞争力，要通过优化结构带动增长，不能为增长而增长。

第二节　国际环境的新特点

一　反自由贸易和反全球化趋势显现

2016 年悄然过去，然而发生在这一年的两大"黑天鹅"事件——英国"脱欧"和美国地产大亨唐纳德·特朗普当选美国总统让全世界的人对未来国际形势的发展产生了迷惑。欧盟一体化发展模式是全球区域经济合作的最高层次，长期以来被认为是推动地区经济发展的重要制度保障，在经济、金融乃至政治领域有着重大影响，不仅促进了欧盟内部的经贸发展、提升了欧盟各国的国际政治地位，也捍卫了欧盟各国共同的全球利益。

然而，英国公投的意外结果让全世界大跌眼镜，两大"黑天鹅"事件被普遍认为是民粹主义兴起的标志性事件。公众特别是长期以来被执政当局忽视的底层民众对全球化、政府、政治精英、自身现状诸多方面的不满，最终让他们将手中的选票变为最好的"武器"。英国"脱欧"，除了给英国、欧盟乃至全球经济带来无法预估的不确定性外，它还意味着已艰难维持多年的欧洲一体化进程遭受了一次不可逆的重大挫折。英国"脱欧"反映了欧洲乃至全球民粹主义、保护主义的泛滥，是"反全球化"潮流和势力的胜利，是全球化发展进程的严重倒退。① 2017 年，民粹主义将在欧洲大陆上进一步蔓延，法国、荷兰、丹麦、瑞典、意大利等国的右翼政党大多打着民粹旗号，喊着建立本国新秩序的口号，纷纷要求本国举行"脱欧"公投。②

在总统大选前并不被看好的特朗普最终当选了美国总统，特朗普的竞选口号是"让美国伟大""美国第一"，他让美国再次伟大的经济政策核心是反对自由贸易和反对全球化。特朗普多次提出要通过新的税收政策鼓励美国资本和企业回流，对到国外投资并将产品返销美国的产品征收重税，重启输油管道项目，把中国列为汇率操纵国，反对非法移民并在美墨边境修建隔离墙，重新修改北美自由贸易区协定（NAFTA）条款，退出跨太平洋自由贸易协定（TPP），扩大军备开支以增强美国攻击与防御能力等。特朗普认为，美国制造业衰退是因为从中国进口的廉价产品增加，强调要通过高关税和修正人民币贬值来恢复国内就业。③ 中美之间的纠纷为 2017 年的世界经济投上阴影，而反全球化、强行推行保护主义不但无法实现经济的繁荣和生活的富足，反而很可能导致狭隘的国家主义在全球盛行。

2016 年 6 月 22 日，《人民日报》发表的《如何看待西方反全球化现象（经济透视）》一文，提出西方反全球化问题的根本原因"还是国际金融危机导致的经济衰退"。金融危机已过去 8 年，但发达国家经济依然复苏缓慢。债台高筑、失业率居高不下与社会贫富收入差距持续扩大，使中产和贫民阶层的生活持续恶化，导致社会中低层人士对执政当局越来越不满。诺贝尔经济学奖得主施蒂格利茨曾撰文批评美国社会阶层的严重分化现象，认为"1% 的人拥有，1% 的人治

---

① 王军：《世界面对全球化退潮与"反全球化"逆袭》，http：//jer. whu. edu. cn/jjgc/5/2016 - 09 - 30/3348. html。

② 《民粹主义下的地缘政治危机 欧盟站在"十字路口"》，http：//news. hexun. com/2017 - 02 - 28/188313988. html。

③ 《日媒：中美 2017 年或打响"局部战争"就像美日摩擦一样》，http：//world. huanqiu. com/exclusive/2017 - 01/9901408. html。

理，1%的人享受"。经济上的挫败使中产阶层，尤其是年轻人和穷人缺少了机会和希望；经济不振则导致贸易壁垒升级，资产保护、反外资、反移民等现象迭出；而政治右倾又使得民粹主义、反移民、种族主义等大行其道。结果，反全球化成为对现实不满的发泄，也成为在野政治家手中的一张反政府王牌。①

需要指出的是，今天的经济全球化毕竟不是西方化，也不是可有可无的选项，它是世界经济增长的重要引擎，是各国社会进步的推动因素，正如习近平主席在达沃斯论坛上所指出的那样："世界经济的大海，你要还是不要，都在那儿，是回避不了的。"② 德国总理默克尔2017年2月18日参加第53届慕尼黑安全会议时，呼吁各方要加强协作，共同应对挑战，强调保护主义和民粹主义不是解决方案。③

在过去20多年中，经济全球化使全球南北差距渐趋缩小，贫困人口大幅减少。根据联合国统计数据，全球极端贫困人口从1990年的19亿下降至2015年的8.36亿，超过预期减半的目标。④ 而且，这些成绩大多是在2000年以后取得的。据联合国统计，自1995年以来，全球中间产品出口额占全球总出口额的比重一直在50%以上，充分反映出世界经济的高度融合性特点。在今天这个世界里，任何一个国家都不可能独自生产出所有的产品，也可以说，任何一个国家都承受不起从经济全球化倒退回过去那个分割时代的代价。⑤

---

① 陈凤英：《如何看待西方反全球化现象（经济透视）》，《人民日报》2016年6月22日。

② 《习近平主席在世界经济论坛2017年年会开幕式上的主旨演讲（全文）》，http://news.163.com/17/0118/01/CB1B1JH2000156PO.html。

③ 《默克尔在慕尼黑安全会议上强调：保护主义和民粹主义不是解决方案》，http://news.163.com/17/0220/05/CDMQ1USK00018AOP.html。

④ 《对全球减贫贡献超过70% "中国奇迹"普惠世界》，http://world.people.com.cn/n/2015/1016/c1002-27703507.html。

⑤ 《经济全球化黑天鹅事件不断 商务部：问题出在利益分配上》，http://finance.sina.com.cn/china/gncj/2017-02-21/doc-ifyarrcf5152382.shtml。

二 全球经济贸易与投资发展放缓，贸易保护主义抬头

全球金融危机爆发以来，尽管许多国家迅速采取有关措施，并逐步走出危机阴影，但世界经济增长仍然动力不足。在过去的8年里，世界GDP年平均增长率仅为3.5%，低于危机爆发前5年1.6个百分点。2016年，全球经济增长率降到了2008年金融危机后的新低，2.3%。世界银行发布的《全球经济展望》预测，尤其是美国，采取的扩张性财政政策，包括减税和基础设施投资，2017年，全球经济增长率可能有一个温和的反弹，达到2.7%。发达经济体2016年和2017年的增长率分别为1.6%到1.8%，略有上涨；新兴经济体和发展中国家2016年和2017年的增长率分别为3.4%和4.2%，中国2017年的增长率可能保持在6.5%。① 国际货币基金组织最新的《世界经济展望》报告预测，2017年，全球经济增速将为3.4%，经合组织的最新预测值为3.2%，全球经济仍将低位运行，这已成为共识。②

自2010年以来，全球投资增长已经开始加速下滑。2015年的投资增长率已经从5年前的10%下滑至3.4%，2016年全球投资低位徘徊。根据绿地投资监测机构公布的数据，在2016年前10个月里，项目数量同比下降5%，但资本支出额却增长3.2%。联合国贸发组织公布的数据显示，2016年全年全球外商投资总额（绿地投资＋公司并购＋跨境资本流动）下降10%—15%，而2015年则下降了35%。贸发组织预测，2017年世界经济将缓慢复苏，投资仍将保持较低水平。③ 2017年，全球投资环境将继续充满不确定性，尤其是英国脱

---

① 《世界银行发布〈2017年全球经济展望〉》，http：//mt.sohu.com/business/d20170113/124270365_582238.shtml。

② 《海关：2017年全球外贸难回暖 我国恐难独善其身》，http：//finance.people.com.cn/n1/2017/0113/c1004-29021742.html。

③ 《2016年全球投资低位徘徊，2017年仍难乐观》，http：//www.mofcom.gov.cn/article/i/jyjl/k/201701/20170102504070.shtml。

欧、美国总统换届、中国增速放缓以及经济高速繁荣进入尾声等因素，都影响着跨境投资的走势。

世界银行于 2017 年 2 月发布的《全球贸易观察：2016 年贸易发展》报告指出，2016 年全球贸易增速在 1.9% 和 2.5% 之间，是 2008—2009 年全球金融危机以来最弱表现。其中，商品贸易增长仅略高于 1%，低于 2015 年的 2% 和 2014 年的 2.7%；不过，服务贸易增长率继续保持相对韧性，在 2015 年下降后出现小幅回升。报告指出，经济政策的不确定性徒增，是导致 2016 年世界贸易增长下降的因素之一。虽然在过去几年里，贸易增长缓慢或者集中于高收入国家，或者集中于发展中国家，但 2016 年这两类经济体均呈现出贸易增长疲弱的特征。①

世界贸易保护主义抬头的趋势明显。国际经济发展正面临结构性改革滞后、有效需求不足、生产效率下降等多重障碍，处于金融危机爆发后的深度调整阶段，主要发达经济体以及部分发展中国家贸易保护主义措施日趋增多，世界贸易保护主义抬头趋势明显。根据有关数据，2008 年至 2016 年 5 月，G20 成员共采取了 1583 项贸易限制措施，到目前为止只取消了约 25%，仍有 1196 项在执行之中。世界贸易组织、经合组织和联合国贸发会发布的《G20 贸易投资措施报告》显示，近一年来，G20 成员平均每月新采取的贸易限制措施达到 2009 年以来的最高数量。②

世界贸易组织 2016 年 6 月发布的报告显示，2015 年 10 月至 2016 年 5 月，二十国集团经济体实施了 145 项新的贸易限制措施，平均每月有超过 20 项新措施出台，月均新措施数量为 2009 年世界贸易

---

① 世界银行于 2017 年 2 月发布的《全球贸易观察：2016 年贸易发展》报告指出，2016 年全球贸易增速在 1.9%—2.5%（http：//www.cfen.com.cn/dzb/dzb/page_ 3/201702/t20170227_ 2542346.html）。

② 国家信息中心专家：《2017 年世界贸易环境不容乐观》，http：//finance.sina.com.cn/roll/2017 – 01 – 23/doc – ifxzutkf2355417.shtml。

组织开始监测贸易限制措施以来的最高水平。[1] 在经济增长乏力背景下，实施贸易保护、设置贸易壁垒，用反倾销手段干预正常贸易成为有关国家抢占国际市场份额的重要手段。逆全球化趋势日益明显，中国成为这一趋势的最大受害者。商务部最新数据显示，2016 年，中国共遭遇 27 个国家和地区发起的 119 起贸易救济调查案件，涉案金额达 143.4 亿美元。案件数量和涉案金额同比分别上升了 36.8% 和 76%。[2]

三　全球经贸合作的未来充满不确定性

尽管面临国际经济复苏乏力，贸易保护主义措施增加等新形势，我们仍然认为，经济全球化和区域经济一体化日益深化，合作与发展仍然是当今世界的主流。随着国际分工的深入，各国之间的依存度逐步加强，迫使全球经济一体化进程不断向前推进。从生态、资源、环保以及人文的角度来看，地球还是一个统一的整体，因此，各国必须共同努力，才能实现可持续发展，共享地球上有限的资源。此外，一体化凸显了区域市场的区位优势，拓宽了市场的范围，加大了经济的总体规模，提高了经济的抗震性，能使经济周期的波动幅度减少，周期拉长，降低了国际贸易中诸多不确定性。

中国在多年的改革开放实践中逐渐认识到国际合作的重要性，并正在寻求与周边国家开展跨国区域合作的可能性，以谋求本国利益的最大化和国际地位的提升。比如，目前中国与"一带一路"沿线国家和地区交往日益频繁，各方在能源、环境等方面已经展开了多层次的沟通与合作。同时中国推出的加强与发展中国家的经济合作也助推了相关国家的经济发展步伐。

---

[1]　《海关：逆全球化趋势日益明显，中国成最大受害者》，http：//news. 163. com/17/0113/12/CALKKVLC000187VE. html。

[2]　《海关：2017 年全球外贸难回暖 我国恐难独善其身》，http：//finance. people. com. cn/n1/2017/0113/c1004 - 29021742. html。

但是，我们仍然需要正视 2017 年全球政局正在发生的巨大变化，比如英国脱欧、欧洲主要国家大选、美国新总统上任后的各种政策措施、韩国总统选举与萨德部署、日本右倾势力扩张等大事件都会给现有政策走向带来变数，或加剧全球范围内贸易保护主义与贸易争端态势。

全球贸易投资不确定性增强。英国脱欧从公投到实际退欧将经历数年之久，其带来的不确定性有待进一步观察。脱欧过程不排除意外发生，并可能对国际市场情绪与预期造成巨大影响，引发动荡。同时，欧洲难民潮带来的恐怖袭击事件频发，影响全球消费者和投资者的信心，已经干扰了国际贸易、投资与金融市场的正常运行，并会给未来国际经济带来负面影响。

据世界银行预测，2017 年，全球经济增长的前景较为明朗，但是也将面临政策的不确定性风险。美国总统大选和英国退出欧盟对政策的稳定性，特别是经济贸易政策的稳定性造成极大的影响，使本已疲弱的全球投资雪上加霜。以特朗普为首的新一届美国总统对经济增长前景带来了不确定的变动风险，如果履行投资减税承诺，特朗普政府的财政新政策将推动全球经济增长至 3%，但是，如果特朗普实施贸易保护主义，那么全球贸易增长就会停滞。持续的不确定性还会减弱美国和新兴市场的经济增长，如果不确定性趋势持续一年，那么美国和新兴市场的贸易量增长会分别削减 0.15% 和 0.2%，与此同时，新兴市场的投资也会削减 0.6%。另一个抑制全球贸易增长的因素是全球价值链的"成熟度"，特别是日本和美国的价值链"成熟度"，这减少了全球 GDP 增长所带来的贸易量。①

四　中国积极发展与周边国家的友好关系，但矛盾分歧仍然存在

通过双边、多边渠道，中国国家领导人积极推动与周边国家发展

---

① 《世界银行：2017 年全球贸易充满不确定性》，http://finance.qq.com/a/20170118/034688.htm。

战略对接，坚持互利合作，发掘新的合作潜力和动力。尽管存在分歧，中国一贯坚持聚同化异，妥善处理国家间矛盾分歧，管控分歧，防止矛盾分歧对双边关系和地区合作造成不可挽回的伤害。中国诚心诚意地对待周边国家，本着互惠互利的原则同周边国家开展交流与合作，这种坦诚的态度、开放的胸襟和积极的姿态为中国赢得了更多的朋友与伙伴。①

　　2015 年 11 月 7 日，中国国家主席习近平在新加坡国立大学发表了"深化合作伙伴关系 共建亚洲美好家园"的演讲，就新形势下中国发展同周边国家关系提出四点主张：一是共同维护和平安宁。亚洲各国人民要永不为敌、增进互信，共同守护亚洲和平与安宁，为亚洲各国发展和人民安居乐业创造良好条件。二要深入对接发展战略。亚洲各国人民要聚精会神地推动发展、改善民生、互帮互助，从各自发展战略中发掘新的合作动力，规划新的合作愿景，锁定新的合作成果，为彼此经济增长提供更多动能。三要积极开展安全合作。亚洲各国人民要践行亚洲安全观，协调推进地区安全治理，共同担当和应对传统与非传统安全问题，坚持以和平方式通过友好协商解决矛盾分歧，坚持发展和安全并重，共谋互尊互信、聚同化异、开放包容、合作共赢的邻国相处之道。四是不断巩固人缘相亲。亚洲各国人民要从悠久的历史文明中汲取养分，凝聚对亚洲价值的集体认同，拓展人文交流合作，夯实睦邻友好的社会民意基础，把"和""合"的传统理念付诸彼此相处之道，把修睦合作的薪火世代传承下去②。这四点主张既是中国一贯坚持的与周边国家发展友好关系的原则，也体现了中国热爱和平、乐于分享经济发展成果的负责任的大国态度，与一些发达国家领导人提出的本国第一和保护主张形成了鲜明的对比。

---

　　① 《中国愿做周边国家真朋友》，http：//paper. people. com. cn/rmrbhwb/html/2016 - 10/13/content_ 1718268. htm。

　　② 《习近平就新形势下中国发展同周边国家关系提出四点主张》，http：//news. xin-huanet. com/world/2015 - 11/07/c_ 1117070516. htm。

2005 年以来，多位日本首相以及内阁成员不顾中国人民的感受，一意孤行参拜靖国神社，公开否认南京大屠杀恶行，恶意篡改日本历史教科书中南京大屠杀、"慰安妇"等有关日本侵略、伤害的记述，搞所谓的购岛事件引发中日钓鱼岛争端，又有 APA 酒店放置带有否认南京大屠杀恶行的图书等事件发生，中日双边的政治关系一直处于紧张状态。自安倍上台以来，日本极力推动修改宪法、解禁自卫队，争当安理会常任理事国，在中国极力反对韩国部署"萨德"反导系统的背景下，却考虑引进美制"萨德"反导系统，尤其是拉拢美国插手中国南海事务，更显示出其居心叵测，战略制衡中国的明显意图。中国外交部发言人洪磊在例行记者会上回答媒体提问时说："日本不是南海问题当事国，蓄意插手南海问题，挑动地区国家间的矛盾，恶意制造南海局势紧张。日方举动无助于南海争议解决，不利于南海和平稳定，也严重损害中日政治安全互信，与中日关系改善势头背道而驰。"①

虽然政治上中日两国信任度不高，存在尚未解决的历史问题和政治关系的动荡，但经济上的相互依赖已经达到了相当高的水平，两国的相互贸易投资对于双方经济发展的重要性不容置疑。虽然经常以"经热政冷"为特征，但紧密的经济关系和棘手的政治并非相互排斥的。② 迄今，冷淡的政治关系并未严重干扰和破坏经济关系，而活跃的经济关系看起来对于抑制政治关系的进一步恶化起到了一定的作用。日中关系的重要性不仅是双边的，而且扎根于一个深度融合的地区，日本在东南亚地区的供应链及与第三国活跃的贸易与投资对中国的依赖性很大。2016 年，中日双边贸易进出口总值是 1.82 万亿元，同比增长 5%，占中国外贸进出口总值的 7.5%，日本已经是中国的

---

① 《中国警告日本勿插手南海争端：日表现很不正常》，http：//news. qq. com/a/20150615/011325. htm。

② 《澳媒：中日经济紧密交织 对解冻两国政治关系有利》，http：//www. cankaoxiaoxi. com/finance/20151003/956119. shtml。

第五大贸易伙伴。尽管政治关系相对滞后，但在该地区实现了经济上的相互依赖。而且，历史上中日两国民众之间的关系紧密，尽管近代出现战争与侵略，但邻近的地理位置与相似的民族文化为两国关系和平发展提供了稳定的基础。

第二章 经贸合作相关理论回顾

第一节 相关概念

一 对外贸易相关概念

（一）对外贸易

在经济学分析中，对外贸易通常是相对于一个独立主权国家或地区的国内贸易而言的。作为一种跨国的商业活动，对外贸易是指国际贸易活动中一个国家或地区与其他国家或地区之间商品和劳务的交换活动，包括进口贸易和出口贸易两个部分。

对外贸易有狭义和广义之分，狭义的对外贸易是指一个国家或地区与其他国家或地区之间有形商品的进出口，也称"有形贸易（货物贸易）"。联合国秘书处于1950年起草了联合国国际贸易标准分类，1974年的修订本，把国际贸易商品共分为10大类，分别用0到9来表示。在国际贸易中，一般把0到4类商品称为"初级产品"，把5到9类商品称为"制成品"。通常将制成品出口比重的高低作为衡量一国出口商品结构合理与否的重要指标，第5类和第7类主要是机电与高新技术产品，其所占比重高低也是衡量一国出口商品国际竞争力高低的重要参数。货物贸易还可进一步分为一般贸易、加工贸易和补偿贸易。

加工贸易是指从境外保税进口全部或部分料件，经境内企业加工或装配后，将制成品出口的经营活动。加工贸易主要包括来料加工、进料加工和出料加工。在经济全球化发展背景下，产业价值链环节和增值活动在全球范围内实现了分解与重新配置，产品内不同价值链环节或增值活动的分工逐渐代替产业间分工成为国际分工的主导。在新的国际分工格局下，加工贸易成为参与国际分工和交换的重要途径，将进口中间产品加工后再出口，或者将海外加工产品直接转口，成为各国企业生产和对外贸易中普遍采用的方式。

（二）服务贸易

国际服务贸易是国际贸易的重要组成部分。根据《服务贸易总协定》（GATS）对服务贸易所作的定义，服务贸易是一国劳动者向另一国消费者提供服务并获得外汇的交易过程。这一定义将服务贸易按提供方式分为四种形式：跨界提供、境外消费、商业存在和自然人的流动。国际服务贸易是当前国际贸易中发展最为迅速的领域，在世界经济中的地位日益提高，成为各国关注和竞争的焦点，其发展程度已经成为衡量一个国家或地区综合实力的重要指标。

根据服务产品的要素密集程度，可以将服务贸易分为三种①，即劳动力密集型服务贸易，主要是指国际劳务的输出、输入，如建筑工程承包等；资本密集型服务贸易，主要是指国际资本的输出、输入，如金融保险等；人力资本密集型服务贸易，主要是指咨询、管理等专业服务，运用产权、特许权、专利权等权益性资产提供的服务，以及提供知识信息及其相关服务的贸易。

从 1997 年开始，IMF 将服务分为 13 大类，包括交通运输、旅游、通信服务、建筑服务、保险服务、金融服务、计算机和信息服务、专有权利使用费和特许费、咨询、广告宣传、电影音像、其他商业服务、别处未提及的政府服务。中国外汇管理局公布的国际收支平衡表中的分类与 IMF 的规定一致。

---

① 赵书华、张弓：《对服务贸易研究角度的探索——基于生产要素密集度对服务贸易行业的分类》，《财贸经济》2009 年第 3 期。

（三）贸易结合度

贸易结合度是一个比较综合性的指标，用来衡量两国在贸易方面的相互依存度。贸易结合度是指一国对某一贸易伙伴国的出口占该国出口总额的比重与该贸易伙伴国进口总额占世界进口总额的比重之比。其数值越大，表明两国在贸易方面的联系越紧密。贸易结合度的计算公式如下：

$$TCDab = （Xab/Xa）/（Mb/Mw）$$

上式中，$TCDab$ 表示 a 国对 b 国的贸易结合度，Xab 表示 a 国对 b 国的出口额，Xa 表示 a 国出口总额；Mb 表示 b 国进口总额；Mw 表示世界进口总额。如果 $TCDab > 1$，表明 a，b 两国在贸易方面的联系紧密，如果 $TCDab < 1$，表明 a，b 两国在贸易方面的联系松散。

（四）外贸依存度

亦称"外贸依存率""外贸系数"。一国对贸易的依赖程度，一般用对外贸易进出口总值在国民生产总值或国内生产总值中所占比重来表示。比重的变化意味着对外贸易在国民经济中所处地位的变化。为了准确地表示一国经济增长对外贸的依赖程度，人们又将对外贸易依存度分为进口依存度和出口依存度。进口依存度反映一国市场对外的开放程度，出口依存度则反映一国经济对外贸的依赖程度。一般来说，对外贸易依存度越高，表明该经济发展对外贸的依赖程度越大，同时也表明对外贸易在该国国民经济中的地位越重要。

二 国际区域经济合作

（一）国际区域经济合作的内涵

国际区域性经济合作是指某一个区域内，两个或两个以上的国家，为了维护共同的经济和政治利益，实现专业化分工和进行产品交换而采取共同的经济政策，实行某种形式的经济联合或组成区域性经济团体。[1] 其经济活动内容是生产要素的国际移动和重新合理配置以及流通领域的自由化,其客观基础是一国经济的国际化,其保障为国际经济协调机制,最终目标是实现经济全球化。

从合作参与的主体来看,区域经济合作的主体可以是相邻或相近的国家或一国的地方政府,也可以是一国或国家集团。从以上分析可以看出,参与国际区域经济合作的行为体主要有三类:一是主权国家;二是主权国家的地方政府;三是主权国家组成的国家集团。

(二) 国际区域经济合作的类型

经济一体化的实质是生产要素不断趋向自由流动的一个动态过程。经济学家理查德·利普塞 (Richard Lipsey,1972) 根据生产要素不同的流动程度,把经济一体化划分为六种级别递增的不同状态,分别是优惠贸易安排、自由贸易区(商品自由流动)、关税同盟(统一对外关税)、共同市场、经济同盟和完全经济一体化。[2]

1. 优惠贸易安排 (Preferential Trade Arrangements)

优惠贸易安排是指在实行优惠贸易安排的成员之间,通过协议或其他形式,对全部商品或部分商品规定特别的优惠关税。1932 年,英国与其成员建立的大英帝国特惠制,第二次世界大战后建立的"东南亚国家联盟""非洲木材组织"都属于此类。

2. 自由贸易区

自由贸易区 (FTA) 是指由签订自由贸易协定的国家和地区组成的经济贸易合作区。在贸易区内,各成员之间废除关税与数量限制,使区域内各成员的商品可以完全自由流动,但每个成员仍保持各自独立的对非成员的贸易壁垒。在自由贸易区内,在成员之间的边界上仍应设置海关检查员,对那些企图通过贸易壁垒较低的成员进入这一区

---

[1] http://baike.so.com/doc/873970-923920.html.

[2] 伊特韦尔等:《新帕尔格雷夫经济学大辞典》第 2 卷,经济科学出版社 1996 年版,第 45 页。

域以逃避某些壁垒较高成员国的贸易限制的经济活动，将被课征关税或予以禁止，并规定原产地原则。这种区域经济一体化形式不涉及共同的关税制定和共同贸易政策，不建立超国家的协调机构。"欧洲自由贸易联盟""拉丁美洲自由贸易协会"等就是此类区域经济一体化组织。

3. 关税同盟

关税同盟（Customs Union）是指由两个或两个以上国家完全取消关税或其他贸易壁垒，并对非成员国实行统一的关税税率而缔结的贸易同盟。与自由贸易区相比，关税同盟把经济一体化的程度向前推进了一步，它不仅消除了本地区内部的贸易壁垒，而且每个国家都需要调整各自的关税和配额制度，建立起统一的对外贸易壁垒。结盟的目的在于使参加国的商品在统一关税及其他贸易壁垒保护下的市场上处于有利的竞争地位，排除非同盟国商品的竞争。欧盟的前身——欧洲经济共同体就是一个非常典型的关税同盟。

4. 共同市场

共同市场（Common Market）是指在共同市场内，成员国间不仅完全废除关税与数量限制，并建立对非成员国的统一关税，而且允许资本、劳动力等生产要素在成员国间自由流动。不仅任何阻碍生产要素从一国流向另一国的限制都被取消，而且那种限制某国公民或公司在另一国建厂或购买公司的规定也都被取消。1968 年，欧洲经济共同体就已经实现了农业共同市场。

5. 经济同盟

经济同盟（Economic Union）是指成员国间不但商品和生产要素可以完全自由流动，建立统一的对外关税，而且要求成员国制定和执行某些共同经济政策和社会政策，逐步废除政策方面的差异，使一体化的程度从商品交换扩展到生产、分配乃至整个国民经济，形成一个庞大的经济实体。欧盟就是这种区域经济一体化组织形式。

6. 完全经济一体化

完全经济一体化（Complete Economic Integration）是指成员国在经济、金融、财政等政策上完全统一，在各成员国之间完全取消在商品、资金、劳动力流动及服务贸易等方面的各种障碍，进而在政治、经济上结成更紧密的联盟，建立起统一的对外政治、外交和防务政策及经济政策，建立统一的金融管理与调节机构，发行统一的货币。迄今为止，还没有出现过这样的区域经济一体化组织形式，欧盟正着手制定欧盟宪法，并正在朝这个方向迈进，但是 2016 年 6 月的英国公投决定脱欧这一结果，使欧盟经济一体化发展的前景不甚明朗。

第二节　对外贸易相关理论

长期以来，在对外贸易与经济增长关系的理论研究中，关于对外贸易是否促进经济增长这一命题一直是经济学界争论和关注的热点，形成了诸多代表性的学派。它们从不同的角度阐述了对外贸易与经济增长的关系。

亚当·斯密的绝对优势理论，大卫·李嘉图的比较优势理论，俄林的"要素禀赋"理论，罗伯特逊、纳克斯的"发动机"理论等分别从不同的角度解释了对外贸易产生的原因、运行机理；动态比较优势理论从要素资源动态变化的视角研究出口商品的结构变化，共同支持贸易促进经济发展这一观点；李斯特的保护幼稚工业论，劳尔·普雷维什的"中心—外围"理论，巴格瓦蒂的"贫困化增长"理论则从另一方面阐述了对外贸易给幼稚工业或落后国家经济带来的负面影响，但并未否定对外贸易最终将促进经济发展的观点；诺克斯对"经济增长发动机"理论进行了修正，认为即使对外贸易确实促进了经济的增长，它的作用也达不到"发动机"的效果，克拉维斯承认对外贸易促进了经济增长，但认为其促进作用的发挥以及作用的大小与客观条件直接相关。

一　静态比较优势理论及 H-O 模型

（一）绝对优势论

绝对优势论是由英国古典经济学奠基人亚当·斯密提出的，该理论的基本观点为：如果一个国家生产某种商品的成本绝对地低于他国，它就应该大量生产和出口该商品；反之，则应从国外进口。各国都应该按照这一原理，选择自身具有优势的产品进行专业化生产，然后相互交换，这对贸易双方都有好处。对外贸易能使一个国家的剩余产品在国际市场上实现其价值，从而推动经济的增长，增加国民的收入。不过，该理论不能解释当绝对优势集中在一方时所出现的国际分工和国际贸易。李嘉图在斯密的绝对优势论基础上，提出了比较优势论，解决了这一问题。

（二）比较优势论

大卫·李嘉图在 1817 年提出了比较优势论，认为国际贸易产生的基础并不限于劳动生产率的绝对差别，只要各国之间存在着劳动生产率的相对差别，就会出现生产成本和产品价格的相对差别，从而使各国在不同的产品上具有不同的相对比较优势，各国通过出口成本相对较低的产品，进口成本相对较高的产品就可以实现贸易的互利，即"两弊取轻，两利取重"。因此每个国家都应该出口本国具有相对比较优势的商品而进口具有相对比较劣势的商品，对外贸易能够给一个国家的经济带来好处。

（三）H-O 模型

赫克歇尔—俄林继承和发展了李嘉图的比较优势论，提出了要素禀赋论，又称"H-O 模型"，用生产要素的丰缺来解释国际贸易产生的原因。俄林认为，商品价格的绝对差异是导致国家贸易产生的主要原因，而商品价格的绝对差异是由于成本的绝对差异决定的，而成本的绝对差异源于两国的要素禀赋不同以及要素密集程度不同。因此，一国应该出口使用本国相对丰富要素生产的产品，而进口使用本国相对稀缺要素生产的产品，则两国间的贸易能使两国都受益。根据比较优势论，一国的要素禀赋状况决定了该国的出口商品结构，每个国家都应该主要出口以本国相对丰富要素生产的产品，这有利于实现各国福利的最大化。

二 动态比较优势理论

比较优势论与当时的国际贸易实际比较吻合，因此在很长一段时间内，成为比较有影响力的、指导各国参与国际分工、确定出口商品结构的贸易理论。但是，由于"列昂惕夫悖论"的提出、产业内贸易的迅速发展以及发展中国家日益陷入"比较优势陷阱"的事实，许多经济学家开始重新审视这种将要素禀赋视为外生变量的比较优势论的适用性，并放宽假设前提，考虑更多的新要素，尤其是人力资本以及技术进步等，从动态的角度解释国际贸易的发展以及贸易格局的变化。舒尔茨提出的人力资本说认为，人力智能的高低决定了一国具有竞争力的商品结构；基辛等人的研究开发要素说认为，研究开发要素比重大小是产品国际竞争力强弱的重要影响因素；波斯纳的技术差距论将国家之间的贸易商品结构与技术差距联系起来，认为正是技术差距使一国的出口商品获得市场优势；弗农提出的产品生命周期理论认为，一种产品在生命周期中运动时，各国生产要素的比例会发生变化，从而使比较优势在不同国家之间转换，各国出口商品也随之做出调整；克鲁格曼的技术外溢效应、阿罗的"干中学"观点以及杨小凯的内生比较优势理论都从技术进步的角度解释国际贸易格局以及分工的变化，认为技术是内生变量，可以通过后天的学习获得技术进步、知识积累，从而一国可以依据新的技术比较优势来确定出口商品的结构。实际上，19世纪李斯特提出的保护幼稚工业理论，也是从动态的角度重视对于本国某项幼稚产业潜在技术优势的培育，强调通过产业升级带动出口商品结构的变化。上述理论从要素资源动态变化的视角研究出口商品的结构变化，因而形成了动态比较优势理论。

　　根据动态比较优势理论，一国参与国际分工的基础是比较优势，竞争优势是建立在比较优势基础上的，因此，一国或地区的出口商品结构也是由所具有的比较优势来决定的。但是，一国的比较优势是随着资本的积累和技术的进步而动态变化着的，是可以通过学习、创新以及经验积累等后天因素人为地创造出来的。要素增量可以改变一国现有的比较优势及参与国际分工的层次，应该注重把要素积累增量和技术创新结合起来，不仅注重依托比较优势参与国际分工以获得资本积累，也特别注重加强技术创新投入，培育技术优势，提高人力资源智能，根据新的比较优势来确定出口商品结构。同时，动态比较优势理论也重视政府在推动出口商品结构转变中的重要作用，并且认为产业升级是产品升级的基础。按照动态比较优势，发展中国家在经济发展的初期，由于劳动力丰富而资本和技术短缺，其出口商品结构以劳动密集型为主，但随着经济发展，该国资本不断积累，技术不断创新，要素禀赋状况发生了新的变化，此时，发展中国家的比较优势体现在资本和技术密集型产品的生产而不再是劳动密集型产品的生产上，出口商品结构也随之发生调整，向着更高产业层次以及更高附加值产品发展。

三　罗伯特逊的"发动机"理论

　　对外贸易对经济增长起到的是发动机的作用，这一观点是在1937年提出来的，这一理论的创立者是英国的经济学家罗伯特逊。1950年后，另一名经济学家，罗格纳·纳克斯发展了这个理论，国际贸易具有静态和动态两方面的利益。一方面，参与到对外贸易当中来的国家都充分发挥了本国的比较优势，这样，随着对外贸易的发展，在市场机制的作用下会促使国际分工变得专业化，资源在专业化的过程中实现了优化配置，提高了生产效率和产量，在专业化分工下生产出来的种类繁多的优质产品在国际市场上进行交换，消费的数量与种类都会大大增加，这就是国际贸易中的静态利益。另一方面，对于参与国际贸易的国家而言，这些国家商品的需求市场变成了规模更大的国际市场，需求市场规模扩大，需求也会增加，在供不应求时，就会有很多厂商参与到生产中来，生产者竞争的加剧会大大降低产品的生产成本，从而实现规模效益，这是国际贸易所带来的动态利益。总而言之，在对外贸易发展的过程中，参与贸易的国家会产生一组动态的转换效应，这些动态效应会随着对外贸易从发生国传递到其他国家，经济增长会随着这一效应在各个国家之间传递。

四　新增长理论概述

20 世纪 80 年代中期以来，以卢卡斯、罗默等人为代表的经济学家构造了内生型经济增长模型，研究了在一系列开放条件下，对外贸易、技术进步、经济增长三者的关系。格鲁斯曼和赫尔波曼使用内生型经济增长模型对上述三个变量之间所存在的关系进行了研究。研究得出，由贸易引起的国际市场上的竞争，迫使厂商不断更新思想、提高技术，期望以产品的稀缺性来占有市场，这样就避免了研究上的重复劳动；贸易方便了国际先进信息技术的传递，提高了科技利用效率，降低了科研成本。全球经济一体化使各个厂商都面临着一个更大规模的市场，这个市场上的更多需求引起了销售量的增加，带来了更多的利润，但当厂商大量进入该行业后，也将使竞争更加激烈；如果两个差异相对较大的国家相互开放，一体化使得这两个国家的生产都更加专业化，这两个国家的经济增长率都会得到提高。综上所述，国际贸易不但有利于技术进步，还能够促进科技知识在全球的传播与应用，最终促进全球经济的增长。

五　针对发展中国家对外贸易发展的理论

通过对发展中国家的经济发展水平与贸易发展条件进行分析后，有学者提出了在特定的条件下，自由贸易会损害发展中国家利益的理论，这也是我们发展中国家制定经济管制与对外贸易政策时应该注意的问题。

（一）李斯特的保护幼稚工业理论

在国际贸易的历史舞台上，很早就有人主张贸易保护理论，其中最早、最有地位的要数保护幼稚工业理论。这一理论是由汉密尔顿——美国的第一任财政部长提出来的。经济学家李斯特支持他的观点，曾在1861年指出，对于那些并不发达的工业化国家而言，比较优势是不利于经济发展的。有的产业最初的成本很高，随着国家经济的发展，其成本会逐渐下降，再经过一定时期的发展，产品的成本和产出价格甚至比很多国外进口品的价格还要低，这些原本处于劣势的行业具有了比较优势，这种现象在工业中的表现尤为明显。在发展中国家，如果想要发掘那些具有潜力的产业的比较优势，就要给予这些产业充分的保护，这种保护至少要持续到产业自身的体系变得完善、成本出现下降趋势为止。如果这种潜在的产业比较优势没有充分发挥出来，那么发展中国家的工业化进程就会受到阻碍，与发达国家之间工业化的差距将会变得更大。贸易全球化是大势所趋，但每个国家都有其具体情况，所以在这个进程中难免会出现意料之外的问题。

（二）普雷维什的"中心—外围"理论

阿根廷经济学家劳尔·普雷维什于1949年提出了"中心—外围"理论，该理论从传统的国际分工角度指出，世界经济由两大部分组成：一部分是大的工业中心，这些国家以生产和出口工业品为主；另一部分是为这些中心国家生产粮食和原材料的外围国家，以生产和出口初级产品为主。"初级产品"的贸易条件与"工业品"的贸易条件相比，前者存在长期恶化的趋势，所以这一理论又被称为"贸易条件恶化论"。这里提到的"工业品""初级产品"在"中心"与"外围"这两个体系之间是不对称的，在国际市场和全球贸易中的地位是不平等的，这是因为技术进步的传播机制在这两个体系间的表现和影响不同，是非互利的。

（三）巴格瓦蒂的"贫困化增长"理论

印度经济学家巴格瓦蒂在"中心—外围"理论的基础上，提出了"贫困化增长"理论，这一理论也认为对外贸易会阻碍经济增长。"贫困化增长"也是指某些特定的发展中国家在发展中的特殊情况，如果一国的某一单一要素供给极大增长，传统出口商品的出口规模也会出现极大增长，最终该国无论是贸易条件还是国民的福利水平，都会出现严重恶化和下降的态势。该理论认为，一些发展中国家处于分工的低级阶段，主要出口初级产品，而这些初级产品的价格和收入弹性是很小的，如果出口大幅度增加，价格必然会大幅度下跌，那么因为产量提高而获得的收益又会被贸易条件的恶化抵消掉，在这个过程中，本国的收入和消费水平会出现绝对的下降，这就是所谓的"贫困化增长"。

六　产业内贸易理论

（一）理论的提出

传统的国际贸易理论主要是针对国与国之间劳动生产率差别较大的不同产业之间的贸易，贸易主要在发达国家与欠发达国家之间展开。但自 20 世纪 60 年代以来，国际贸易实践中出现了一种新的现象，即国际贸易大多发生在发达国家之间，而发达国家间又出现了既进口又出口同类产品的贸易现象。

匈牙利经济学家巴拉萨于 1966 年最早提出了"产业内贸易"这一概念，他在对欧共体成员国之间的进出口贸易进行研究后发现，各国之间贸易规模的扩大主要发生在同类商品之间，而并非发生在不同类商品之间，他把这一现象称为"产业内贸易"（intra-industry trade，IIT）。

产业内贸易也被称为"水平贸易或双向贸易"，指一个国家在出口的同时又进口同类产品，这里的同类产品是指按国际贸易标准分类（SITC）至少前三位数相同的产品，即至少属于同类同章同组的商品。

（二）产业内贸易水平的测量

度量产业内贸易程度的方法有很多，最具权威的是劳埃德—格鲁贝尔指数（GL），其经济含义是：在特定产业中，相对于该产业的贸易总量，出口在多大程度上为进口所抵消。公式如下：

$$GL_i = 1 - (X_i - M_i) / (X_i + M_i)$$

其中 GL_i 表示一国 i 产业的产业内贸易指数，X_i 为产业的出口值，M_i 为产业的进口值。GL 指数值介于 0 到 1 之间，GL 值越接近 1，表明该产业的产业内贸易特征越明显；反之，则表明该产业的产业内贸易特征越不明显。

当一国存在贸易失衡时，按上述公式计算的产业内贸易指数值会发生向下的偏移。对此 Grubel & Lloyd（1975）进一步调整了整体产业内贸易指数的公式。调整后的 G-L 指数通过在贸易总额中减去贸易差额，在一定程度上消除了贸易失衡对 G-L 指数所造成的向下偏移。但仅在总量上对 G-L 指数的修正无法准确度量各产业贸易失衡对总体产业内贸易水平的影响，因此调整后的 G-L 指数仍然存在着一定的问题。

针对贸易失衡对度量产业内贸易的影响，Aquino（1978）认为，G-L 指数法的主要缺陷在于没有完全消除贸易失衡所带来的计量误差。对此，他提出了"Aquino 矫正指数"。Ramkishen（1995）在研究新加坡同日本以及美国的产业内贸易时，为克服因贸易失衡所造成的计量偏差而采取了一种新的计量方法。前期对产业内贸易的度量方法仅度量了产业内贸易的静态指标，为此，Hamilton & Kneist（1991）最早提出以贸易流量来衡量产业内贸易水平变化的动态度量方法。

关于贸易失衡对度量产业内贸易水平的影响，Helpman（1987）认为，产业内贸易指数的计量偏差是由现实的贸易现象引起的，单纯从统计上的简单调整是无济于事的。因此，尽管未经调整的 G-L 指数存在着一些问题，但它可以比较准确地反映出产业内贸易水平的变动。因此，产业内贸易水平的 G-L 指数度量法是目前学术界使用最为广泛的一种测度产业内贸易水平的方法，而大量的实证研究也证实了 G-L 指数度量法具有一定的普遍适用性。

需要注意的是，G-L 指数将贸易划分为产业间贸易与产业内贸易两部分，产业间贸易与产业内贸易之和等于贸易总额，G-L 指数只反映产业内贸易与总贸易的比率关系，不反映两国贸易额的变化。故可用于比较不同产业以及同一产业不同时期的产业内贸易水平，但无法反映产业内贸易的发展规模。

两国间产业内贸易的总体水平，可由综合产业内贸易指数来反映，计算方法如下：

$$IIT = 1 - \sum X_i - M_i / \sum (X_i + M_i)$$

IIT 指数越接近 1，表示产业内贸易程度越高；反之，IIT 指数越接近 0，表示产业内贸易程度越低。[①]

（三）产业内贸易形成的推动因素

产业内贸易指数反映了一国在面临广阔的国际市场时快速调整自身生产的能力，提高产业内贸易水平是发展中国家提高外贸竞争力的一项重要手段。一般认为，各国消费者偏好的多样性、技术差距与国际直接投资活动是产业内贸易产生的最基本的推动因素。

1. 消费者偏好与产业内贸易的形成

同一类商品虽然具有一些相同的属性，但这些属性的不同组合仍然会使商品产生差异。不同消费者具有不同的偏好，表现为消费者需求的多样性，当不同国家的消费者对彼此的同类产品的不同属性产生相互需求时，就可能在这两国之间出现产业内贸易。即便是对于同种组合属性的产品，由于消费者的收入水平、消费习惯的不同，对商品的档次需求也会有差异。为了满足不同层次的消费需求，就可能出现高收入国家从低收入进口中低档产品和低收入国家从高收入国家进口高档产品的产业内贸易。

---

① 李汉君：《中日产业内贸易发展实证分析》，《国际贸易问题》2006 年第 4 期。

2. 技术差异与产业内贸易

根据技术差距理论，由于不同国家对于先进技术掌握的先后顺序不同，先进工业化国家基于技术创新，不断推出新产品，而后进国家则主要生产标准化的技术含量不高的产品，因而处于不同生命周期阶段的同类产品，由于技术先进性不同、规模效应以及劳动力成本差异等原因，会促使发达国家与发展中国家发生产业内贸易。技术差异产品推动的产业内贸易在一定程度上有利于解决后进国家的劳动力就业问题，提高现有的工业技术水平，增加税收与贸易利益，但却无法获得垄断性技术优势，因而在提高该国的外贸竞争力上作用有限。

3. 垂直一体化投资与产业内贸易

在跨国公司理论中，把跨国公司分为垂直一体化模型和水平一体化模型两种。垂直一体化模型中的跨国公司将生产经营活动的各个阶段分散于不同的国家，而水平一体化模型中的跨国公司在很多国家重复从事大致相同的活动。垂直一体化模型和水平一体化模型对产业内贸易的影响机制是不同的。

垂直一体化投资是指跨国公司在总部和海外工厂之间实行纵向分工，设在母国的总部和工厂从事产业链中关键的产业环节，海外子公司则往往从事产业链中增值相对较低的劳动密集型和资本密集型的生产活动。在贸易实践中，常常体现为东道国从母国输入零部件和中间产品，加工后输往母公司或其他子公司。由于许多零部件、中间产品及加工产品编码的前三位相同，属于同组产品，因而形成产业内贸易。

因此，一国的垂直型对外直接投资越多，产业内贸易额就越大，所体现出来的对外贸易竞争力就越大。而对东道国而言，虽然吸引垂直型跨国投资可以增加产业内贸易，从而获得更多的贸易利益，从短期来说，对一国外贸竞争力具有促进作用，但从发展的角度分析，发展中国家总是接受前一轮被淘汰的技术，在技术发展上始终处在相对劣势的地位，对发展中国家产业结构升级的促进作用不大，因而这种产业内贸易的扩大不能有效地提高一国的外贸竞争力。

4. 水平一体化投资与产业内贸易

跨国公司在经济发展水平、市场规模相似的国家从事投资经营活动，就形成了水平一体化投资。这种水平一体化跨国公司在经济发展水平类似的国家建立内部市场，进行差别产品交易，呈现出产业内贸易的特征，同时又有规模经济的特征，在需求的拉动下，会促进产业内贸易的迅速发展。

水平一体化跨国经营所产生的产业内贸易的增加，对母国与东道国的对外贸易竞争力都具有极大的促进作用。对母国来说，水平一体化跨国公司在总部与海外工厂之间实行平行分工，从事基本相同的生产经营活动，从而获得了规模经济，降低了产品的平均生产成本。这种建立在规模经济基础之上的产业内贸易的增加，极大地促进了母国对外贸易竞争力的提高。对东道国来说，跨国公司的进入会给东道国带来母国先进的生产和经营技术，促进东道国相关产业的技术进步和产业升级，即使母国和东道国在技术水平上相差不大，跨国公司也会为东道国带来有特色的生产方式、新的营销渠道，以及不同的管理理念等，因此，由水平一体化跨国公司所带来的产业内贸易水平的提高同样也促进了东道国对外贸易竞争力的提高。

第三节　区域经济合作与投资相关理论

一　国际区域经济合作理论

具有代表性的国际区域经济合作理论主要包括区域经济一体化理论、最优货币区理论等以经济一体化为研究对象的理论，也包括合作层次较低的次区域合作理论。

（一）关税同盟理论

关税同盟理论在国际区域经济一体化理论中一直居于主导地位，也是最为完善的部分。关税同盟理论最早可以追溯至19世纪德国经济学家李斯特提出的保护幼稚工业理论。1950年，加拿大经济学家维纳（Jacob Viner）出版了《关税同盟问题》一书，运用局部均衡分析、考察了关税同盟对贸易的影响，提出了贸易创造效应和贸易转移效应，认为区域内自由贸易带来了贸易创造效果，而对外实行贸易保护则带来了贸易转移效果。关税同盟的福利效应就是贸易创造和贸易转移共同作用的结果。当贸易创造效应大于转移效应时，参加关税同盟给成员国带来的综合福利效应就是正效应，意味着成员国的经济福利水平的总体提高；反之，则为净损失和经济福利水平的下降。维纳将定量分析应用于关税同盟的经济效应研究，为关税同盟理论的发展奠定了坚实的基础。

1. 关税同盟的静态效应

（1）贸易创造效应

贸易创造效应（Trade Creation Effect）的分析可以从生产与消费两个角度进行。从生产的角度讲，关税同盟内部取消关税，实行自由贸易后，关税同盟内某成员国国内成本高的产品被同盟内其他成员国成本低的产品所替代，关税同盟各成员方的生产专业化水平得以提高，可以引导本国资源从原来使用效率低的部门向使用效率高的部门转移，这种生产转换提高了资源配置效率，从而大大提高了生产效率，降低了生产成本，扩大了生产所带来的社会总利益；从消费角度讲，成员国由原来自己生产并消费的高成本、高价格产品，转向购买关税同盟内部成员国的低成本、低价格的产品，低成本的伙伴国商品的进口将导致本国市场价格的降低和消费者支出的减少，使消费者剩余得以增加，消费者节省下的资本可用于其他产品的消费，从而扩大了社会总需求。这两方面的综合效果反映出创造贸易的结果是关税同盟各成员国社会福利水平的整体提升。

（2）贸易转移效应（Trade Diversion Effect）

贸易转移效应是指由于关税同盟对内取消关税，对外实行统一的保护关税，成员国把原来从世界上生产效率最高、成本最低的国家的进口产品转为由同盟内生产效率最高、成本最低的国家进口。但同盟内生产效率最高、成本最低的国家并不一定是世界上该产品生产效率最高的国家，其进口成本较关税同盟成立之前增加，消费者开支扩大，使同盟国的社会福利水平下降。从世界范围来看，这种生产转换降低了资源配置效率。

维纳的局部均衡分析方法可以明确计算出贸易创造和贸易转移效应的大小，但是，其单一产品市场的假定前提限制了其分析的普遍适用性。继维纳之后，Corden（1974）提出了假定其他产品价格不变的单一产品模型，假定其他所有产品的相对价格不受所分析的市场变化的影响，故被分析产品的价格可被解释为与其他产品价格指数有关的相对价格。Kemp（1969）提出了三国两产品（3×2）模型，米德（Meade）、维纳克（Vanek）提出了三国三产品（3×3）模型，麦克米兰（Mcmillan）、麦克兰（Mclann）和劳埃德（Lloyd）进行了总结和归纳。关税同盟理论经过许多经济学家的补充，日益成为一种较为成熟的经济理论。

2. 关税同盟的动态效应

在维纳提出上述关税同盟理论以后，有经济学家指出，维纳只研究了同盟组建所产生的静态效应，而忽略了对其所产生的动态效应的研究。他们认为，关税同盟的动态效应研究要比静态效应更重要。

关税同盟的建立，从长期来看会对同盟成员国的经济结构、资源配置、就业、产出与收入、投资与技术进步造成一定的影响，这种动态又被称为"动态效应"。对于关税同盟的动态效应，很难进行准确的估算，但许多学者认为，关税同盟的动态效应比静态效应更有价值。一般认为，动态效应主要包括规模经济效应、竞争效应与投资效应三种。

（1）规模经济效应

关税同盟的建立打破了原来的单个国内市场的界限，使分散的国内小市场结成了统一的大市场，市场容量得以迅速扩大，区域性经济集团的建立可以使企业获得据以实现规模经济的稳定市场。这种市场范围的扩大使生产者获得更多机会来提高专业化分工水平，组织大规模生产，进而降低生产成本，获得规模经济递增效益。但也有学者认为，如果成员方的企业规模已经达到最优水平，则建立区域性经济集团后再扩大规模反而会导致平均成本的上升。

（2）竞争效应

关税同盟的建立促进了成员国企业之间的竞争。在各成员国组成关税同盟以前，许多部门已经形成了国内垄断，几家企业长期占据国内市场，获取超额垄断利润，这不利于各国资源的有效配置和技术进步。在组成关税同盟以后，由于各国的市场相互开放，各国企业面临着来自于其他成员国同类企业的竞争。在面临竞争的情况下，为取得有利地位，各企业必然会增强技术创新的意识，增加研发投入，推动生产成本的降低，从而提高经济效益，促进技术进步。在这种同盟内激烈竞争的环境下，必然会有一些企业被淘汰，从而形成关税同盟内部的垄断企业，这有助于抵御外部企业的竞争，甚至有助于关税同盟的企业在第三国市场上与别国企业的竞争。

（3）投资效应

关税同盟的建立会促使区域内部与外部的投资同时得以扩大。一方面，关税同盟市场成立后，市场容量的扩大促使同盟内企业为了获得规模经济效益而不断增加投资；另一方面，关税同盟的建立意味着对来自非成员国产品的排斥，同盟外的国家为了抵消这种不利影响，会转移到关税同盟内的一些国家进行直接投资、生产并销售，从而达到绕过统一的关税和非关税壁垒的目的。这样客观上便产生了一种伴随生产转移而来的资本流入，吸引了大量的外国直接投资。

关税同盟理论是国际区域经济一体化理论中较为完善的一部分，且在欧盟等发达国家的国际区域经济一体化组织中得到了应用，但是关税同盟理论是以发达国家为基础建立起来的，所以不太适用于发展中国家。因此，发展中国家要想实现经济一体化，必须探寻适合发展中国家的一体化理论。

（二）"轮轴—辐条"效应

"轮轴—辐条"效应是新区域主义的产物，与新区域主义模式下的利益分配格局密切相关。新区域主义理论关注的是"超国家地区"，即把一体化程度的范畴扩大为地区融合度，实际上除了地理位置相近的地区以及由于历史原因所产生的具有相似的政治、经济、文化背景的地区结构之外，把与某个地区性组织相对应的地区及以相关问题的形式表现出来的地区都作为分析的对象。在新区域主义中，大国与小国并存；贸易自由化程度一般，成员国之间没有出现重大自由贸易倾向；合作国的目的并不局限于减轻或消除贸易壁垒上，它们还要协调和调整各自的其他经济政策。在新区域主义者眼中"新区域化"是一个包括文化、安全、经济政策和政治制度等各个方面在内的从"异质"到"同质"的过程。

"轮轴—辐条"模式包括一个处于中心地位的轮轴国和多个围绕在轮轴国周围的辐条国，轮轴国与每个辐条国分别签订区域贸易协定，辐条国之间则无贸易协定。当一国与多个国家分别缔结区域贸易协定时，该国就像一个"轮轴"，而与此缔结协定的国家就像"辐条"，从而形成"轮轴—辐条"模式。处于"轮轴"位置的经济体将获得更大的市场空间与收益，而处于"辐条"地位的经济体所获得的市场与收益则来源于中心国家，这就是区域经济一体化安排中的"轮轴—辐条"效应。[①] Ashizawa 和 Kuniko（2003）指出，国际区域经济一体化中的"轮轴"国至少可以在贸易和投资两方面获得特殊的优惠：第一，在贸易方面，"轮轴"国的产品可以通过双边自由贸易协定进入所有"辐条"国市场，而"辐条"国的产品由于彼此之间没有协定，因此受原产地规则限制而无法相互进入；第二，在投资方面，"轮轴"国的特殊地位会吸引包括"辐条"国在内的外部资本

---

① Baldwin, Richard, *Towards an Integrated Europe*（London：CERP, 1994）.

的进入。①

与传统的区域贸易合作中集团内、外国家之间基于贸易创造和贸易转移的利益分配模式相比，"轮轴—辐条"效应对贸易流、贸易条件和利益分配的影响更加复杂，不平衡性加剧。

（三）次区域经济合作理论

次区域经济合作是 20 世纪 80 年代末 90 年代初出现的一种新型区域合作方式，指若干国家在接壤区域跨国界的自然人或法人，基于平等互利的原则，在生产领域内，通过各种生产要素的流动而开展的较长时期的经济协作活动。从经济发展的视角来看，其实质就是生产要素在"次区域"这个地缘范围内趋向自由化的流动，从而带来生产要素的有效配置和生产效率的相应提高，主要表现为在这个地缘范围内的贸易和投资自由化，因而，在经济上，它属于区域经济一体化范畴。② 随着经济全球化与地区经济一体化的发展，次区域经济合作在一体化条件并不具备的地区，或者在一体化经济体的内部作为区域合作的一种替代而出现。在存在较大差异的发展中国家之间建立排他性的经济一体化组织不可行的背景下，次区域经济合作方式是符合实际的必然选择。这种合作方式在东亚地区表现得尤为明显。

次区域经济合作最早出现于 1989 年 12 月，是由新加坡总理吴作栋倡议建立的，鉴于新加坡与印度尼西亚的廖内群岛和马来西亚的柔佛州之间的经济联系一直以来比较密切，而且很早就有相互间的合作，吴作栋的提议先后得到了印度尼西亚、马来西亚的响应，最终在新加坡、马来西亚的柔佛州、印度尼西亚的廖内群岛之间的三角地带建立了经济开发区，并称之为"成长三角"，或"新柔廖增长三角"。

新柔廖增长三角利用新加坡的资金和技术，与马来西亚柔佛州以

---

① Kuniko Ashizawa, "Japan's Approach toward Asia Regional Security: From Hub-and-Spoke Bilateralism to Multi-Tiered," *The Pacific Review*, Vol. 16 (3), 2003, pp. 361 – 382.

② 次区域经济合作，http://baike. baidu. com/view/1729885. htm。

及印度尼西亚廖内省丰富的自然资源和劳动力进行有机结合，迅速发展成为东盟次区域经济合作的成功范例。1996 年与 1997 年，印度尼西亚的占碑、明古鲁、西苏门答腊、南苏门答腊、西加里曼丹等省和马来西亚南部的马六甲、森美兰、彭亨陆续加入新柔廖增长三角后，该增长三角的作用进一步凸显。

新柔廖增长三角的成功得到了东亚国家的普遍关注。1993 年，亚洲开发银行把"成长三角"定义为"次区域经济合作"，既包括三个或三个以上国家的地理毗邻的跨国经济区，通过利用成员国之间生产要素禀赋的不同来促进外向型的贸易和投资。① 次区域经济合作的特点主要表现为：

第一，具有开放性与灵活性。一个国家可以根据地理位置特征、地区经济发展的特点，同时参加一个或几个次区域经济合作组织。次区域经济区内的产品市场和投资都主要依赖于该次区域以外的国家或地区，不歧视非成员国，具有不同于贸易集团的开放性。

第二，风险小且合作范围十分广泛。次区域经济合作区通常只涉及成员国领土的一部分，而且是在政府的推动下建立的，因此，其失败的政治风险相对较小。次区域经济合作的范围十分广泛，通常包括贸易、投资、旅游、基础设施、人力资源、环境保护等多个方面。

第三，跨国合作性与政府主导性。次区域经济合作通常是由三个或三个以上的国家主体参与，是一种跨国经济合作，它不讨论国家内部各个地区之间的经济合作行为。它也不是一个市场自发形成的经济活动，而是由中央或地方政府所引导的经济行为。由于各国在政治、经济、法律等方面的差异，涉及大型投资项目的建设以政府协议的方式合作，可以降低投资风险，提供相互保护。次区域经济合作是相对较低的区域经济合作，还没有涉及自由贸易协定、关税协定等由主权国家介入的领域，因此地方政府往往在次区域经济

---

① 丁斗：《东亚地区的次区域经济合作》，北京大学出版社 2001 年版，第 3 页。

合作中扮演着重要的角色。

第四，次区域经济合作是较低水平的合作。

第五，区内资金不足。次区域经济合作最大的不足在于区域内没有资金充足的供给者。从这个意义上说，区域合作最为缺乏的是区域内部的资金供应者。经济学家理查德·利普赛根据生产要素的流动程度，将经济一体化划分为六种等级递增的状态，分别为特惠关税区、自由贸易区、关税同盟、共同市场、经济同盟、完全经济一体化。根据这一思想，以生产要素流动为度量尺度，次区域经济合作是比特惠关税区更低级的一种区域经济一体化形式，因为其生产要素流动是要靠跨国"协调"的。①

次区域经济合作对区域外部资金的依赖性，也是落后国家和地区开展次区域经济合作必须坚持开放性的根本原因。

（四）经济相互依赖理论②

美国经济学者理查德·库帕在1968年出版的《相互依赖经济学：大西洋社会的经济政策》一书中最早系统地阐述了经济相互依赖理论。"相互依赖"包含两层含义：一方面，其他国家的经济状况对本国的经济发展产生着直接的影响；另一方面，本国的经济决策在一定程度上依赖其他国家的经济决策与反应行动。如果各国都能够理性地根据其他国家的反应调整本国的相关经济政策，国际合作会朝着帕累托最优的方向发展。可见，经济相互依赖理论特别注重一国经济发展与国际经济往来之间所存在的敏感的相互作用关系。人们常用一些起着关键作用的基本指标加以具体计量。它们主要有对外贸易增长率与GDP增长率之比；出口贸易额与GDP之比，即出口依存度；国际资本流动量与GNP之比。

世界各国经济贸易相互依赖可以表现在诸多方面，例如，经济

---

① http：//baike. baidu. com/view/1729885. htm.

② http：//wiki. mbalib. com/wiki/国际相互依赖理论。

贸易结构的相互依赖；发达国家的资本密集型产品和高科技产品所形成的与发展中国家资源密集型产品和劳动密集型产品之间的依赖；发达国家之间因发展战略和产业结构的不同而形成的经济贸易目标的相互依赖。有时一个国家实现其经济贸易目标还需要甚至依赖其他有关国家在经济政策上的配合和协调，因此形成经济贸易政策的相互依赖。一国的某些宏观经济政策一旦发生变动，常常会直接导致其他国家的经济活动发生变化，从而迫使后者也相应地调整有关政策。如果两个国家的外生干扰因素的联系程度比较密切，那么，它们之间的经济联系往往趋于紧密，形成经济贸易干扰因素的相互关联。

许多国家在经济上的依赖程度往往因传导机制的推动而日趋加深，例如，两国不仅可以通过进出口贸易，而且能够经由直接或间接投资、金融往来、技术交换、劳务流动、经济援助、本币汇率变动诸多渠道，提高相互的经济依赖程度。这从一个侧面说明，在经济全球化不断深入的背景下，所有属于开放型经济体系的国家都会明显加深同外部经济世界的依赖程度。

（五）雁行结构理论

日本经济学家赤松要于1935年提出了雁行结构理论，用以阐述某一产业在不同国家伴随着产业转移而先后出现的兴盛衰退，以及其中一国的不同产业先后兴盛衰退的过程。20世纪60年代中期之前，在日本主导下，东亚地区形成了以日本为头雁，亚洲"四小龙"（包含韩国、中国台湾和香港、新加坡）紧随其后形成两翼，再后是中国大陆与东盟各国形成尾雁的雁行发展模式。即日本先发展某一产业，当技术成熟，生产要素发生变化时，这些产品在日本的竞争力转弱，亚洲"四小龙"开始承接转移技术或产业转移。同样地，当亚洲"四小龙"在该产业发展成熟后，这些产品的生产又转移到相对落后的国家进行。亚洲"四小龙"的产业结构也相应实现升级，呈现出有先后次序的形式。①

这种以日本为头雁的雁行结构发展模式，加强了东亚各国家与地区的经济联系与一体化发展，为东亚区域生产网络的形成打下了良好的经济基础。然而，20世纪90年代以后，日本经济发展停滞，日本与亚洲其他国家的差距缩小，东亚地区产业内分工和产品内分工迅速发展并与以往的产业间垂直分工一起形成了多条价值链相互交织的东亚区域生产网络。

二　跨国投资理论

跨国投资理论主要产生于20世纪60年代，跨国公司对外直接投资的动因及其决定因素是跨国投资理论研究的核心。

（一）垄断优势理论（Theory of Monopolistic Advantage）

垄断优势理论是由麻省理工学院海默教授最早于1960年提出的，是指厂商凭借其特定垄断优势扩展对外直接投资的一种国际直接投资理论，又称"特定优势理论"。他指出，国内企业到国外进行相应投资的动因是由于企业具有特定的优势。其后，该思想经海默的导师金德尔伯格的补充和发展形成了系统的垄断优势理论。但是，该理论只说明跨国公司纵向一体化的国际直接投资，其缺乏解释力度的方面是横向一体化、多元化等投资行为。

（二）内部化理论（The Internalization Theory）

内部化理论也被称为"交易费用论"，是新兴的分析国际直接投资动因的理论，也是对垄断优势理论的发展和补充。该理论较好地解释了跨国公司不把技术和知识作为商品在国际市场上出售，而要通过建立新的企业来获利。该理论所称的内部化是将外部市场构建在公司内部的过程，公司内部的调拨价格成为内部市场的润滑剂，原来的外部市场被内部市场取代。而外部市场的不完全性并非由规模经济、寡

① http://wiki.mbalib.com/wiki/雁行理论。

占或关税壁垒所造成，而是外部市场失灵或是某些产品的特殊性或垄断势力的存在导致了企业市场的内部化。

（三）国际生产折衷理论

英国瑞丁大学教授邓宁（John H. Dunning）于 1977 年提出了国际生产折衷理论，又被称为"国际生产综合理论"。邓宁认为，过去的各种对外直接投资理论都只是从某个角度进行片面的解释，未能进行综合、全面的分析，因此需要用一种折衷理论将有关理论综合起来解释企业对外直接投资的动机。折衷理论的核心是所有权特定优势、内部化特定优势和区位特定优势。邓宁认为，在企业具有了所有权特定优势和内部化优势这两个必要条件的前提下，又在某一东道国具有区位优势，该企业就具备了对外直接投资的必要条件和充分条件，对外直接投资就成为企业的最佳选择。

但是，国际生产折衷理论也不能完全解释国际直接投资的多样性；过分强调对外直接投资的既有优势，企业对外直接投资的优势具有相对性和动态性；其基本分析仅局限于微观领域，而且缺乏统一的理论基础和研究主线。

（四）产品生命周期理论（The Theory of Product Life Cycle）

美国哈佛大学教授雷德蒙·维农（Raymond Vernon）于 1966 年提出了产品生命周期理论。所谓产品生命周期是指产品在市场竞争中地位的变化过程，可分为三个阶段：新产品形成阶段、成熟产品阶段和标准化产品阶段。产品在不同的阶段，跨国公司的投资决策和营销策略各有所不同。该理论的最大特色在于将邓宁对以上三个基本要素的综合分析与企业进行国际经济活动的方式选择结合起来。企业可以根据自身的实际情况遵循相应的原则。

（五）边际产业扩张理论①

边际产业扩张理论是由日本经济学家小岛清于 1978 年提出的。

---

① http：//wiki. mbalib. com/wiki/小岛清。

该理论的核心思想是：对外直接投资应从本国已经处于或即将处于比较劣势的产业（称为"边际产业"）依次进行。

小岛清根据 20 世纪 60 年代末日本对外直接投资的情况提出了边际产业扩张理论，认为以前的对外投资理论都是以美国的对外投资为研究对象的，偏重于从企业的垄断优势去解释，而他从日本"贸易导向"的产业政策角度对日本的对外直接投资进行了分析。小岛清认为，对外直接投资与国际贸易是互补关系，而不是替代关系。要使对外直接投资促进对外贸易的发展，其条件是对外直接投资应该从本国已经处于或即将处于比较劣势的产业依次进行。"边际产业"具有双重含义，对于投资国来说，它位于投资国比较优势顺序的底部，而对于东道国来说，则位于比较优势顺序的顶端。小岛清认为，日本对外投资是从那些即将丧失或已经丧失比较优势的行业开始的，投资的目的是获得东道国的原材料和中间产品，这样就可以发挥投资母国和东道国的比较优势，使双方获得利益。20 世纪 70 年代，日本的海外直接投资产业顺序是从以资源密集型为主向以劳动密集型为主再向以重化工业为主的产业结构转变。这一投资顺序的演进符合小岛清的边际产业扩张理论。

第三章　鲁日经贸合作发展现状

第一节　鲁日贸易关系发展历程与现状

由于特殊的地理位置，山东省是较早开展对日经贸活动的省份之一，山东省对日本贸易额在全国的占比较大，了解中国与日本之间的贸易与投资等经贸活动的变动，有助于理解鲁日经贸合作中所取得的成绩与存在的问题。

一　中日贸易关系发展回顾与总结

（一）改革开放之前的中日贸易关系

新中国成立初期，中国与日本经济交往的主要形式是货物贸易，局限于民间层面的交往，贸易额小，交易商品种类比较单一。直至1972年中日外交关系实现正常化之前，中日贸易历经了四次贸易协议、友好贸易和备忘录贸易几个阶段。在1972年前的20多年中，所签订的四次民间贸易协议以及渔业协定、钢铁协定等都是以中国国际贸易促进会、日本国际贸易促进会、日中贸易促进会等民间团体为主体进行的，政府也通过不同形式予以支持，可以说，这一时期的中日贸易属于"半官半民"性质。

1952年6月签订的《第一次日中民间贸易协定》对早期中日贸易的顺利发展起着重要作用。1953—1958年，中日签订了四次民间贸易协议，较好地促进了中日民间贸易的发展。1953—1956年，中日贸易呈逐年上升趋势，1957 年，日本首相岸信介上台后，采取了敌视中国的政策，中日贸易额开始大幅度下降。受 1958 年"长崎国旗事件"① 的影响，中日双边贸易关系全面中断。

1960 年，中国政府提出了中日贸易三原则，其内容为"政府协定、民间合同和个别照顾"。以此为基础，1962 年 11 月，中方代表廖承志与日方代表高碕达之助达成了《日中长期综合贸易备忘录》，后来被称为"LT 备忘录协定"。自此双边贸易进入 LT② 贸易和 MT③ 贸易阶段。中日双方通过友好贸易、LT 贸易及 MT 贸易等形式，推动了双边贸易的发展。在实现邦交正常化之前，除 1967 年和 1968 年两年外，中日贸易额出现了稳步增长。双边贸易额由 1960 年的 0.23 亿美元上升到 1971 年的 9 亿美元。中日贸易往来的快速发展，使两国经济界迫切希望中日两国政府能早日复交，以解除中日经贸关系的政治障碍，拓宽两国经贸往来的渠道。

1972 年中日邦交正常化后，双方在政治、经济等方面的交流发展得很快，中日的经济交往也由民间贸易阶段转向"政府主导、官民并举"的新时期。1972—1978 年，中日政治环境好转，为贸易往来提供了良好的环境，中日双边贸易额不断扩大，由 1972 年的 10.38

---

① 在岸信介内阁反华的背景下，1958 年 4 月 30 日，在日本长崎发生了侮辱中华人民共和国国旗事件。日中友好协会长崎支部在市内滨屋百货公司举办介绍国产品展览会，会场上悬挂了日本和中华人民共和国两国国旗，两名日本暴徒闯入，将展览会场的中国国旗扯下，造成侮辱中国国旗事件。但岸信介内阁却以"国内法"为借口，坚持不承认中华人民共和国，拒绝对罪犯进行惩处，并很快将暴徒释放。岸信介内阁的反华行为，致使中日第四次贸易协定无法实施，中日民间刚刚发展起来的友好关系一度中断。

② LT 贸易：1962 年 11 月，中国代表廖承志与日本代表高碕达之助签订了一份《日中长期综合贸易备忘录》。之后，凡根据此备忘录开展的贸易，均采用"LT"作为编号，其中 L 与 T 分别是廖承志与高碕达之助（TAKASAKI）姓氏的首字母，因此备忘录贸易也被称为"LT 贸易"或"廖高贸易"。

③ MT 贸易：1968 年，中日双方又签订了新的备忘录贸易计划，简称 MT 贸易，其中的"M""T"分别代表"备忘录"与"贸易"的英文首字母。由于佐藤内阁推行敌视中国的政策，1967 年后半年，中日经贸关系不断出现裂痕。被称为"LT 贸易生命"的延期付款方式，事实上已不能通过日本输出入银行来实现，中国急需的大型成套设备也无法从日本引进。在此背景下，开始了 MT 贸易。MT 贸易从 1968 年持续到邦交正常化的 1972 年。

亿美元，增加至 1978 年的 48.2 亿美元；在技术贸易方面，中国在这一期间从日本引进了 37 项成套设备，其中 35 项的金额为 10.29 亿美元。1978 年，双方又缔结了《中日和平友好条约》①，以法律形式规定和保障了中日双边关系从正常化进入了和平友好时期，为双边经贸合作进一步开展创造了良好的外部环境。但改革开放之前，双方的直接投资尚未展开。

（二）改革开放之后的中日贸易关系

1978 年，党的十一届三中全会召开，标志着中国改革开放的开始。随着对外开放试点区域的增加，对外开放力度的扩大，中国加快了与各国的经贸交流，中日经贸关系也进入了双边贸易、直接投资、日本政府对华开发援助、劳务输出等的全面发展时期。特别是 1992 年邓小平"南方讲话"以后，伴随着中国社会主义市场经济建设的开展，中日经贸交往也从"政府主导、官民并举"逐渐转变为"市场主导"。2001 年，加入 WTO 以后，中国经济全方位地融入经济全球化之中，中日双方不仅继续扩大贸易投资合作，而且在财政金融合作、地区经济合作以及能源开发、环境保护等更为广泛的领域加强合作。尽管自 2012 年以来，中日双边经贸关系由于政治关系的冷淡而受到一定的影响，但两国之间的贸易与投资仍然保持在较高的水平上。

二 近几年来中日贸易发展状况

（一）中日贸易额总量分析

从贸易额来看，中日贸易额在 1981 年突破了 100 亿美元，1990

---

① 1978 年 8 月 12 日于北京签订，同年 10 月 23 日正式生效。《中日和平友好条约》主要是确认双方在和平共处五项原则的基础上发展两国持久的友好关系；在相互关系中用和平手段解决一切争端而不诉诸武力和以武力相威胁；反对霸权主义；发展两国经济和文化关系，促进人民交流等。条约有效期为 10 年，至今中日两国都没有宣布终止该条约，所以该条约一直自动继续有效。

年突破了 200 亿美元。此后双边贸易增长加快，2002 年、2006 年和 2011 年，中日贸易额又分别突破 1000 亿美元、2000 亿美元和 3000 亿美元，分别达到了 1019 亿美元、2073 亿美元与 3428 亿美元，2011—2014 年一直保持在 3000 亿美元以上，2015 年有所降低，贸易额为 2786.6 亿美元。[①]

自 2001 年中国"入世"至 2012 年之前（除了 2009 年之外），中日进出口贸易的稳定扩大与中国加入 WTO 关系密切。中国加入 WTO，按照"入世"的承诺在各个领域加大国内市场的开放力度，再加上国内庞大的内需释放，促使以日本为代表的看中中国庞大市场机会与投资机遇的企业加快在中国的投资步伐，伴随着投资的增多，对外贸易也同时活跃起来，中国开始由"世界工厂"向"世界市场"转变，中日的双边贸易规模稳步扩大。受 2008 年全球金融危机的影响，2009 年中日进口与出口同步下降，但 2010 年很快就恢复了快速增长的趋势。2012 年以来，由于复杂的双边政治关系、内需与外需的不足、汇率波动等因素的影响，中日贸易停止了快速增长的态势，转而出现逐年小幅下降的趋势。

2002 年，中国取代美国成为日本第一大进口来源国；2007 年，中国成为日本第一大贸易伙伴国；2009 年，中国又取代美国成为日本的第一大出口对象国。截止到 2016 年 6 月，中国一直是日本第二大出口贸易伙伴和第一大进口贸易伙伴。[②]

从图 3.1 可以看出，中日之间的进口贸易额与出口贸易额保持了同步增长的变动趋势。2001 年之前，中国对日贸易总体主要呈顺差态势；2001 年之后进入了逆差时代，一直维持至今。受 2008 年金融危机的影响，两国之间的贸易额在 2009 年大幅回落，2010 年后，双

---

① 根据联合国网站有关数据库整理得到。

② http://countryreport.mofcom.gov.cn/new/view110209.asp?news_id=504422016 年 6 月日本贸易简讯。

边贸易额出现迅速回升。受日本收购钓鱼岛事件的影响，自 2012 年起，双边进出口贸易停止了上升的势头，之后转向逐步下降。

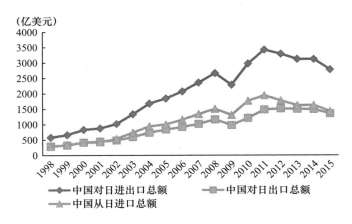

图 3.1　1998—2015 年中国对日贸易额变动趋势

（二）中日贸易额增长率分析

根据商务部网站公布的数据，2005—2015 年，除了 2008 年与 2015 年这两年外，日本的对华出口增长率一直高于全部出口增长率（见表 3.1 与表 3.2），图 3.2 直观地展现了出口增长率的变动趋势。即使是在经济危机爆发后的 2008 年与 2009 年，在日本出口大幅度出现负增长的背景下，日本对华的出口负增长水平仍然低于平均水平。从 2003—2015 年日本对华贸易在日本对外贸易中比重变动图（见图 3.3）可以直观地看出，2010 年以来，日本对华出口占比一直维持在 16%—20% 的高水平，反映了中国市场对于日本的重要性。

从日本进口方面来看，2011 年之前的绝大多数年份，日本的全部进口增长率是高于从中国的进口增长率的（见图 3.4）；从 2011 年开始，从中国的进口增长率反过来一直高于日本的全部商品进口增长率水平。从图 3.2 可以看到，2010 年以来，日本从中国进口占总进口的比重一直维持在 20%—25% 的高水平上。这说明近年来日本的

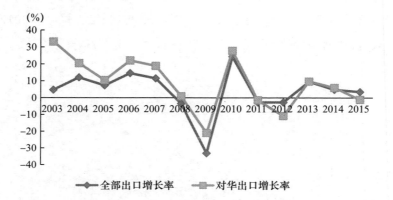

图 3.2　2003—2015 年日本出口增长率与对华出口增长率趋势

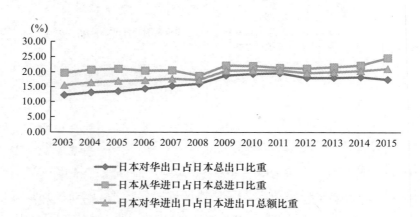

图 3.3　2003—2015 年对华贸易在日本对外贸易中的比重变动趋势

进口虽然下降，但中日两国的贸易关系却更加密切了。

从日本对外贸易进出口额来看，2015 年的全球进出口贸易额为 1540953.11 亿日元，较 2003 年增长了 56%，同期，日本对华的进出口贸易额增长了 112%（见附表 1 与附表 2），这也充分反映了中日两国在国际贸易领域合作的密切性以及两国贸易的互补性。

（三）中日贸易中的商品结构分析

2007—2015 年，日本出口到中国的产品中排名前五位的主要是机电产品、贱金属及制成品、运输设备、化工产品和光学、钟表与医

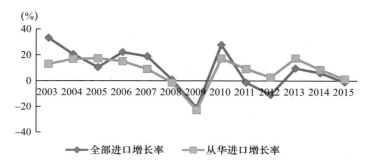

图 3.4　2003—2015 年日本进口增长率与从华进口增长率趋势图

疗设备，2015 年，这五类主要商品出口占日本对华出口总额的 75.35%，但相对于 2007 年 84.2% 的占比有所下降，说明日本对中国的出口商品集中度有所下降，出口商品向多样化方面发展（见表 3.1）。进一步分析，2007—2015 年，机电产品年均占比都在 39% 以上，贱金属及制成品在 10% 和 14% 之间浮动，这两类产品近几年来的出口占比均呈下降的趋势，但仍然是日本对华出口的主要产品大类。运输设备的对华出口总额在 2011 年以后出现波动下降，但所占比重有上升趋势；化工产品和光学、钟表与医疗设备的占比均在波动中呈小幅上升（见图 3.5）。

日本自中国进口的产品排在前五位的种类分别是机电产品、纺织品及原料、化工产品、贱金属制成品和家具玩具等制成品，2007—2015 年，日本自中国进口的这五大类产品的金额都有上升，但上升的金额不等（见表 3.2）。同时，这五类主要商品进口占日本自中国进口总额的总比重也出现上升，由 2007 年的 72.7% 上升到 2015 年的 75.3%。进一步分析可以看出，日本自中国进口的机电产品占日本自中国进口总额的占比上升趋势明显，纺织品及原料、贱金属制成品和家具玩具制成品这三大类的占比呈小幅度下降，化工产品基本持平（见图 3.6）。

表 3. 1　　　　　　　日本对中国出口的主要五大类商品统计

	机电产品 （百万美元）	贱金属及 制成品 （百万美元）	运输设备 （百万美元）	化工产品 （百万美元）	光学钟表、 医疗设备 （百万美元）	五大类商品 出口占比 （％）
2007	48657	13884	7058	10537	6025	84. 20
2008	53489	16676	9240	10551	6975	77. 50
2009	44999	14447	10167	10294	6561	79. 00
2010	65729	17198	15373	12427	9897	80. 60
2011	72460	18098	15927	13908	11830	81. 60
2012	60736	16376	13838	13439	12267	80. 90
2013	50855	14290	12727	14942	11521	80. 80
2014	49732	13745	13123	13658	11985	80. 84
2015	44171	11268	9749	11344	5814	75. 35

资料来源：《国别贸易报》，http：//countryreport. mofcom. gov. cn/record/index110209.

asp？p_ coun = 日本。

表 3. 2　　　　　　　日本从中国进口的主要五大类商品统计

	机电产品 （百万美元）	纺织品及 原料 （百万美元）	家具、玩具、 杂项制品 （百万美元）	贱金属及 制产品 （百万美元）	化工产品 （百万美元）	五大类商品 进口占比 （％）
2007	46815	22490	9689	7979	5982	72. 7
2008	53459	24408	9481	9689	7600	72. 9
2009	46081	24521	8785	5744	6983	75. 2
2010	64855	25458	8833	8177	7766	75. 0
2011	74754	30651	10，782	10977	11960	75. 6
2012	79701	30456	2137	9792	8959	69. 6
2013	80015	29242	11102	8719	7847	75. 7
2014	82399	26116	10849	9891	8237	76. 0
2015	72011	22898	9345	8790	7789	75. 3

资料来源：《国别贸易报》，http：//countryreport. mofcom. gov. cn/record/index110209.

asp？p_ coun = 日本。

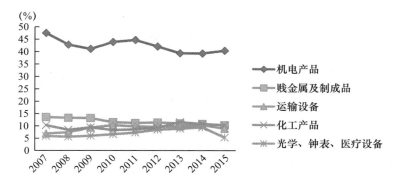

图 3.5　日本对中国出口的主要五大类商品占比变动趋势
资料来源：根据中国国别数据库历年数据计算得出。

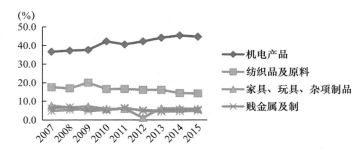

图 3.6　日本自中国进口的主要五大类商品占比变动趋势
资料来源：根据中国国别数据库历年数据计算得出。

三　山东省与日本的贸易发展状况分析

（一）鲁日贸易总量分析

从贸易额来看，1998—2014 年，山东省与日本的进出口贸易额总体呈现上升的趋势，但 2015 年下降明显。1998 年，双边的进出口贸易额为 4052.28 万美元，2015 年达到 19995.77 万美元，不考虑物价因素，进出口贸易额增长了 3.93 倍。双方贸易高峰期的 2011 年，进出口额达到了 2481823 万美元。对日本出口由 1998 年的 299525 万美元增长到 2015 年的 1474562 万美元，进口由 105703 万美元增长到 525015 万美元，分别增长了 3.92 和 3.97 倍（见表 3.3）。

表 3. 3   1998—2015 年山东省对日贸易统计

年份	进出口（万美元）	出口（万美元）	进口（万美元）	贸易差额（万美元）
1998	405228	299525	105703	193822
1999	450928	341801	109127	232674
2000	596486	436272	160213	276059
2001	694720	519357	175363	343994
2002	736828	537168	199660	337508
2003	889477	612331	277145	335186
2004	1029068	724336	304732	419604
2005	1161154	848233	312920	535313
2006	1279338	932929	346409	586520
2007	1515746	1031630	484115	547515
2008	1843690	1219606	624085	595521
2009	1680248	1139396	540852	598544
2010	2096940	1317571	779369	538202
2011	2481823	1676087	805736	870351
2012	2423442	1718142	705300	1012842
2013	2230804	1614263	616541	997723
2014	2243065	1599769	643295	956474
2015	1999577	1474562	525015	949547

资料来源：山东省统计信息网。

　　根据山东省对日出口增长率的高低变化，山东省对日贸易最近 17 年的发展可以分为三个阶段（见图 3.7）。第一个阶段为 1999—2002 年，这一阶段，对外贸易出口呈现出大幅波动特征，2000 年最高出口增长率达到 27.64%，2002 年最低为 3.43%。第二个阶段为 2003—2011 年，由于中国入世以及市场对外开放扩大、大力招商引资、良好的双边政治关系营造了双边贸易的宽松环境，是山东省与日本贸易最为活跃也是发展最好的一段时期，对日贸易出口额迅速上升，年均增长率达到了 13.83%，其中，2004 年与 2008 年出口增长率均超过了

18%。受全球金融危机的影响，山东省 2009 年对日出口出现了负增长现象，但很快就得以修复，2010 年的出口增长率基本回到 2007 年的水平，2011 年则达到了历史新高 27.21%。第三阶段为 2012 年至今，受国际大环境、日本内需不足、对外投资放缓以及中日政治关系等多因素的影响，对外贸易出口增长率进入波动下降阶段，2013—2015 年连续出现了负增长，扩大对日贸易出口增长需要寻找新的突破点。

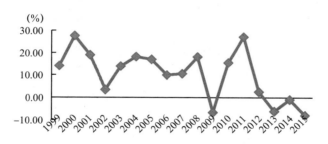

图 3.7　山东省对日出口增长率变动趋势

从鲁日贸易的差额来看（图 3.8），山东省一直保持着贸易顺差，尽管有些年份顺差额有所下降，但顺差额总体保持上升趋势，顺差额最高的 2011 年达到了 101 亿美元。尽管 2012 年以后顺差有所下降，但仍保持在 95 亿美元左右的顺差水平上。

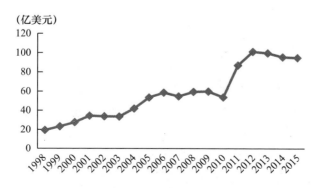

图 3.8　鲁日贸易差额变动趋势

从 2003—2015 年这一阶段来看，山东省同日本的进出口贸易额、出口额与进口额分别增长了 1.25 倍、1.41 倍和 0.89 倍，而同期中国对日本的同类贸易指标分别为 1.12 倍、1.22 倍和 0.99 倍。从进出口总额、出口额以及增长率指标来看，山东省在对日贸易中的合作密切程度是高于全国平均水平的。

从对日贸易在山东省对外贸易进出口中的占比变化趋势图（图3.9）可以看出，山东省向日本出口占总出口的比重以及山东从日本

表 3.4   山东省对日进出口贸易占比分析

年份	出口额（万美元）	对日出口额（万美元）	进口额（万美元）	从日进口额（万美元）	对日出口占比（％）	从日进口占比（％）
1998	1034705	299525	627035	105703	28.95	16.86
1999	1157909	341801	669185	109127	29.52	16.31
2000	1552905	436272	946093	160213	28.09	16.93
2001	1812899	519357	1083414	175363	28.65	16.19
2002	2111511	537168	1282664	199660	25.44	15.57
2003	2657285	612331	1808467	277145	23.04	15.32
2004	3587286	724336	2490850	304732	20.19	12.23
2005	4625113	848233	3063763	312920	18.34	10.21
2006	5864717	932929	3664100	346409	15.91	9.45
2007	7524374	1031630	4737424	484115	13.71	10.22
2008	9317486	1219606	6496994	624085	13.09	9.61
2009	7956530	1139396	5903848	540852	14.32	9.16
2010	10424695	1317571	8470390	779369	12.64	9.20
2011	12578809	1676087	11020382	805736	13.32	7.31
2012	12873171	1718142	11681316	705300	13.35	6.04
2013	13450998	1614263	13264856	616541	12.00	4.65
2014	14474545	1599769	13237004	643295	11.05	4.86
2015	14406069	1474562	9768798	525015	10.24	5.37

资料来源：山东省统计信息网与山东省国际商务网。

进口占总进口的比重均呈现下降的趋势。1998 年，山东省对日出口占全部出口比重为 28.95%，从日进口占全部进口比重为 16.86%；2015 年，同类指标分别降至 10.24% 和 5.37%（见表 3.4）。尽管鲁日贸易额总量继续保持增长，显然，山东省对日贸易在山东省对外贸易中的综合地位呈现下降趋势，反映出山东省在推动对外贸易市场多元化发展中取得了明显的成效。

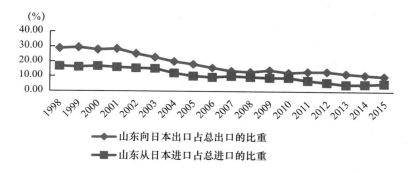

图 3.9　对日贸易在山东省对外贸易进出口中的占比变化趋势

（二）鲁日农产品贸易现状

作为农业大省，山东省不断完善农业基础设施建设，提高农业生产技术与标准，建成了一大批现代化、规模化、地方特色突出的农产品生产基地，使山东省成为全国农产品尤其是蔬菜产品的主要供应基地。在外向型农业发展战略的指导下，山东省农产品的出口多年来稳居全国第一。在国家多元化市场战略的指导下，近年来，在稳固日韩等传统市场的基础上，不断加大力度开拓海外新兴市场，出口企业的品牌知名度得到了进一步提升。

2006 年上半年，山东省农产品出口额达 485.3 亿元，同比增长9.2%，高于全省平均水平 6.5 个百分点，在大类商品中出口增幅第一。从全国来看，山东省农产品出口约占全国的 1/4 左右，连续 17

年位居全国首位。① 从图 3.10 可以看出，2010 年之前，山东省农产品的进出口额同步增长，而且始终保持贸易顺差状态；2011—2014年，则出现出口增长速度明显慢于进口增长速度，贸易逆差有逐步拉大的趋势，尽管 2015 年进口额下降，但并没有改变逆差的局面。目前，山东省已进入农产品进出口贸易逆差阶段。中国东盟自由贸易区成立以来，东盟国家的大量农产品进入中国市场，加之山东省人均收入不断增加，食品消费结构持续改变，山东省农产品进口将继续快速增长，贸易逆差将成为新常态。

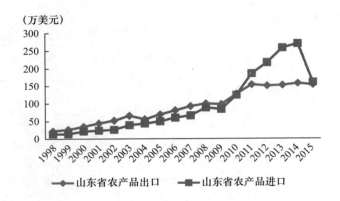

图 3.10 1998—2015 年山东省农产品进出口额变动趋势

从山东省出口商品的品类来看，水产品、蔬菜、水果、肉食品、花生和粮油制品出口一直处于前列，增长也较为迅速。出口产品大多属于简单加工产品，产品的附加价值普遍不高。从出口市场来看，长期以来，山东省农产品出口的主要国家有日本、韩国、美国、德国和俄罗斯，但是近年来，日本、美国、拉美、欧盟、东盟成为主要贸易伙伴，新兴市场尤其是"一带一路"沿线国家出口份额不断增长，

① 吕兵兵：《山东农产品出口连续 17 年领跑全国》，《农民日报》2016 年 8 月 5 日。

对山东省农产品出口增长拉动作用明显。①

　　日本国土面积狭小，农产品的自给率仅为 39%（按热量计算），农产品进口量约占世界农产品进口总量的 10%，在主要发达国家中，日本的农产品自给率水平最低。② 山东省地处东部沿海和黄河下游地区，紧邻韩国和日本，属温带季风气候，夏季雨热同期，具有发展农业的天然地理位置优势。相近的饮食习惯、邻近的地理位置以及便利的运输条件，为山东省与日本的农产品贸易创造了良好的条件。

　　山东省农产品出口的第一大市场就是日本，近年来，山东省对日本农产品出口也保持着波动增长的势头。由图 3.11 可以看出，2002—2006 年，山东省对日本农产品出口额增速较快，经历了 2007—2009 年的略有下降后，2010 年与 2011 年增幅较大，2012 年以后处于高位徘徊状态，增长乏力。从出口占比来看，山东省对日本农产品出口占全省农产品出口的比重有下降的趋势，2008 年以前占比维持在 30% 以上，2009 年以来则徘徊在 26% 和 39% 之间。

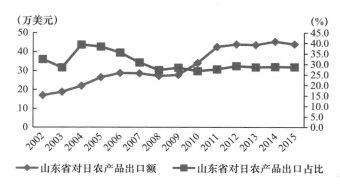

图 3.11　山东省对日农产品出口变动趋势

　　① 《上半年山东省农产品出口增长 9.2%》，http：//www.dzwww.com/shandong/sd-news/201607/t20160717_ 14633046.htm。

　　② 《日本粮食自给率连续 6 年停滞在 39%》，http：//www.wokou.net.cn/zhengfu/nong-linshuichansheng/2016/0818/ribenliangshizigeilvlianxu6niantingzhizai39_ _ 345148.html。

2014 年，山东省对日本农产品出口额为 45.3 亿美元，较 2009 年增长 62.9%，占全国对日本农产品出口额的 40.7%，主要出口产品为水海产品、蔬菜、肉制品、水果等，山东省对日本农产品出口企业达到 1351 家。① 据山东省国际商务网信息，2016 年上半年，山东省对日农产品出口为 11.9 亿美元，同比下降 11.8%，比去年同期回落 15.8 个百分点，是农产品出口前十大市场中唯一下降的，低于山东省农产品出口平均增幅 23.2 个百分点，所占比重从去年同期的 31.7% 下降到 25.1%。尽管如此，日本依然是山东省农产品出口第一大市场。同时，受"水饺事件"和"鲐鱼""包子"等问题的影响，对日农产品出口波动较大，特别是 2016 年 2、3 月分别下降了 34.2%、39.9%。山东省传统优势农产品出口大幅下滑，其中葱蒜、花生、蔬菜及加工品、畜产品加工品分别下降 36.6%、80.4%、37%、31.7%。山东省也有 296 家农产品出口中小企业退出日本市场，在现有的 1100 家中，许多企业对日本出口信心不足，正在逐步调整市场结构。②

（三）日本来鲁旅游状况

随着社会经济的发展，入境旅游业在区域经济中的地位日益提升，并在促进经济增长、降低地方贫困率、改善社会经济发展条件等方面起到了积极作用，成为缩小区域发展差距的重要手段之一。由于经济发达、环境适宜、儒家文化深厚，加上政府推动等多种因素，山东省的入境旅游人数总体不断上升，从 1990 年的 68855 人上升到 2015 年的 3358553 人。从入境游客的目的来看，有一半的游客从事商务活动，旅游观光游客占 36%（见图 3.12）。

由于地缘邻近、经贸往来密切，多年来，日本游客是山东省的重

---

① 刘彪：《中国对日出口农产品四成山东产》，《济南时报》2015 年 3 月 6 日。
② 《我省对日农产品出口下降》，http://www.shandongbusiness.gov.cn/public/html/news/201606/46836.html。

要客源。从图 3.13 可以看出，2010 年以前，日本来华旅游人数稳步上升（2003 年受"非典"影响下降除外），2011—2014 年下降迅速，2015 年略有回升。亚洲是最主要的客源地，1995 年以来其占比一直在 70% 以上。日本来山东省旅游的人数占全球的比重以及占亚洲的比重都呈现下降的趋势。2002 年，日本来山东省旅游的人数占全球的比重以及占亚洲的比重都达到最高，分别是 30.45% 和 36.53%，之后占比不断下降，到 2015 年，上述两项指标分别降到了 10.86% 和 15.39%（见图 3.14）。

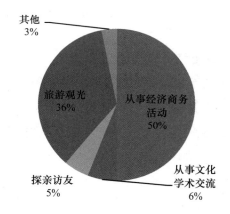

图 3.12　山东省入境游客按来鲁目的分类

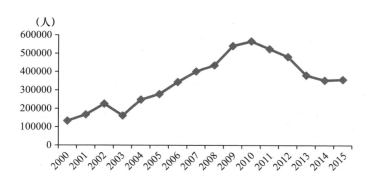

图 3.13　2000—2015 年日本来山东省旅游人数变动趋势

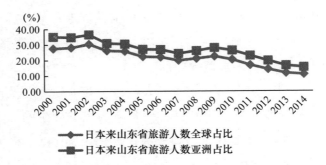

图 3.14　日本来山东省旅游人数占比变动趋势

第二节　鲁日相互投资状况

一　日本对华直接投资综合状况

中日相互直接投资一直以来都是以日本对华投资为主，成为推动中日经贸关系发展的重要力量。20 世纪 80 年代以来，日本对华直接投资出现了四次高潮。1978 年，两国签署了《中日和平友好条约》，拉开了中日对华的投资序幕。1983 年两国签署的《中日税收协定》进一步解决了投资企业的双向征税问题，促进了日本第一次对华投资高潮的到来。1987 年，两国签署了《中日投资保护协定》，再加上中国投资环境的改善，推动了 90 年代初日本第二次对华投资高潮的出现。90 年代中后期，受国内经济形势和东南亚金融危机的影响，日本对华投资出现了萎缩。随着中国成功加入 WTO 以及中国实施"西部大开发战略"，日本对华投资出现了第三次新高潮，根据日本贸易振兴机构的统计，从 2000 年开始，日本对华直接投资连续多年保持增长态势，到 2005 年达到 65.75 亿美元，占日本对外投资的14.46%。此后在 2006 年至 2010 年，受经济危机的影响，日本对华直接投资低迷，维持在 30 亿—40 亿美元，占比也降到了 3.86%。2011 年重新保持增长势头，进入了对华投资的第四次高潮。据中国商务部数据，2013 年日本对华直接投资为 70.58 亿美元，占中国利用外资总额的 6% 。受钓鱼岛等多种因素的影响，2014 年以后，日本对华直接投资出现快速下降势头。2015 年仅为 32.35 亿美元，占中国利用外资总额的比重也降至历史最低，为 2.56% 。①

二 日本对山东省直接投资状况

根据山东省各年统计年鉴数据，1998 年以来，山东省利用外商直接投资发展分为三个阶段。一个阶段是 1998—2007 年，山东省外商投资额呈现快速上升的趋势，由 1998 年的 222262 万美元上升到 2007 年的 1101159 万美元，10 年间增长接近 4 倍。但是，由于受经济危机的影响，2008 与 2009 年的 FDI 出现显著下滑，从此山东省的 FDI 发展进入了调整期。紧接着进入了第三阶段持续发展期，从 2010 年起，山东省的 FDI 又进入稳步上升的通道，2011 年的 FDI 就超过了经济危机之前 2007 年的峰值，实现当年外商直接投资额 1116022 万美元，此后持续保持上升态势，2015 年达到了 1630090 万美元（见图 3.15）。

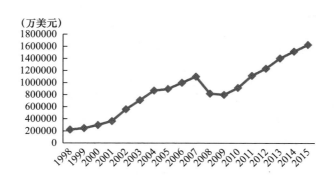

图 3.15 山东省实际利用外资总额变动趋势

在山东省利用外资金额总体上升的背景下，日本在山东省的投资

---

① 根据国家统计局网上数据计算整理得来。

呈现总体先升后降进而波动缓慢上升的趋势（见图 3.16）。受亚洲金融危机的影响，1998 年与 1999 年日本对山东投资不高，但是 2000 年，日本对山东省的投资扩大了 1.37 倍，此后稳步上升，到 2007 年达到了 68612 万美元（除 2003 年与 2007 年略有回落外）。受全球金融危机的影响，2008—2010 年又降到 21 世纪初的水平；2011—2015 年，尽管日本对山东省的投资总额维持高位，但波动幅度加大，呈现"N"形的变动。

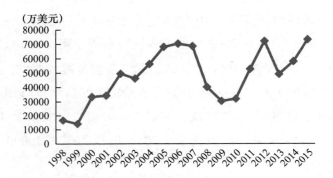

图 3.16　山东省实际利用日资金额变动趋势

从相对指标来看，山东省实际利用外商直接投资额增长率尽管有所波动，但除了 2007 年与 2008 年外，其他年度均保持正的增长（见图 3.17）。但是，山东省实际利用的日本直接投资额增长率却呈现出大幅度的频繁变化，最高达 137.24%，最低到了 -41.46%，而且从 1997 年到 2015 年这 19 年里，有 7 次出现负增长。日本对山东省投资增长率的频繁变化，不利于山东省经济的稳定发展。

图 3.18 显示，2005 年之前，日本对中国的实际投资占中国实际利用外资的比重不断上升，2006—2010 年，该指标迅速下降，2010 年降为 3.86%。2010 年以后则表现出"N"形发展趋势，2015 年降为 2.56%。可见，日资在中国利用外资中的地位不断下降，中国经济发展对日资的依赖程度在下降。与全国不同的是，日资在山东省利

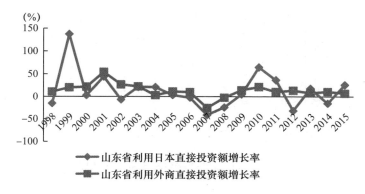

图 3.17　山东省利用外资与日资 FDI 增长率

用外资中的占比从 1999 年的最高值 11.24%，一路下降到 2009 年的
3.48%，2010 年以后出现小幅上升后又下降，呈现"M"形波动
发展。

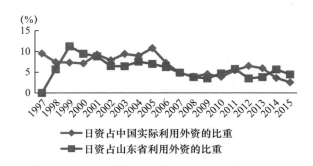

图 3.18　日资占中国与山东省实际利用外资的比重

　　图 3.19 显示，在中国利用日资总比重下降的同时，山东省利用
日资下降的幅度却较小，出现 2006—2008 年以及 2014—2015 年山东
省实际利用日资占全国的比重大幅度上升的现象，其中 2015 年达到
了 22.57% 的最高值，接近全国的 1/4。

　　日资在山东省利用外商直接投资中的占比趋于下降的事实，反映
出山东省在招商引资多元化发展战略中取得了显著成效，但这种下降

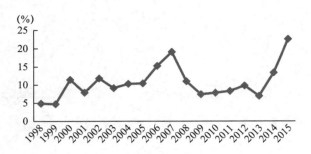

图3.19 山东省实际利用日资占全国的比重

也是中日政治关系、中国劳动力成本变动、周边国家的经贸政策、国际经济形势等多因素作用的结果。近年来，在中日政治关系紧张的背景下，相对于其他省份来说，山东省与日本的投资关系变得更加紧密。山东省与日本的经贸合作方式和领域也正趋向多元化，从制造业的绿地投资，转向技术研发、金融、并购、服务外包、软件开发、对外承包工程等多种形式的合作。日本是山东省第四大投资来源地和第五大贸易伙伴，从数据上看，这几年双方的合作都在低位运行。日本对山东省制造业投资下滑是对山东省整体投资下降的主要因素，而服务业投资受到商业习惯、人才等方面的制约更大，日本企业海外投资又相对"谨慎"，对华投资结构的转型可能需要一段时间。

鲁日贸易的增长与日本对鲁直接投资的增长是密不可分的，日本对鲁直接投资尤其是制造业投资拉动了双方贸易的增长。由于资源的差异以及管理经验、生产技术的差距，日本企业在山东省的投资主要是开展加工贸易，它们利用山东省吸引外商投资的政策优势、劳动力优势以及中国市场优势的动机明显。得益于日本的直接投资，山东省对日本的出口商品结构逐步优化，机电产品与高新技术产品的占比上升明显。由于这些产品的关键零部件都是由日本生产的，进口组装后再返销日本，关键技术仍然掌握在日方手中，双方贸易呈现出产业内贸易的特征。从当前的情形来看，鲁日之间的产业内贸易属于垂直型而并非水平型合作，根据产业内贸易理论，这种垂直型的产业内贸易对于推动山东省的技术进步、提高产业竞争力的作用有限。

无论是出于规避潜在的政治风险、追求投资利益最大化，还是出于其他目的，日本今后对鲁投资额如果持续下降，可以预测，鲁日双边贸易也会受到影响。如何引进优质日资项目并且留住日资，并且尽一切努力推动产业内贸易向水平型发展成为山东省今后推动鲁日经贸合作必须面对的一个严肃课题。山东省正积极探索在节能环保、新能源汽车、新材料、污水处理、PPP 和医疗、环保、商贸物流、金融服务等领域与日方开展合作，推进 PPP 等新的合作模式的开展，同时，通过努力完善国内设施、提高国内技术、储备人才等多种途径来扩大日资的技术溢出效应，与此同时，要警惕因为政治关系的波动而带来的合作风险。

三　山东省对日直接投资状况

发展中国家对发达国家的直接投资，主要是基于市场寻求动机与战略资产收购动机（如品牌、技术、管理和有效网络）。企业如果是为规避东道国关税等贸易壁垒、减少运输成本而进行海外直接投资，海外分支机构的生产和销售活动会替代母国企业向东道国的出口，而且海外分支机构如果还向周边国家或地区从事出口活动，这也会进一步替代母国企业的出口。但是海外投资建厂也会带动母国生产设备、零部件等中间产品的出口，中间产品需求的扩大有利于国内新兴产业培育与带动出口产品结构升级。战略资产寻求型对外直接投资主要是为获取东道国的先进工艺、技术设备以及品牌等先进的生产要素，这种对外投资会带来相关专利技术和高新技术产品的进口。战略性资产作为一种稀缺的生产要素被引入国内，能够较快地推动一国的产业结构升级，促进对外贸易出口商品结构优化。[1]

---

① 陈俊聪、黄繁华：《对外直接投资与贸易结构优化》，《国际贸易问题》2014 年第 3 期。

自改革开放以来，由于资金、技术缺口大，中国的国际投资政策是以鼓励吸引外资、限制对外投资为主要特征的。2000年以后，中国政府正式提出推动有条件的企业"走出去"的发展战略，鼓励有条件的企业进行跨国投资经营。为配合政策的实施，有关部门放宽了各项管理制度，不断简化审批程序，并为鼓励企业积极参与国际竞争制定了相关的管理法规和配套措施，为中国企业全面实施"走出去"创造了良好的条件。"十二五"以来，中国对外开放的国内外环境和条件发生了深刻的变化，对外开放进入由出口为主向进口和出口并重，由吸收外资为主向吸收外资和对外投资并重，由注重数量向注重质量转变的新阶段。

山东省的经济基础雄厚，对外开放程度高，在中央明确提出加快实施"走出去"开发战略后，山东省对外直接投资迅速发展，对外直接投资流量与投资存量稳步上升。根据山东省统计信息网数据，2004年山东省协议对外直接投资为2.68亿美元，累计对外直接投资为9.57亿美元；到2015年则分别达到了57.8亿美元和284.91亿美元，分别增长了20.6倍和28.8倍（见图3.20），对外直接投资已经遍布全球150多个国家和地区。为深入贯彻省委、省政府"走出去"战略，打造国际品牌，海尔、海信、联想、兖矿、和力投资、潍柴动力、胜利油田、山东电力、雅禾集团、岱银集团、济南钢铁集团等一大批企业成为山东省参与经济全球化，开拓国际市场，开展国际合作的重要力量。

山东省多年来主要利用日本资金，而对日投资金额一直较小。①2004年，山东省对日本协议投资额为83.9万美元，累计对日投资额为1228.1万美元；2015年，山东省对日本协议投资额与累计对日投资额分别达到2876万美元与19638亿美元，分别增长了33.3倍和15

---

① 本部分关于山东省对日投资额变动的数据是根据山东省统计信息网数据计算整理得出。

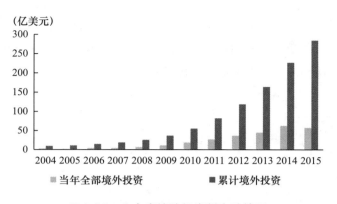

图 3.20 山东省境外投资额变动情况

倍，对日投资增长迅速（见图 3.21）。尽管对日投资绝对额增长迅速，但山东省对日投资额与山东省对外投资总额的占比一直不高。2004 年以来，除 2010 年外，其他年份的占比都在 1.5% 以下。根据 2015 年的数据，山东省对日投资额与山东省对外投资总额的占比，不仅远远低于美国的 12.5%、中国香港地区的 11.5% 以及澳大利亚的 10.8%，而且也远低于东盟的印度尼西亚（4%）、越南（4%）、柬埔寨（3.5%）、马来西亚（2.6%）。从对外累计投资额占比来看（见图 3.22），除了 2010 年以外，山东省对日累计投资额与山东省对外累计投资总额的占比一直低于 1.5%，2010 年以来一直下降，到 2015 年降到最低的 0.51%。山东省对日投资额占比一直不高有着复

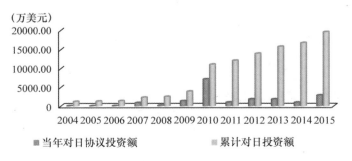

图 3.21 山东省对日投资额变动情况

杂的原因，既有山东省产业结构相对落后、企业自身技术不够先进、竞争力不足的原因，也有日本市场狭小、劳动力短缺与制度障碍的原因，还有两地政治、文化以及制度差异的原因。

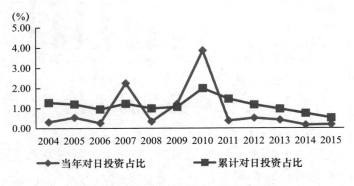

图 3.22　山东省对日投资占比变动趋势

第四章 鲁日经贸合作的竞争性与依赖性

第一节 鲁日贸易竞争力比较

一 产品的进出口匹配度分析

一国或地区与他国或地区之间进行的贸易与本国的产业结构、企业自身的资源和能力结构以及市场需求都是密切相关的。一国出口的主要产品通常是本国劳动效率最高、国际竞争力较强的，而进口产品通常是由进口国市场需求结构决定的。将出口国的主要出口产品与进口国的主要进口产品进行匹配分析，可以从产业的国际竞争力与市场需求的角度反映两国或地区之间的合作基础。

将山东省出口前七位商品大类与主要进口的前七位商品大类进行匹配①，可以看出，其中的五大类是相同的，即山东的第16、11、15、6、17这五大类主要出口商品同时也是日本主要的进口商品。同理，在山东省主要进口的前七位商品大类与日本主要出口的前七位商品大类中，有五大类是一致的，即第16、15、6、18、5这五大类。日本与山东省进出口商品的高度匹配性说明了两地在贸易领域的合作

① 有关数据是按照《商品名称及编码协调制度的国际公约》（简称HS编码）中对商品的分类进行统计的。HS采用六位数编码，把全部国际贸易商品分为22类，98章，章以下再分为目和子目。HS每4年修订1次，世界上已有200多个国家使用HS编码，全球贸易总量98%以上的货物都是以HS编码分类的。

是具有产业基础与市场需求基础的，也从一个侧面显示出两地未来的合作发展是有前景的。

表 4.1 　　　　　　　　山东省与日本主要商品大类进出口统计

山东出口前七位商品大类	日本进口前七位商品大类	山东出口商品与日本进口商品大类匹配	山东进口前七位商品大类	日本出口前七位商品大类	山东进口商品与日本出口商品大类匹配
16. 机电产品	5. 矿产品		5. 矿产品	16. 机电产品	
11. 纺织原料及纺织制品	16. 机电产品		16. 机电产品	17. 运输设备	
7. 塑料橡胶制品	6. 化工产品		2. 植物产品	15. 贱金属及制品	
15. 贱金属及制品	11. 纺织品及原料	第 16 大类 第 11 大类 第 15 大类 第 6 大类 第 17 大类	15. 贱金属及制品	6. 化工产品	第 16 大类 第 15 大类 第 6 大类 第 18 大类 第 5 大类
6. 化工产品	15. 贱金属及制品		7. 塑料橡胶制品	18. 光学、钟表、医疗设备	
17. 运输设备	18. 光学、钟表、医疗设备		6. 化工产品	7. 塑料橡胶制品	
4. 食品饮料酒醋；烟草及代用品	17. 运输设备		18. 光学、钟表、医疗设备	5. 矿产品	

资料来源：国别贸易数据库。

二　贸易竞争力指数分析

（一）贸易竞争力指数

贸易竞争力指数，即 TC（Trade Competitiveness）指数，是分析国际竞争力比较常用的测度指标之一，它表示一国进出口贸易的差额占进出口贸易总额的比重。计算公式为：

$$TC = (X_i - M_i)/(X_i + M_i)$$

其中，TC 代表贸易竞争力指数，X_i 代表 i 产品的出口额，M_i 代表 i 产品的进口额，贸易竞争力的取值范围是 $-1 \leqslant TC \leqslant 1$，指数值越接近 0，表示竞争力越接近于平均水平；指数值越接近于 1，则竞争力越大；等于 1 时，表示该产业只出口不进口；指数值越接近于 -1，表示竞争力越薄弱；等于 -1 时，表示该产品只进口不出口。

（二）鲁日主要产品大类贸易竞争力指数分析

表 4.2 显示了 2015 年日本主要产品大类贸易竞争力指数，从中可以看出，产品大类贸易竞争力指数为正的主要有六大类，分别是运输设备、塑料及橡胶、贱金属及制品、机电产品、光学钟表医疗设备、贵金属及制品。其中，运输设备的贸易竞争力指数为 0.7060，说明日本在该大类产品上具有非常强的竞争优势。塑料及橡胶、贱金属及制品 0.29 与 0.28 的贸易竞争力指数也充分反映了这两类产品不菲的竞争力水平。机电产品、光学钟表医疗约 0.18、0.16 的竞争力指数也表现出较强的国际竞争力。

在日本主要产品大类中，国际竞争力最弱的四大类产品分别是植物产品、矿产品、动物产品、食品饮料烟草，其贸易竞争力指数均在 -0.7 以下，反映出日本在上述产品中对于国际市场的高度依赖。纺织品及原料、家具玩具杂项的贸易竞争力指数低于 -0.4，成为次弱产品大类；化学产品贸易竞争力指数尽管接近零，但仍然为负值，属于弱竞争力产品。

表 4.3 显示的是 2015 年山东省主要产品大类贸易竞争力指数。从竞争力指数来看，鞋帽伞杖鞭及零件与羽毛人发制品、石料膏呢棉云母及制品和陶瓷玻璃、纺织品及原料这三大类产品的贸易竞争力指数高于 0.7，国际竞争力非常强；运输设备、食品饮料烟草、化学产品的贸易竞争力指数在 0.4 以上，具有很强的国际竞争力；机电设备、塑料及橡胶、贱金属及制品、木及软木制品、动物产品的贸易竞争力指数介于 0.1 和 0.2 之间，具有较强的国际竞争力。山东省国际竞争力指数为负值的四大类产品分别是矿产品、植物产品、光学钟表医疗设备、木浆及废纸纸板及制品，反映出山东省上述四类产品在国际竞争中实力很弱的现实。

对比日本与山东省各类产品的贸易竞争力指数发现，两地在各自最具竞争力的商品方面存在着极强的互补性。日本贸易竞争力指数最高的六大类产品分别是第 7、14、15、16、17、18 大类，而山东省的贸易竞争力指数最高的六大类产品分别是第 4、6、11、12、13、17 类。除了其中的第 17 大类运输设备相同之外，其他各类均不相同，这种两地产品竞争力的不同，体现了出口产品结构的差异。第 16、17、18 大类属于资本与技术密集型产品，第 11、12、13 大类属于劳动密集型与资源型密集型产品，反映出两地不同的产业发展层次和产业结构的差异，体现了日本作为发达国家所具有的优势产业特征和山

表 4.2　　　　2015 年日本主要产品大类贸易竞争力指数计算结果

按 TC 排序	商品大类	出口额（百万美元）	进口额（百万美元）	净出口（百万美元）	进出口总额（百万美元）	TC
1	17. 运输设备	151504	26106	125398	177610	0.7060
2	7. 塑料及橡胶	32784	18023	14761	50807	0.2905
3	15. 贱金属及制品	53510	30102	23408	83612	0.2800
4	16. 机电产品	213288	149730	63558	363018	0.1751
5	18. 光学、钟表、医疗设备	37300	27036	10264	64336	0.1595
6	14. 贵金属及制品	10079	9295	784	19374	0.0405
7	6. 化学产品	46961	55839	−8878	102800	−0.0864
8	20. 家具、玩具、杂项制品	5637	14106	−8469	19743	−0.4290
9	11. 纺织品及原料	7462	35373	−27911	42835	−0.6516
10	4. 食品、饮料、烟草	2971	22621	−19650	25592	−0.7678
11	1. 动物产品	1585	21251	−19666	22836	−0.8612
12	5. 矿产品	12316	173589	−161273	185905	−0.8675
13	2. 植物产品	689	19809	−19120	20498	−0.9328

资料来源：根据国别数据库数据计算整理而来。商品分类采用世界海关组织《商品名称及编码协调制度》（简称 HS）的统一规定，分成 22 大类。

东省作为发展中地区所具有的优势产业特点，这种产业结构与产品结构的差异展示了双方合作的必要性和双赢前景，但也提出了一个严峻的课题，即山东省如何推动产业结构升级以便在未来的两地贸易中获得更多利益。

表4.3　　2015年山东省主要产品大类贸易竞争力指数计算结果

按TC值排序	分类	出口（百万美元）	进口（百万美元）	净出口（百万美元）	进出口总额（百万美元）	TC
1	12. 鞋帽伞杖鞭及零件；羽毛人发制品	279567	14509	265058	294076	0.9013
2	13. 石料膏呢棉云母及制品；陶瓷玻璃	366399	21111	345288	387510	0.8910
3	11. 纺织品及原料	2095181	364125	1731056	2459306	0.7039
4	17. 运输设备	948857	225649	723208	1174506	0.6158
5	4. 食品饮料烟草	654826	164589	490237	819415	0.5983
6	6. 化学产品	1215751	429036	786715	1644787	0.4783
7	16. 机电设备	3645376	2461065	1184311	6106441	0.1939
8	7. 塑料及橡胶	1392660	1069841	322819	2462501	0.1311
9	15. 贱金属及制品	1388225	1076594	311631	2464819	0.1264
10	9. 木及软木制品	271197	219404	51793	490601	0.1056
11	1. 动物产品	383231	310964	72267	694195	0.1041
12	10. 木浆及废纸纸板及制品	174493	312621	−138128	487114	−0.2836
13	18. 光学、钟表、医疗设备	175055	426745	−251690	601800	−0.4182
14	2. 植物产品	476969	1803616	−1326647	2280585	−0.5817
15	5. 矿产品	109804	3987821	−3878017	4097625	−0.9464

　　资料来源：根据山东省统计年鉴数据计算整理而来。商品分类采用世界海关组织《商品名称及编码协调制度》（简称HS）的统一规定，分成22大类。

三 显示性比较优势指数分析

（一）显示性比较优势指数

美国经济学家巴拉萨于 1965 年提出了显示性比较优势指数（简称 RCA 指数）。它是衡量一国产品或产业的国际市场竞争力最具说服力的指标之一。显示性比较优势指数旨在定量地描述一个国家内各个产业（产品组）相对出口的表现。通过 RCA 指数可以判定一国的哪些产业更具出口竞争力，从而揭示一国在国际贸易中的比较优势。显示性比较优势指数采用一个国家某种商品出口额占其出口总值的份额与世界出口总额中该类商品出口额所占份额的比率表示，其计算公式为：

$$RCA_{ij} = (X_{ij}/X_{tj}) \div (X_iW/X_tW)$$

其中，X_{ij} 表示国家 j 出口产品 i 的出口值，X_{tj} 表示国家 j 的总出口值；X_iW 表示世界出口产品 i 的出口值，X_tW 表示世界总出口值。

一般而言，RCA 值接近 1，表示中性的相对比较利益，无所谓相对优势或劣势可言；RCA 值大于 1，表示该商品在国家中的出口比重大于在世界上的出口比重，则该国的此产品在国际市场上具有比较优势，具有一定的国际竞争力；RCA 值小于 1，则表示在国际市场上不具有比较优势，国际竞争力相对较弱。根据日本贸易振兴会制定的标准，可以根据竞争力指数的大小更准确地得到竞争力所处的水平。如果 RCA > 2.5，则表明该商品具有极强的竞争力；如果 1.25 ≤ RCA ≤ 2.5，则表明该商品具有较强的国际竞争力；如果 0.8 ≤ RCA < 1.25，则表明该商品具有中度的国际竞争力；如果 RCA < 0.8，则表明该商品竞争力弱。

显示性比较优势指数的特点是不直接分析比较优势或贸易结构形式的决定因素，而是从商品进出口贸易的结果来间接地测定比较优势。它在经验分析中可以摆脱苛刻的各种理论假设的制约，因而较适合于现实的国际贸易结构分析。然而，显示性比较优势指数也有它的局限性：当一个产业的产业内贸易盛行时，以显示性比较优势指数所衡量的该经济体和产业的比较优势不具有客观性，更不能用来预测贸易发展的模式。另外，RCA 指数忽视了进口的作用。①

（二）主要产品显示性比较优势指数计算

在对山东省主要产品的显示性比较优势指数分析中，这里选择的产品主要是农产品与工业制成品，其中的工业制成品选择了机械与运输设备、化学产品、纺织服装进行分析。

总体来看，山东省农产品的显示性比较优势指数呈现逐年下降的趋势。2000—2005 年，显示性比较优势指数处于大于 2.5 的状态，这表明山东省农产品具有极强的国际竞争力；2006—2012 年的显示性比较优势指数大于 1.25 但小于 2.5，表明农产品仍然具有较强的国际竞争力；2013—2015 年则介于 0.8 ≤ RCA ≤ 1.25，表明农产品具有中度的国际竞争力。总体来看，当前山东省农产品国际竞争力处于中度水平，但农产品的显示性比较优势指数呈现逐年下降的趋势，则表明山东省农产品的国际竞争力总体水平出现下降（见表 4.4）。

山东省工业制成品的国际竞争力总体处于高于世界平均水平的状态，且有逐年上升的发展趋势（图 4.1）。从指标的具体数值来看，2007 年之前的显示性比较优势指数均小于 1.25，表明山东省的工业制成品仅仅具有中度的国际竞争力；2008—2015 年的显示性比较优势指数大于 1.25 而小于 2.5，表明山东省的工业制成品具有较强的国际竞争力。显示性比较优势指数逐年上升的趋势表明山东省工业制成品的国际竞争力总体水平处于不断上升的状态之中。

工业制成品中化学产品的 RCA 指数一直低于 0.8，表明山东省化学产品的国际竞争力很弱的现状，但逐步上升的态势反映出化学产品的国际竞争力正在逐步提升，按照这一趋势发展下去，山东省化学产品的国际竞争力不久就会进入中度竞争力水平的行列。

---

① 显示性比较优势指数，http：//baike.baidu.com/view/1599585.htm。

　　机械与运输设备的 RCA 指数上升幅度较大，RCA 指数由 2000 年的 0.38 上升到 2010 年的 1.04，后又降到 2014 年的 0.77，当前总体上仍然处于弱竞争力水平。纺织服装的 RCA 一直远远高于 2.5，处于极强的国际竞争力水平，但逐年下降，也说明了山东省纺织服装的国际竞争力有下降的趋势。

表 4.4　　　　　　　　2000—2015 年山东省主要产品 RCA 指数

年份	农产品	工业制成品	化学产品	机械与运输设备	纺织服装
2000	2.52	1.05	0.50	0.38	5.55
2001	2.71	1.02	0.50	0.41	5.16
2002	2.67	1.04	0.43	0.48	4.99
2003	2.70	1.07	0.45	0.51	5.25
2004	2.63	1.11	0.47	0.58	5.01
2005	2.62	1.16	0.50	0.66	5.01
2006	1.73	1.22	0.51	0.72	4.80
2007	1.48	1.21	0.54	0.80	4.39
2008	1.26	1.31	0.65	0.96	4.39
2009	1.28	1.27	0.54	0.99	4.24
2010	1.32	1.30	0.60	1.04	4.19
2011	1.31	1.35	0.72	1.02	4.16
2012	1.27	1.37	0.75	0.95	4.04
2013	1.19	1.36	0.74	0.94	3.98
2014	1.14	1.34	0.78	0.77	3.65
2015	1.11	1.28	0.84	0.85	3.27

　　资料来源：山东省有关数据来自于山东省统计信息网，世界进出口数据来自于 WTO 官方网站。其中，运输设备是将海关进出口商品分类中的 16 大类与 17 大类汇总后得到，化学产品取自海关进出口商品分类中的第 7 大类数据。工业制成品与农产品的数据来源于历年进出口主要分类情况统计表中的数据。

　　通过上述分析可以看出，山东省纺织服装产品的国际竞争力极强，农产品的国际竞争力较强，但二者都属于劳动密集型行业，产品的技术含量低，附加值不高。机械与运输设备、化学产品属于资本与知识密集型产品，尽管其 RCA 指数都在不断上升，但竞争能力仍然很弱。因此推动高附加值产品国际竞争力的提高，抢占国际市场仍然是山东省面临的重要任务。

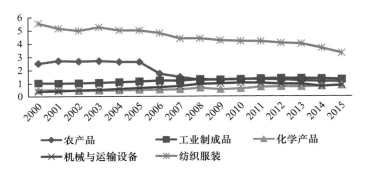

图 4.1　2000—2015 年山东省主要出口产品 RCA 指数变动趋势

在对日本的 RCA 指数进行分析时，分析的产品主要包括农产品与工业制成品，其中工业制成品中又选择了重要的化学产品、机械运输与设备以及纺织服装三大类产品。

通过对日本主要产品的显示性比较优势指标的计算，我们可以发现（见表4.5），日本农产品的 RCA 指数低于 0.5，说明日本农产品处于弱竞争力状态。工业制成品在日本对外贸易中占有更加重要的地位，其 RCA 指数一直高于 1.25，介于 1.25 和 1.5 之间，较高的 RCA 指数反映了日本制成品具有较强的国际竞争力，逐步上升的趋势反映出日本工业制成品全球竞争力的逐步提升。纺织服装的 RCA 指数一直低于 0.5，说明该类产品的国际竞争力较弱。

在所计算的三大类工业制成品中，日本机械与运输设备的 RCA 指数一直处于 1.5 和 2 之间，也呈现出逐步上述的态势（图4.2），表现出较强的国际竞争力。其中运输设备的 RCA 指数非常高，自

2006 年以来一直在 2.5 以上，且呈现出波动上升趋势，表现出极强的国际竞争力水平；而其中的办公与通信设备的国际竞争力处于中等水平，但其 RCA 指数则逐年降低，由 2000 年的 1.51 降到 2014 年的 1.0。化学产品的 RCA 指数逐步上升，由 2002 年的 0.775 上升到 2014 年的 0.968，国际竞争力进入中等水平行列。

表 4.5　　　　　2000—2015 年日本主要出口产品 RCA 指数

	农产品	工业制成品	化学产品	机械与运输设备	办公与通信设备	运输设备	纺织服装
2000	0.1067	1.2922	0.8080	1.6883	1.5120	1.8550	0.2876
2001	0.1424	1.2748	0.7867	1.6806	1.5160	1.9096	0.2983
2002	0.1178	1.2714	0.7751	1.7013	1.4938	2.0358	0.2826
2003	0.1121	1.2828	0.7807	1.7262	1.5158	2.0144	0.2740
2004	0.1118	1.2915	0.8013	1.7195	1.4563	1.9577	0.2768
2005	0.1232	1.3220	0.8415	1.7491	1.3600	2.0977	0.2703
2006	0.1282	1.3339	0.8706	1.7686	1.2841	2.2470	0.2630
2007	0.1309	1.3225	0.8647	1.7874	1.3397	2.2523	0.2549
2008	0.1273	1.3721	0.8473	1.8729	1.3672	2.4219	0.2671
2009	0.1433	1.3133	0.9090	1.7358	1.2899	2.2519	0.2697
2010	0.1480	1.3531	0.9128	1.7869	1.1409	2.3250	0.2495
2011	0.1466	1.4032	0.9402	1.8606	1.1495	2.2881	0.2694
2012	0.1523	1.4324	0.9335	1.9151	1.1362	2.4984	0.2759
2013	0.1647	1.4028	1.0076	1.8507	1.0630	2.4741	0.2542
2014	0.1647	1.3441	0.9680	1.8036	1.0064	2.3621	0.2419
2015	0.1733	1.2606	1.0569	1.6618	0.9086	2.1819	0.2360

资料来源：根据 WTO 数据库数据计算整理得到。https：//www.wto.org/english/res_ e/ statis_ e/merch_ trade_ stat_ e.htm。

　　总起来看，日本工业制成品的国际竞争力较强，且有逐年加强的趋势，尤其是其中的机械与运输设备，成为日本出口创汇、抢占国际

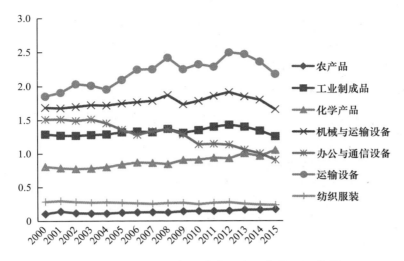

图 4.2 2000—2015 年日本主要出口产品 RCA 指数

市场的重要武器，这与日本资金充足、重视机电技术研发具有重要的关系。农产品与纺织品的弱竞争能力与日本的农业资源短缺、劳动力不足是密切相关的。

对比分析山东省以及日本主要出口商品的 RCA 指数可以发现，日本资本与技术密集型产品的国际竞争力较强，而山东省资源与劳动密集型产品的国际竞争力相对较强，根据大卫·李嘉图的比较成本理论，两地的分工合作对于双方都是有利的，因此，从经济学角度看，山东省与日本具有良好的合作基础条件。

第二节 鲁日贸易的依赖性

一 贸易结合度

贸易结合度是一个比较综合性指标，用来衡量两国在贸易方面的相互依存度，是一国对某一贸易伙伴国的出口占该国出口总额的比重与该贸易伙伴国进口总额占世界进口总额的比重之比。其数值越大，表明两国在贸易方面的联系越紧密。贸易结合度的计算公式如下：

$$TIab = (Xab/Xa) / (Mb/Mw)$$

其中，$TIab$ 表示 a 国对 b 国的贸易结合度，Xab 表示 a 国对 b 国的出口额，Xa 表示 a 国出口总额；Mb 表示 b 国进口总额；Mw 表示世界进口总额。如果 $TIab > 1$，表明 a、b 两国在贸易方面的联系紧密；如果 $TIab < 1$，表明 a、b 两国在贸易方面的联系松散。

表4.6   山东省对日本贸易结合度与依存度指标计算

	山东对日本贸易结合度	日本对山东贸易结合度	日本对山东贸易依存度	山东对日本贸易依存度
1998	5.8652	2.4696	0.1035	4.7782
1999	5.6429	2.3141	0.1017	4.9821
2000	4.9783	2.3763	0.1261	5.9217
2001	5.3211	2.6010	0.1670	6.2536
2002	5.0873	2.5187	0.1851	5.9352
2003	4.7353	2.5559	0.2067	6.0955
2004	4.2530	2.0706	0.2210	5.6700
2005	3.8644	1.8661	0.2540	5.1788
2006	3.4232	1.8216	0.2936	4.6569
2007	3.1575	2.0500	0.3479	4.4713
2008	2.8447	2.0372	0.3802	4.1394
2009	3.3161	2.0164	0.3337	3.3861
2010	2.8246	1.8540	0.3814	3.6240
2011	2.8823	1.6434	0.4200	3.5337
2012	2.8182	1.4143	0.4068	3.0588
2013	2.7384	1.2357	0.4544	2.5265
2014	2.5997	1.3451	0.4880	2.3186
2015	2.6398	1.4383	0.4850	1.9768

资料来源：在进行贸易依存度计算时所采用的山东省与日本进出口贸易额数据、山东省 GDP 均取自山东省统计信息网，日本的 GDP 数据取自世界银行数据库。

在进行贸易结合度计算时，山东省对日出口额、山东省出口总额数据取自山东省统计信息网，世界进口总额、日本进口总额数据取自 WTO 数据库。

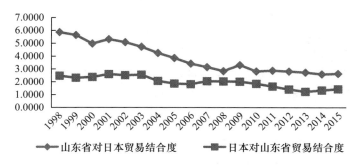

图 4.3　日本与山东省贸易结合度趋势图

从表 4.6 中数据值来看，1998—2015 年，无论是山东省对日本贸易结合度还是日本对山东省贸易结合度都远远高于 1，其中山东省对日本贸易结合度的算术平均数为 3.83，日本对山东省贸易结合度的算术平均数也达到了 1.98，表明山东省与日本在贸易方面的联系非常紧密。从鲁日贸易结合度指标值的变动趋势来看（见图 4.3），日本对山东省的贸易结合度与山东省对日本的贸易结合度有着相似的变动趋势：总体趋于下降。但进一步分析发现，2008 年以前，山东省对日本贸易结合度的下降速度高于日本对山东省贸易结合度的下降速度；2008 年以后，日本对山东省贸易结合度的下降速度加快，2013 年降到历史最低值 1.24。日本对山东省的贸易结合度则总体维持在 2.6 和 2.8 之间。尽管两地的贸易结合度呈下降的趋势，两地间的贸易结合度指数还是相当高的，山东省与日本紧密的贸易依存关系仍然决定着未来合作的基础。但下降的趋势也为未来两地贸易的发展带来了更多的不确定性。

二　对外贸易依存度

对外贸易依存度是指一国的进出口总额占该国国民生产总值或国内生产总值的比重，反映一国对国际市场的依赖程度，是衡量一国对外开放程度的重要指标。其中，进口总额占 GNP 或 GDP 的比重称为

"进口依存度"，出口总额占 GNP 或 GDP 的比重称为"出口依存度"。外贸依存度的数值越大，表明该地区经济发展对国外市场的依赖程度越高，也反映了国际市场对该地区产品认可程度的提高，对该地区经济拉动作用的增强。

笔者根据对外贸易依存度计算公式计算出山东省对日本的对外贸易依存度、日本对山东省的对外贸易依存度。从上述两个指标的变动趋势来看，日本在山东省对外贸易发展中占有非常重要的地位，山东省对日本的贸易依存度远高于日本对山东省的贸易依存度，所以山东省与日本的贸易对于山东省来说更加重要。但从变动趋势上看，山东省对日本的外贸依存度与日本对山东省的外贸依存度呈现出相反的变化趋势，尽管中日贸易占日本的 GDP 比重不高，但不断上升的趋势说明日本国内经济发展对山东省的依赖正逐步加强。由于多年来推行市场多元化发展战略，山东省的外贸合作伙伴呈现出多元化，这在一定程度上降低了对日本的严重依赖。

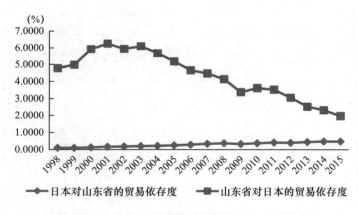

图 4.4　日本与山东省相互贸易依存度变动趋势

第五章　鲁日经贸合作对山东省
外贸国际竞争力的影响

在分析山东省与日本之间的贸易与投资对山东省对外贸易国际竞争力的影响时，需要首先测量山东省对外贸易国际竞争力的高低，其中一项重要的工作就是确定合理的评价指标体系。国内关于对外贸易国际竞争力评价体系的研究，始于20世纪90年代后期，并随着中国对外贸易在国民经济中地位的上升而日渐增多，也取得了相当的研究成果。

狄昂照、吴明录等（1992）认为，主要可以通过出口能力、进口能力和成交能力三方面指标来体现。程春梅（2005）将外贸竞争力评价指标体系设计为产品外贸竞争力、企业外贸竞争力、产业外贸竞争力三大项，并设定五个评价等级。蒋和平、吴玉鸣（2010）从外贸增长数量、外贸增长质量、外贸增长效益、外贸增长潜力四个方面构建中国外贸竞争力因子分析评价指标体系。陈海波、王婷（2014）等从外贸规模、外贸质量、外贸进度和外贸潜力四个方面构建金砖国家外贸竞争力评价指标体系。隋红霞（2016）构建了外贸发展规模、贸易结构、外贸效益、出口商品竞争、对外贸易国际环境五个方面10个指标的评价体系。

本章的研究重点不是山东省对外贸易国际竞争力评价指标体系的构建，而是得出山东省对外贸易国际竞争力的评价值，以便于对中日经贸合作对山东省外贸国际竞争力的影响进行研究。因此，首先参考有关研究成果对山东省对外贸易国际竞争力进行测量。

第一节　山东省对外贸易国际竞争力的测量

一　指标体系的构建

在设计山东省对外贸易国际竞争力评价指标体系时，采用系统的方法，所构建的评价指标体系既要体现对外贸易的质量与结构变化，又要重视对外贸易发展的效益与竞争指数的变化；既要体现山东省对外贸易增长方式发展的水平，又要反映山东省对外贸易的可持续发展状况；既重视对外贸易国际竞争力的现实表现水平，又重视对外贸易国际竞争力的要素支撑能力。

在设计山东省对外贸易国际竞争力综合评价体系时，遵循了整体性原则、科学性原则、目标性原则、可行性原则、可比性原则、客观性原则、独立性原则、政策性原则。①

根据对外贸易国际竞争力的内涵与指标体系设计的基本原则，参考有关文献，结合山东省对外贸易发展的现状，设计了山东省对外贸易国际竞争力的综合评价指标体系，由 10 个指标构成，具体如表 5.1 所示。

二　山东省对外贸易国际竞争力的评价过程

（一）原始数据的搜集与预处理

依据前面所构建的指标体系（10 项指标）收集相应数据。数据来源于历年《山东统计年鉴》、山东统计信息网、山东国际商务信息网、商务部网站数据、青岛海关、WTO 官方网站、世界银行数据库，有些数据是经过计算得到的。

---

① 具体内容可以参见隋红霞《对外贸易与区域经济国际竞争力：理论与实证——基于山东省的数据分析》，中国社会科学出版社 2016 年版，第 142—185 页。

表 5.1　　　　山东省对外贸易国际竞争力综合评价指标体系

编号	指标大类	具体指标名称	指标代号
1	反映外贸发展规模的指标	对外贸易出口总额	CKE
2	反映贸易结构的指标	高新技术产品出口比重	GXZB
		工业制成品出口比重	GYPZB
		加工贸易出口占比	JGZB
		出口市场分布度	SCFBD
3	反映外贸效益的指标	加工贸易增值率	JGZZL
4	反映出口商品竞争力的指标	高新技术产品 TC 指数	GXTC
		机电产品 TC 指数	JDTC
		工业制成品显示性比较优势指数	GYRCA
5	反映对外贸易国际环境的指标	外汇汇率	WHHL

在全部 10 项指标中，逆向指标有两项，即加工贸易占比、出口市场分布度，其余 8 项全部为正向指标。采用模糊隶属函数对对外贸易国际竞争力综合评价指标数据进行无量纲化处理，并将无量纲化后的指标值乘以 100，得到了无量纲化指标值的区间为 [0，100]。

（二）因子分析法的适用性检验

采用相关系数、KMO 和 Bartlett 球形检验以及共同度指标来确定各项原始数据是否适合做因子分析。利用 SPSS 分析软件分别得到相关系数矩阵、KMO 和 Bartlett 检验值，结果表明，所有的 10 个变量之间的相关系数均在 0.3 以上，满足做因子分析的相关系数要求，KMO 值为 0.775，巴特利特球形检验显示，近似卡方值为 274.984，伴随概率为 0.0000，表明这 10 项指标数据适宜做因子分析（见表 5.2）。

表5.2 KMO 和 Bartlett 的检验

取样足够的 Kaiser-Meyer-Olkin 度量		.750
Bartlett 的球形度检验	近似卡方	291.083
	df	45
	Sig.	.000

（三）公共因子的确定

选用常用的主成分分析法进行公因子提取，结果见表5.3。依据表5.3中的"初始特征值"，提取了前两个特征值大于0.8的成分作为公共因子。经过旋转，依据表5.3"旋转平方和载入"中的"方差贡献率"和"累积贡献率"，两个公共因子分别解释了总方差的56.801%和37.155%，共同解释了总方差的93.956%，即前两个公共因子解释了原始指标93.956%的信息量。说明，对外贸易国际竞争力的全体变量能较好地被两个公共因子所解释，选择的两个公共因子

表5.3 解释的总方差

成分	初始特征值			提取平方和载入			旋转平方和载入		
	合计	方差的 %	累积 %	合计	方差的 %	累积 %	合计	方差的 %	累积 %
1	8.530	85.297	85.297	8.530	85.297	85.297	5.680	56.801	56.801
2	.866	8.660	93.956	.866	8.660	93.956	3.715	37.155	93.956
3	.286	2.861	96.817						
4	.146	1.458	98.275						
5	.070	.696	98.970						
6	.060	.599	99.570						
7	.030	.300	99.869						
8	.007	.074	99.944						
9	.003	.035	99.978						
10	.002	.022	100.000						

说明：提取方法：主成分法。

的信息已能比较充分地反映和代表各个样本年份对外贸易国际竞争力的综合水平，可以根据因素载荷进行因素分析，并根据综合得分进行综合评价和排序研究。

（四）旋转因子载荷矩阵，确定公共因子

确定两个公共因子后，可以得到因子载荷矩阵，即成分矩阵。由于在因子分析中得出的初始载荷矩阵通常结构不够简单，各个因子的典型代表变量比较模糊，不便于进行因子解释和命名，因此需要进行旋转。表5.4输出的是旋转后的载荷矩阵，即旋转成分矩阵。

表5.4 旋转成分矩阵[a]

	成分	
	1	2
GXTC	.952	.153
GXZB	.897	.317
GYPZB	.842	.514
SCFBD	.836	.502
JDTC	.816	.542
GYRCA	.799	.566
JGZZL	.691	.636
JGZB	.156	.940
CKE	.630	.771
WHHL	−.599	−.760

说明：提取方法：主成分法。旋转法：具有 Kaiser 标准化的正交旋转法。

a 表示旋转在 3 次迭代后收敛。

根据正交因子载荷矩阵可知，第一个公共因子承载系数较高的指标包括 GXTC（高新技术产品 TC 指数）、GXZB（高新技术产品出口比重）、GYPZB（工业制成品出口比重）、SCFBD（出口市场分布度）、JDTC（机电产品 TC 指数）、GYRCA（工业制成品显示性比较优势指数）、JGZZL（加工贸易增值率），可以将该类指标命名为质量指标。第二个公共因子承载系数较高的指标包括 JGZB（加工贸易出口占比）、WHHL（外汇汇率）、CKE（对外贸易出口总额），可以将该类指标命名为规模指标。

为了对 2000—2015 年山东省对外贸易国际竞争力进行综合评价，需要对两个公共因子计算其因子得分。采用回归法计算因子得分，得到的因子得分如表 5.5 所示。

表 5.5 　　　　　　　　　　　**成分得分系数矩阵**

	成分	
	1	2
CKE	−.070	.277
GXZB	.292	−.206
GYPZB	.166	−.027
JGZB	−.393	.645
SCFBD	.169	−.033
JGZZL	.028	.143
GXTC	.403	−.360
JDTC	.139	.008
GYRCA	.118	.034
WHHL	.080	−.284

说明：提取方法：主成分法。

旋转法：具有 Kaiser 标准化的正交旋转法。

根据表 5.5 中的因子得分系数，可以写出因子得分函数如下：

$F_1 = -0.07\ CKE + 0.292\ GXZB + 0.166\ GYPZB - 0.393\ JGZB + 0.169\ SCFBD + 0.028\ JGZZL + 0.403\ GXTC + 0.139\ JDTC + 0.118\ GXRCA + 0.080\ WHHL$

$F_2 = 0.277\ CKE - 0.206\ GXZB - 0.027\ GYPZB + 0.645\ JGZB -$

0.033 SCFBD + 0.143 JGZZL − 0.360 GXTC − 0.008 JDTC + 0.034 GXRCA − 0.284 WHHL

因子分析法遵照因子得分函数模型，通过各因子得分系数和原始变量的标准化值计算各个时期的公共因子得分数，结果见表 5.6 所示。

在上述公式求出的各因子得分的基础上，计算对外贸易国际竞争力的综合评价得分，其计算方法是对所提取的共同因子得分按照相对应的解释方差权重进行加权平均求和。

具体计算公式为：$F = (F_1 \times 56.801\% + F_2 \times 37.155\%)/93.956\%$

根据国际竞争力的综合得分高低，可以得出各年的国际竞争力综合评价值的排名，结果见表 5.6 所示。

表 5.6　　　　　　各个时期公共因子得分与综合得分数

	F_1	F_2	F	排名
2000	22.3699	− 35.7942	− 0.6312	15
2001	2.6140	− 17.8314	− 5.4711	16
2002	18.6204	− 21.5389	2.7394	14
2003	24.4676	− 21.0202	6.4794	13
2004	50.4511	− 33.8776	17.1032	12
2005	69.2841	− 41.9658	25.2902	11
2006	88.4870	− 40.2617	37.5732	10
2007	88.5394	− 27.8277	42.5219	9
2008	84.7694	− 10.1102	47.2492	8
2009	101.7287	− 30.1986	49.5579	7
2010	102.5317	− 17.0349	55.2489	6
2011	86.1004	16.0330	58.3922	5
2012	77.3855	32.7645	59.7401	3
2013	76.7489	39.7019	62.0986	1
2014	75.1313	38.7112	60.7289	2
2015	57.4951	61.6122	59.1232	4

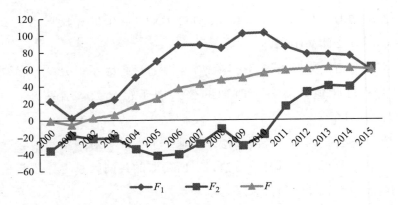

图 5.1　各个时期公共因子得分与综合得分数

从山东省对外贸易国际竞争力综合评价指标可以看出，2000—2015 年，山东省对外贸易国际竞争力具有以下几点特征：

（1）山东省对外贸易国际竞争力从 2001 年到 2012 年，总体上一直处于不断提高的状态，2013 年以后有下降趋势。

（2）从对外贸易国际竞争力综合评价得分的大小来看，2001—2015 年，山东省对外贸易增长方式的发展经历了三个阶段，即 2000—2008 年表现为快速增长、略有波动；2009—2012 年表现为小幅度的稳定增长；2013 年以后出现小幅下降，这反映出 2013 年以后山东省对外贸易国际竞争力逐步下降的变化趋势。

（3）从各分项指标值的变化来看，质量指标综合评价值 F_1 在 2010 年以前不断上升，2011 年之后逐步下降；但规模指标综合评价值 F_2 在 2010 年以前波动发展并一直保持负值，2011 年以后，则呈快速上升趋势。

总起来看，2012 年以前，山东省对外贸易国际竞争力处于上升的状态中，2013 年以后竞争力出现小幅下降。2010 年以前，质量综合评价指标对国际竞争力的正向影响较大，2011 年以后，规模指标对国际竞争力的提升贡献扩大。近年来质量评价值的下降说明山东省在对外贸易增长方式转变上尚需做出更大努力。

第二节 山东省区域经济国际竞争力指标测算

一 以往相关指标体系的简单回顾

区域国际竞争力是一区域在经济全球化的发展过程中，依据该区域的区位特点和经济国际化程度，使该地区的综合实力在世界范围内可持续发展和不断提高的动态合力。目前，国内外还没有统一的区域竞争力评价指标体系，对区域竞争力进行评价的指标体系一般沿用的都是国家竞争力评价指标体系。尽管中国国内对区域竞争力评价指标体系研究起步较晚，但发展很快，在建立的多个评价指标体系中，虽然还没有一个统一的标准，但大体包含的影响因素相似。随着人们对竞争力概念认识的深入，对区域经济国际竞争力概念的认识也从单纯的竞争能力转变为从区域经济发展的管理体制、区域经济持续发展的竞争能力和对一个国家或地区经济的促进作用等多个角度来衡量。

洛桑国际管理学院（IMD）早期的评价模型由八大要素组成，分别是经济实力、企业管理、科技水平、国民素质、政府管理、国际化程度、基础设施和金融体系。从 2002 年开始，IMD 改变了评价体系，将八大要素简化归并为四大要素，分别是经济表现、政府效率、商务效率和基础设施，每个要素又各自包括了五个子要素，相应的评价指标体系也进行了调整，如 2005 年 IMD 采用的指标共 314 个，其中硬指标 128 个，在总排序中占 2/3 的权重；软指标 113 个。

世界经济论坛（WEF）创立了一套评价国家（地区）经济增长与竞争力的理论和方法，1985—1990 年，WEF 采用的指标共分为381 项，其中 249 项为硬指标，132 项为软指标。自 1996 年以来，指标体系进行调整，主要是设计了三个国际竞争力指数：一是综合反映当前经济发展水平的国际竞争力综合指数；二是经济增长指数；三是反映在全球经济增长中份额的市场增长指数。2000 年国家竞争力衡量指标再次调整，分为四个方面指数，即增长竞争力指数、当前竞争力指数、创造力指数、环境管制体制指数。根据这些指数，WEF 也按八大要素分类来定量分析国家或地区竞争力，其中 1/4 来自统计数据，3/4 来自调查数据，然后对不同要素和不同指标赋予不同的权重。

天津财经大学竞争力研究室采用 WEF 和 IMD 的理论和方法作为分析的理论依据，结合中国国情建立的中国省级区域竞争力评价指标体系由 9 大要素模块，31 要素支撑点，共计 119 项指标组成，其中硬指标 93 项，通过专家调查得到的软指标 26 项。

朱冬辉、杨柯玲等（2013）从区域经济国际竞争力的基本理论入手，构建了区域经济国际竞争力的指标体系，包括 10 个二级指标，即经济国际化竞争力、环境竞争力、国民素质竞争力、经济实力竞争力、科技竞争力、产业竞争力、金融竞争力、政府管理竞争力、国民生活水平竞争力、基础设施竞争力，81 个三级指标。

上述研究成果各有侧重，对于山东省地区经济国际竞争力评价指标体系的构建提供了很好的启发与借鉴作用。

二 指标体系建立的原则

指标体系是由一系列指标组成的，这些指标相互联系、相互制约，它们共同组成了科学的、系统的整体。任何指标体系的设计都需要满足于特定目的，并以一定的科学理论作为指导，同时要符合客观实际和符合已被证明的科学理论，所有指标的最终形成具有一定的层次性和相互联系的指标体系。因此指标设计需要满足目的性原则、系统性原则、科学性原则、可比性原则以及可操作性原则。

三 山东省地区经济国际竞争力评价指标体系的确定

根据地区经济国际竞争力的内涵与指标体系设计的基本原则，借鉴有关专家的研究成果，结合山东省区域经济发展的现状，设计了山东省地区经济国际竞争力的综合评价指标体系。包括反映基础支撑要素素质的需求因素指标，反映基础支撑要素素质的竞争因素指标，从产业结构角度反映的不同产业发展的指标，从人力资本与科技资本角度分析的关键要素指标，具体指标见表5.7。

表 5.7　　　　　山东省地区经济国际竞争力综合评价指标体系

序号	指标名称	指标代号	指标解释
1	居民消费水平	JMXF	
2	恩格尔系数	ENGLE	
3	人均 GDP	RJGDP	反映基础支撑要素素质的需求因素指标
4	全社会固定资产投资	GDZC	
5	银行贷款余额	DKYE	
6	规模以上企业数	GMQYS	
7	外资企业数	WZQY	反映基础支撑要素素质的竞争因素指标
8	外商直接投资额	FDI	
9	第三产业产值占比	DSCZB	从产业结构的角度反映不同产业发展的指标
10	工业总产值	GYZCJ	
11	教育支出占 GDP 比重	JYZC	
12	每万人拥有专利量	ZLL	从人力资本与科技资本角度分析关键要素
13	R&D 经费占 GDP 比重	RDZB	

四　山东省地区经济国际竞争力评价分析

（一）原始数据的搜集与预处理

本书依据前面所构建的指标体系（13 个指标）收集相应数据。数据来源于历年《山东统计年鉴》、山东统计信息网、山东商务信息网。有些数据是经过计算得到的。为了消除价格因素的影响，对绝对指标值即人均 GDP、工业总产值、外商直接投资额、居民消费水平、银行贷款余额和全社会固定资产投资的原始数据按照 1995 年的不变价格进行了处理，得到的原始数据见附表 13 与附表 14：山东省地区经济国际竞争力综合评价指标原始指标值。

在本节的全部 13 项指标中，恩格尔系数为逆向指标，其余 12 项全部为正向指标。参考前文的论述，采用模糊隶属函数对山东省地区经济国际竞争力综合评价指标原始指标值进行无量纲化处理。为了计算的简便性，避免过多的小数所带来的计算麻烦，将无量纲化后的指标值乘以 100，得到了无量纲化指标值的区间为 [0，100]。无量纲化处理后的数据见附表 15 与附表 16：山东省地区经济国际竞争力综合评价指标无量纲化指标值。

（二）因子分析法的适用性检验

采用相关系数、KMO 和 Bartlett 球形检验以及共同度指标来确定各项原始数据是否适合做因子分析。结果表明，所有变量指标间的相关系数均大于 0.3，KMO 值为 0.750，巴特利特球形检验结果显示，近似卡方值为 291.083，伴随概率为 0.000，表明这 16 项指标数据适宜做因子分析（见表 5.8）。

表 5.8 　　　　　　　　　　　　 KMO 和 Bartlett 检验

取样足够的 Kaiser-Meyer-Olkin 度量		.738
Bartlett 的球形度检验	近似卡方	525.515
	df	78
	Sig.	.000

（三）公共因子的确定

选用常用的主成分法进行公因子提取，结果见表 5.9。两个公共因子分别解释了总方差的 69.431% 和 25.597%，共同解释了总方差的 95.028%，即前两个公共因子解释了原指标 95.028% 的信息量（见表 5.9）。这说明山东省地区经济国际竞争力的全体变量能较好地被这两个公共因子所解释。

表5.9　　　　　　　　　　　解释的总方差

成分	初始特征值			提取平方和载入			旋转平方和载入		
	合计	方差的 %	累积 %	合计	方差的 %	累积 %	合计	方差的 %	累积 %
1	10.818	83.213	83.213	10.818	83.213	83.213	9.026	69.431	69.431
2	1.536	11.816	95.028	1.536	11.816	95.028	3.328	25.597	95.028
3	.400	3.074	98.102						
4	.177	1.365	99.468						
5	.032	.247	99.714						
6	.017	.127	99.842						
7	.008	.063	99.905						
8	.007	.053	99.958						
9	.003	.021	99.979						
10	.001	.009	99.988						
11	.001	.006	99.994						
12	.001	.005	99.999						
13	9.979E−005	.001	100.000						

说明：提取方法：主成分分析法。

（四）旋转因子载荷矩阵，确定公共因子

确定两个公共因子后，可以进一步得到旋转后的因子载荷矩阵（见表5.10）。

根据旋转后的因子载荷矩阵可知，第一个公共因子承载系数较高的指标包括 DSCY（第三产业 GDP 占比）、ZLL（专利授权量）、JYZC（教育支出 GDP 占比）、DKYE（银行贷款余额）、GDZC（全社会固定资产投资）、JMXF（居民消费水平）、GYZCZ（工业总产值）、RDZB（R&D 内部支出 GDP 占比）、RJGDP（人均 GDP）、ENGLE（恩格尔系数）、外商直接投资（FDI），我们将第一个公共因子命名为基础要素因子；第二个公共因子承载系数较高的指标包括 WZQY

（外资企业数）、GMQYS（规模以上企业数），将第二个公共因子命名
为竞争能力因子。

表 5.10 旋转成分矩阵[a]

	成分	
	1	2
DSCY	.985	−.132
ZLL	.953	.264
JYZC	.953	.166
DKYE	.926	.370
GDZC	.920	.380
JMXF	.915	.398
GYZCZ	.894	.440
RDZB	.883	.442
RJGDP	.867	.490
ENGLE	.836	.374
FDI	.634	.564
WZQY	.020	.996
GMQYS	.514	.834

说明：提取方法：主成分法。旋转法：具有 Kaiser 标准化的正交旋转法。

a 表示旋转在 3 次迭代后收敛。

采用回归法，可以得到因子得分系数矩阵，结果如表 5.11 所示。
根据因子得分系数，可以写出因子得分函数如下：

$F_1 = 0.065 \text{ RJGDP} + 0.085 \text{ENGLE} + 0.095 \text{ JMXF} - 0.081 \text{ GMQYS}$
$+ 0.226 \text{ DSCY} + 0.082 \text{ GYZCZ} + 0.003 \text{ FDI} + 0.133 \text{ ZLL} + 0.154 \text{ JYZC}$
$+ 0.080 \text{ RDZB} + 0.104 \text{ DKYE} + 0.100 \text{ GDZC} - 0.216 \text{ WZQY}$

$F_2 = 0.075 \text{ RJGDP} + 0.019 \text{ENGLE} + 0.014 \text{ JMXF} + 0.340 \text{ GMQYS}$
$- 0.289 \text{DSCY} + 0.042 \text{ GYZCZ} + 0.166 \text{ FDI} - 0.067 \text{ZLL} - 0.120 \text{ JYZC} +$
$0.045 \text{ RDZB} - 0.003 \text{ DKYE} + 0.004 \text{GDZC} + 0.536 \text{ WZQY}$

表 5.11　　　　　　　　　　　　成分得分系数矩阵

	成分	
	1	2
RJGDP	.065	.075
ENGLE	.085	.019
JMXF	.095	.014
GMQYS	-.081	.340
DSCY	.226	-.289
GYZCZ	.082	.042
FDI	.003	.166
ZLL	.133	-.067
JYZC	.154	-.120
RDZB	.080	.045
DKYE	.104	-.003
GDZC	.100	.004
WZQY	-.216	.536

说明：提取方法：主成分法。旋转法：具有 Kaiser 标准化的正交旋转法。

　　因子分析法遵照因子得分函数模型，通过各因子得分系数和原始变量的标准化值，可以计算各个时期的公共因子得分数，结果见表 5.12。

　　在求出的各因子得分的基础上，计算山东省地区经济国际竞争力的综合评价得分，其计算方法是对所提取的共同因子得分按照相对应的解释方差权重进行加权平均求和。具体计算公式为：

$$F = （F_1 \times 69.431\% + F_2 \times 25.597\%） /95.028\%$$

　　根据地区经济国际竞争力的综合得分高低，可以得出各年的地区经济国际竞争力综合评价值的排名，结果见表 5.12。

表 5.12　　　山东省地区经济国际竞争力各因子得分与综合得分排名

年份	F_1 基础要素因子	F_2 竞争能力因子	F 综合得分	综合得分排名
2000	6.2214	−7.4093	2.5498	16
2001	8.7313	−4.3715	5.2019	15
2002	10.5376	2.3493	8.3320	14
2003	5.6216	19.5739	9.3798	13
2004	−6.2857	56.7891	10.7043	12
2005	−3.0476	66.8836	15.7893	11
2006	−0.8852	80.3519	20.9970	10
2007	5.0096	88.4298	27.4799	9
2008	6.9884	98.5178	31.6430	8
2009	14.6593	101.9308	38.1670	7
2010	29.9074	87.0098	45.2887	6
2011	48.6942	55.9180	50.6400	5
2012	62.6707	51.4990	59.6615	4
2013	68.7257	52.1326	64.2561	3
2014	79.9868	47.3119	71.1854	2
2015	93.9355	38.8953	79.1097	1

从表 5.12 与图 5.2 可以看出，2000—2015 年，山东省地区经济国际竞争力呈现出以下几个特征：

1. 从竞争力综合评价指标值 F 来看，山东省地区经济国际竞争力整体呈现出稳步升高的态势。进一步分析可以看出，山东省地区经济国际竞争力在 2000—2002 年提高速度最快；2003—2007 年呈现稳步增长；2008 年速度开始放缓；2009—2012 年又进入快速波动上升的通道。2013 年以后，增长速度放缓。

2. 从基础要素因子得分情况来看，山东省基础要素竞争力 2000—2008 年的得分基本上处于 10 以下，其中 2004 年最低，为 −6.2857，说明这一期间的基础要素所表现出的竞争力非常低而且不稳定。从 2009 年起，基础要素因子得分不断提高，至 2015 年，达到了最高值

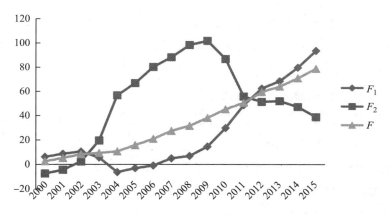

图 5.2　山东省地区经济国际竞争力测量值

93.9355。基础要素因子得分逐步提高的发展趋势说明，山东省基础要素的竞争力在稳步提高，为国民经济的发展提供了基础保障。

3. 从竞争能力因子得分来看，山东省竞争能力因子所表现的国际竞争力总体呈现出先升后降的发展趋势。2009 年，企业竞争能力因子不断上升，2010 年以后，则处于逐步下降状态。上述分析反映了内资与外资企业的数量变化趋势，进而反映了市场竞争状况。从目前的竞争能力因子得分变化来看，明显表现出企业总体数量尤其是外资企业的数量在减少，近几年来，受国内要素成本变化、东南亚国家加快招商步伐以及发达国家再工业化的影响，下降较快，国内私有企业的发展速度偏慢，市场竞争活力不足，这不利于培育企业与产业的国际竞争力。

第三节　鲁日经贸合作与山东省外贸竞争力相关性分析

根据前述的经济学理论以及相关分析可知，对外贸易对于一国或地区的外贸国际竞争力与地区经济国际竞争力的影响不是短期的，尤其是由于对外贸易带来的技术进步、人力资源的提高、基础设施的完善等，都是一项长期积累的过程。因此，对外贸易对于区域外贸与区域经济国际竞争力的影响不仅来源于当期贸易，而且前期的指标值水平也会对当期指标值形成影响。基于此，所确定的研究鲁日贸易、投资同山东省对外贸易国际竞争力与区域经济国际竞争力的相关性基本步骤为：第一，对数据进行取对数处理，消除异方差；第二，进行平稳性检验；第三，对山东省对外贸易国际竞争力同山东省对日出口、山东省对日进口以及日本对山东省直接投资之间的关系进行协整检验；第四，对山东省区域经济国际竞争力同山东省对日出口、山东省对日进口以及日本对山东省直接投资之间的关系进行协整检验；第五，进行格兰杰因果关系检验，判断变量之间的影响关系并得出结论。

一　数据处理

在进行计量分析时，将山东省对外贸易国际竞争力记作 WMJJL，将山东省区域经济国际竞争力记作 JJJZL，这两个变量序列的数值来源于本章估算的结果。反映鲁日贸易与投资状况的指标这里选择了山东省对日出口额、从日进口额与日本对山东省直接投资额三项指标，分别将之记作 DREX，DRIM 和 DLFDI，有关指标数据来源于山东省统计信息网。为了消除异方差所带来的虚假回归，我们对变量序列作了对数处理，处理后的变量序列分别记为 LNWMJZL，LNJJJZL，LN-DREX，LNDRIM，LNDLFDI。在进行对数处理时，由于贸易竞争力头两期的数值是负数，无法直接取对数，因此，对这两期的数据采用 − LN（−X）的方式进行了处理，所有数据见附表 17。分析软件采用 Eviews 3.0。

二　平稳性检验

为确保模型具有经济意义，在利用计量经济模型分析之前，需要判断变量是不是平稳的，这就需要对变量序列进行平稳性检验，以防止虚假回归。如果时间序列变量的统计特征随着时间的改变而发生不同的变化，则认为时间序列是不平稳的；随着时间的推移，时间序列的随机特征保持不变，则认为时间序列是平稳的。如果变量序列是平稳的，可以对平稳变量序列直接进行回归分析或者进行格兰杰因果关系检验。如果变量序列不是平稳的，但是同阶单整的，则可以进行协整检验以考察变量之间是否存在长期稳定的协整关系。Augented Dickey 和 Fuller Test 提出的 ADF 检验是平稳性检验常用的方法之一。利用 Eviews 3.0 软件，采用 ADF 法对取过对数的变量序列 LNWMJZL，LNJJJZL，LNDREX，LNDRIM 与 LNDLFDI 进行平稳性检验，检验的结果见表 5.13。

表 5.13　　　　　　　　变量的单位根检验结果

变量	检验类型 （C，T，K）	ADF 检验值	5%临界值	10%临界值	结论
LNWMJZL	C，T，1	−19.93548	−3.7921	−3.3393	平稳*
LNJJJZL	C，0，2	−4.059828	−3.1222	−2.7042	平稳*
LNDREX	C，T，1	−0.014425	−3.7921	−3.3393	不平稳
LNDRIM	C，T，1	−0.000457	−3.7921	−3.3393	不平稳
LNDLFDI	C，0，1	−2.868929	−3.1003	−2.6927	平稳**
DLNDREX	0，0，0	−2.223608	−1.9677	−1.6285	平稳*
DLNDRIM	C，T，0	−4.060317	−3.7921	−3.3393	平稳*
RDJDI	C，0，1	−3.596442	−3.1003	−2.6927	平稳*
RDJJ	0，0，0	−1.738259	−1.9658	−1.6277	平稳**

说明：检验形式（C，T，K）中的 C，T 和 K 分别表示单位根检验方程包括常数项、时间趋势和滞后阶数，其中滞后期的确定是按 AIC 或 SC 最小原则由系统自动完成的。

*表示在 5%的显著性水平下变量序列平稳；**表示在 10%的显著性水平下，变量序列平稳。

检验结果表明，在 5%的显著性水平下，序列 LNWMJZL，LNJJJ-

ZL 的 ADF 统计量均小于置信度为 5% 的临界值，因此序列 LNWMJZL 和 LNJJJZL 都是 0 阶单整的平稳序列。在 10% 的显著性水平下，LNDLFDI 是 0 阶单整的平稳序列。LNDREX 和 LNDRIM 的 ADF 统计量均大于临界值，因此序列 LNDREX 和 LNDRIM 非平稳，但差分后的 DLNDREX 和 DLNDRIM 都是 1 阶单整的平稳序列。

三　协整检验

（一）LNWMJZL 与 DLNDREX，DLNDRIM 的协整关系检验

协整检验的方法主要有两种：一种是恩格尔（Engle）和格兰杰（Granger）在 1987 年提出来的 EG 两步法，在检验两个变量的协整关系时这种方法是优先的选择，但是本书中的主要变量有三个，如果这三个变量之间存在着较强的相关性，EG 两步法中的 OLS（Ordinary least squares）估计会遭遇多重共线性而使结果变得不准确。另一种是 Johansen 和 Juselius 在 1990 年提出的用于两个以上变量的检验方法，也叫做 JJ 检验，它先用向量自回归进行检验，然后得到变量之间所存在的协整关系，它所运用的适用于多变量系统的极大似然估计法能够避免 EG 两步法中 OLS 估计所遇到的多重共线性问题。这里采用 JJ 检验法对变量序列 LNWMJZL 与 DLNDREX，DLNDRIM 进行协整性检验，检验结果见表 5.14。

表 5.14　　　　　　　　　变量序列协整性检验结果

Eigenvalue	Likelihood Ratio	5 Percent Critical Value	1 Percent Critical Value	Hypothesized
0.994954	76.57546	29.68	35.65	None **
0.427752	7.817308	15.41	20.04	At most 1
0.042231	0.560931	3.76	6.65	At most 2

说明：** 表明在 1% 的显著性水平下拒绝原假设。L. R. 检验表明，在 5% 的显著性水平下，变量序列之间至少存在一个协整方程。

L. R. 检验结果表明（见表 5.14），在 1% 的显著性水平下，变量间至多存在 0 个协整方程的假设被拒绝，即变量间至少存在 1 个协整方程。因此，变量序列 LNWMJZL 和 LNDREX，LNDRIM 之间存在着协整关系，得到最大似然值下的协整方程为：

LNWMJZL = 3.401878 + 1.062129 DLNDREX − 0.718968 DLN-DRIM

通过上述协整关系式可以看出，LNWMJZL 与 DLNDREX 之间存在着正相关的长期均衡关系，与 DLNDRIM 之间存在着负的长期均衡关系。尽管在短期内由于随机干扰，这些变量可能会偏离均衡值，但这种偏离是暂时的，最终会回到均衡状态。

（二）LNWMJZL 与 LNDLFDI 的协整关系检验

利用 EG 两步法对变量序列 LNWMJZL 与 LNDLFDI 之间的协整关系进行判断。首先需要利用最小二乘法构建回归模型，然后对生成的残差序列进行平稳性检验，如果残差序列平稳，则判断 LNWMJZL 与 LNDLFDI 之间存在协整关系。以 LNWMJZL 为自变量，以 LNDLFDI 为因变量，利用 OLS 回归方法构建回归模型如下：

LNLNWMJZL = −22.09216 + 2.315684 LNDLFDI

$$T = （−1.531297）\qquad （1.736980）$$

$$R^2 = 0.177298 \qquad\qquad F = 3.017098$$

接下来生成残差 RDJDI 并检验残差的平稳性，结果见表 6.1。时间序列 LNEX 与 LNRAT 的回归方程的残差序列经检验是平稳的，因此，时间序列 LNWMJZL 与 LNDLFDI 之间存在协整关系。LNDLFDI 的系数为正，说明日本对山东的直接投资与山东省对外贸易国际竞争力之间存在正的协整关系，但是否存在因果关系需要进一步验证。

（三）LNJJJZL 与 DLNDREX，DLNDRIM 的协整关系检验

采用 JJ 检验法对变量序列 LNWMJZL 与 DLNDREX，DLNDRIM 进行协整关系检验，检验结果见表 5.15。

表 5.15 变量序列协整性检验结果

Eigenvalue	Likelihood Ratio	5 Percent Critical Value	1 Percent Critical Value	Hypothesized
0.783807	44.69922	9.68	35.65	None **
0.665925	3.25703	5.41	20.04	At most 1 **
0.431541	7.907576	3.76	6.65	At most 2 **

说明：** 表明在 1% 的显著性水平下拒绝原假设。L. R. 检验表明，在 5% 的显著性水平下，变量序列之间至少存在三个协整方程。

L. R. 检验结果表明（见表 5.15），在 1% 的显著性水平下，变量间至多存在两个协整方程的假设被拒绝，即变量间至少存在 3 个协整方程。因此，变量序列 LNWMJZL 和 LNDREX，LNDRIM 之间存在着协整关系，得到最大似然值下的协整方程为：

LNJJJZL = 3.515318 + 6.744818 DLNDREX − 9.446779 DLNDRIM

通过上述协整关系式可以看出，LNJJJZL 与 DLNDREX 之间存在着正的长期均衡关系，与 DLNDRIM 之间存在着负的长期均衡关系。

（四）LNJJJZL 与 LNDLFDI 的协整关系检验

利用 EG 两步法对变量序列 LNWMJZL 与 LNDLFDI 之间的协整关系进行判断。首先构建回归模型，然后对生成的残差序列进行平稳性检验。以 LNJJJZL 为自变量，以 LNDLFDI 为因变量，利用最小二乘法构建回归方程如下：

LNJJJZL = −9.891622 + 1.204176 LNDLFDI

T = （−1.103128） （1.453258）

R² = 0.131080 F = 2.111960

生成残差 RDJJ 并检验残差的平稳性，结果见表 5.13。在 10% 的显著性水平下，时间序列 LNJJJZL 与 LNDLFDI 的回归方程的残差序列经检验是平稳的，因此，时间序列 LNJJJZL 与 LNDLFDI 之间存在协整关系。LNDLFDI 的系数为正，说明日本对山东省的直接投资与山东省地区经济国际竞争力之间存在正向协整关系，下面需要进行因果关系验证。

四　格兰杰因果关系检验

对时间变量序列 LNJJJZL，LNWW 与 LNEX，LNIM 进行格兰杰因果关系检验，以便判断变量序列之间的协整关系是不是因为存在格兰杰因果关系。格兰杰检验结果如表 5.16。

表 5.16　LNWMJZL 与 DLNDREX，DLNDLFDI 格兰杰因果关系检验结果

假设	观测变量数	滞后期	F 统计量	P 值
LNDLFDI 不是 LNWMJZL 的格兰杰原因	13	2	3.30935	0.09892
DLNDRIM 不是 LNWMJZL 的格兰杰原因	14	1	3.42585	0.10016
LNJJJZL 不是 DLNDRIM 的格兰杰原因	12	3	3.16879	0.09693
DLNDREX 不是 LNJJJZL 的格兰杰原因	11	4	208.327	0.00478

说明：由于格兰杰因果关系检验的变量序列较多，故在此仅仅将具有格兰杰因果关系的项目列出，其余项目省略。

从表 5.16 可以看出，在滞后 2 期的检验中，LNDLFDI 不是 LNWMJZL 的格兰杰原因的 P 值为 0.09892，原假设被否定，说明在 10% 的显著性水平下，在滞后 2 期的情况下，LNDLFDI 是 LNWMJZL 的格兰杰原因。同理，在滞后 1 期的情况下，在 10% 的显著性水平下，DLNDRIM 不是 LNWMJZL 的格兰杰原因成立。在滞后 4 期的情况下，DLNDREX 不是 LNJJJZL 的格兰杰原因的假设被否定，说明在 1% 的显著性水平下，DLNDREX 是 LNJJJZL 的格兰杰原因。在滞后 3 期的情况下，LNJJJZL 是 DLNDRIM 的格兰杰原因，即经济竞争力的提高会间接促进从日本进口的增加。表 5.16 未显示的项目表明，DLNDREX 并不是 LNWMJZL 的格兰杰原因；DLNDRIM 与 LNDLFDI 均不是 LNJJJZL 的格兰杰原因。

五　数据分析与建议

DLNDRIM 与 LNDLFDI 是 LNWMJZL 的格兰杰原因这一结论说明，山东省从日本进口的增加以及日本对山东省的直接投资都为提高山东省的外贸竞争力做出了贡献，即山东省从日本进口产品的增加以及日本对鲁直接投资的增加促进了山东省外贸出口额的增加以及出口产品层次的提高。从日本的进口以及日本对山东省的直接投资促进了山东省外贸竞争力的提高这一结论，反映出对日经贸合作为山东省外贸实力的提升发挥了重要的作用，这也为继续扩大从日进口和吸引更多的日商到山东省投资提供了理论支撑。

当前日本在山东省有大量的加工贸易项目投资，原料的进口会促进加工制成品出口的增加；而且日本机电产品的国际竞争力非常高，日本与山东省机电产品的产业内贸易额占比也较高，部分加工制成的机电产品还出口到世界其他国家，因此推动了山东省机电产品出口额的上升。出口额以及机电产品出口占比是衡量外贸竞争力的重要指标，因此上述两方面是 DLNDRIM 与 LNDLFDI 成为 LNWMJZL 的格兰杰原因的重要因素。但是，日本企业对山东省的投资项目主要集中于工业且多以劳动密集型为主，一般认为，技术溢出效率相对欧美企业要低，对于东道国的技术提高以及产业竞争力的提高效果有限。根据中国学者赵细康关于工业产业的划分，大部分的污染密集型产业都集中在制造业方面，因此日资的环境污染不容忽视。

当前山东省的 FDI 主要集中在第二产业，其中制造业又占到了第二产业的90%以上，在第一、三产业中的 FDI 比重低而且主要集中于零售、房地产行业，而知识密集型、智力密集型的金融、保险、电信、软件开发、咨询等行业投资不足。在第二产业中，FDI 主要集中于劳动密集型的制造业里，基础设施建设和基础工业的投资显然不足。DLNDREX 是 LNJJJZL 的格兰杰原因，说明山东省对日出口促进了山东地区经济竞争力的提高。但是针对当前日资主要集中于第二产业，加工项目占比较高以及劳动密集型的投资特点，要积极引导日本企业的投资趋向，改善投资结构。

山东省是农业大省，同时，山东省也在大力推进旅游与外包服务业的发展，目前，山东省在农业、服务业、基础设施以及高端产业发展方面，资金缺口巨大，这就为这些产业的外商投资提供了巨大的发展空间和可观的利润。在此背景下，积极引导日商投资于农业、高新技术产业、服务业与基础设施产业，不仅成为可能，也成为必然。

引导日商投资农业。重点鼓励 FDI 进入农业新技术和综合开发项目，引进农作物优良品种和先进的种植管理技术，促进农业产业化发展进程，改变目前农业发展主要以贷款为主的融资现状，充分发挥山东省农业发展基础雄厚的优势，引导外资进入农业。

扩大高新技术产业与服务业外商投资。高新技术产业以低投入、低污染、高回报为显著特征，在经济结构调整和产业升级中起到关键作用。其实，吸引外资进入高新技术领域一直是政府招商引资的重点。这里需要注意的问题是，山东省有关部门要组织论证，应该重点发展哪些高新技术产业，在现有条件下适合从哪些高新技术产业入手。另外，即使传统的制造业也有高技术的环节，因此要重视吸引和推动日资企业，尤其是加工贸易企业向高技术环节与产业链的高端进行投资。

服务业在吸纳劳动力与税收方面的贡献比较突出，其中的生产性服务业对于制造业的支撑作用非常重要。而目前，山东省在通信服务和信息服务、会计、审计、咨询、金融、保险、物流、研发、中介服务等方面，还远未满足制造业大省定位的需要，制约了山东省产业结构的优化升级。如何吸引日商投资于现代服务业，借助国外先进的服务业发展技术与水平，不仅关系到服务业本身的发展，也会对制造业的发展带来深远的影响。

鼓励日商投资于基础设施，为经济硬件的完善注入财力。基础设施建设需要大量的资金投入，由于投入大，资金回收期长，国内私营资本进入能力有限，同时政府投资财力有限，因此积极鼓励日商投资于基础设施建设，尤其是以公路、城际轻轨、港口为重点的交通建设项目。可以考虑通过 BOT、PPP 等方式进行合作。

　　山东省在今后的日资管理中，引导日资进入第一与第三产业，可以有效降低对环境所产生的负面影响；同时有助于提高农业产业化进程，推动区域产业化发展，最终为全面促进山东省地区经济竞争力的提升发挥更大的作用。

第六章　鲁日经贸合作中的日本经济发展因素

第一节　日本对外贸易发展的阶段性特点

日本在世界上创造了许多经济神话，更有其独特的日本模式，作为一个战败国在战后迅速崛起，并拥有几十年的高速增长，但是却由于泡沫经济控制不当，导致经济发展停滞，进而受国际、国内环境的影响，日本经济又陷入长期的停滞与通货紧缩泥潭。安倍晋三上台后，出台了"三支箭"以及后来加以补充的新"三支箭"政策，对经济与金融实行大力改革。三年多的时间过去了，总体来看，安倍经济学通过激进的货币政策和扩张性财政政策刺激经济复苏的做法暂时起到了一定的作用，日本经济增长率在逐步提高，通货紧缩也得到了一定的缓解，但对日本经济至关重要的结构性改革措施仍未全面实施。受未来财政政策紧缩效应、国内有效需求不足、规制改革推行阻力重重，以及全球量化宽松政策环境变化和外部市场空间受限等因素的影响，中期经济增长前景并不乐观。[①] 日本经济能否借此走向复兴，仍有很多不确定性。

日本长期以来一直扮演着亚洲经济发展领头雁的角色，对亚洲国家的经济与贸易带动作用显著。日本经济陷入滞胀泥潭以来，不仅自

[①]　伞锋、张晓兰：《安倍经济学能拯救日本经济吗?》，《东北亚论坛》2014 年第 1 期。

身经济增长乏力，而且使亚洲的贸易投资伙伴国受到了影响，安倍经济学对周边国家的影响不容忽视。从短期来看，日元贬值造成中国对日出口下滑，日元流动性泛滥造成国际金融市场波动，造成中国经济发展的外部不稳定；从长期来看，如果日本经济恢复发展，将带动周边国家的经济发展，反之则会放缓整个亚洲的经济与对外贸易发展的步伐。在新常态下，日本经济的复苏不仅给日本带来希望，也将有利于全球经济的发展，更是亚洲经济增长的重要推动力。

作为山东省重要的贸易伙伴，日本经济与外贸发展状况对于鲁日之间的贸易与投资合作会产生重要影响。分析日本国内经济发展与贸易发展的规律，对于研究鲁日经贸合作的前景具有重要启发意义。

一　经济恢复期的外贸

第二次世界大战后，在遭受战争破坏、国内能源资源匮乏的情况下，日本政府专注于经济复苏与发展，同时接受美国的援助以及利用朝鲜战争"特需"的机遇实现经济的迅速恢复，到 20 世纪 50 年代中期，日本经济已经全面恢复和超过第二次世界大战前的最高水平。

这一时期，日本的对外贸易伴随着经济的复苏也开始了逐步发展。从 1949 年 4 月 25 日起，日本开始实行 1 美元兑 360 日元的单一汇率，制定了《出口补偿法案》和《出口信用保险法》等涉外经济法规，采取外币奖励制度、废除最低出口价格管制等多种鼓励措施，推动出口增加。1950 年 6 月朝鲜战争爆发后，美国对日本特定产品和劳务的"特需"订货急剧增长，日本因此获得的大量美元，保证了重化工业生产所需要的资源能源进口用汇需要。1950 年，日本接受美国的"特需"订货额为 1.49 亿美元，占当年日本出口总额的比重为 18.2%；1953 年"特需"订货为 8.09 亿美元，占当年出口总额的 62.7%，这对当时的日本对外贸易发展与外汇积累意义重大。①

---

① 杨剑：《战后日本经济迅速发展的客观原因》，《经济问题》2004 年第 6 期。

从对外贸易商品结构来看，这一时期日本最主要的出口商品是低技术产品。例如，1950 年，日本出口头三位的商品分别是纺织品、钢铁冶金类产品和机械机器类产品，出口额占比分别为 48.0%、18.3% 和 9.9%，而化学制品、非技术矿物制品的比重都在 5% 以下。从进口来看，食品和纺织原料是最主要的进口产品，占 1950 年日本进口总额的 73.7%。但朝鲜战争爆发以后，在"特需"订单的拉动下，日本重化工业的国际竞争力不断提高，纺织品在出口中的比重迅速下降，机械机器的比重逐步提高。到 1959 年，纺织品出口的比重已经下降到 29.8%，机械机器工业在出口中的比重则提高到 23.4%。[1]

二　经济快速发展时期的外贸

从 1956 年直到 1973 年，日本实际 GDP 年均增长超过 10%，超越德国，成为仅次于美国的世界上第二大经济体，创造了世界经济发展史上的奇迹。从综合经济增长理论及各国和地区经济发展的实践来看，这种长期、持续的高速增长是由资金、劳动力、技术、制度环境、资源以及市场等多种因素共同作用的结果。[2]

由于国内市场狭小，资源有限，日本产业发展以及经济发展需要充分发挥国际市场的作用，日本政府为此做出了不懈的努力。1955 年 9 月，在美国政府的极力推动下，日本终于加入了 GATT。GATT 的加入，使日本面临的国际贸易环境更加宽松，极大地促进了进出口的发展。1955—1973 年，日本出口额从 0.9 万亿日元增加到 1973 年的 10.031 万亿日元，出口额增长率曾连续两年达到 24% 左右的增幅。1955 年，日本进口额为 1.2 万亿日元，1973 年已经达到了 10.4 万亿

---

① 彭华：《战后日本制造业产业结构与贸易结构演进研究》，吉林大学 2013 年学位论文。

② 徐梅：《战后 70 年日本经济发展轨迹与思考》，《日本学刊》2015 年第 6 期。

日元的规模，进口额也曾出现连续两年增长率超过 30% 的情况。伴随着出口额的增加，日本的出口数量指数从 22.60 增加到了 272.58，进口数量指数从 28.10 增加到 320.38，可见，这一时期日本的对外贸易进出口数量以惊人的速度在上升。[①]

从出口商品结构来看，重化学工业发展迅速，高技术产业的比重不断提高，低技术的食品、轻纺工业的比重迅速下降。因此，经过高速经济增长时期的发展，日本高技术产业，特别是其中的机械机器业，确立了在日本出口中的重要地位，这也是日本制造业国际竞争力提高的重要表现。

除了加入 GATT 带来的环境红利外，日本政府还通过加强与其他国家的政治经济关系来为贸易发展创造条件。1955 年以后，日本陆续恢复了与苏联等国的正常邦交关系；到 1960 年，日本已经陆续与菲律宾、印度尼西亚、缅甸和越南签订了赔偿协定，以长期支付的方式向上述四国提供产品或劳务补偿，协助其经济开发。1962 年，日本与中国签订了《日中综合贸易备忘录》，逐步开始与社会主义国家开展贸易合作。

1958 年开始的发达国家贸易自由化以及外汇自由化，使资本主义国家对外贸易迅速发展，为日本出口提供了宽松有利的国际环境，也为日本通过进口提高产业发展水平提供了有利条件。根据 IMF 的统计数据，世界出口额在 20 世纪 60 年代的前半期不断增加，1964 年，出口额与进口额均比上年增长了超过 12%。1969 年和 1970 年，发达国家对外贸易增长率突破了 15%，发展中国家的对外贸易增长率也达到了 11% 以上。日本政府在这一时期抓住国际环境机遇，通过制定出口贡献企业认定制度、出口金融灵活化、出口优惠税制和实施出口保险制度等措施，全方位地实施了出口振兴政策，极大地促进了出口的增加。

---

① 徐梅：《战后 70 年日本经济发展轨迹与思考》，《日本学刊》2015 年第 6 期。

　　随着出口的快速增长，国际社会对日本贸易自由化的压力也随之增加，尤其是来自对日连年逆差的美国的压力，促使日本政府于1960年公布了《贸易和自由化计划大纲》，1961年公布了《贸易和外汇促进计划》，逐步推进了贸易自由化的政策措施。1964年4月，日本实现了经常项目外汇的自由兑换；日本在这一时期还正式加入了经济合作与发展组织（OECD），逐步过渡到了对外开放体制。贸易自由化不仅使日本得以大量进口廉价的海外资源，而且还通过贸易自由化促进了国内企业的合理化经营，进一步提高了国际竞争力。

三　经济稳定增长时期的对外贸易

　　1973年石油危机的爆发，终止了日本经济持续快速增长的势头，经历70年代的两次石油危机后，日本经济进入稳定增长时期，其产业国际竞争力逐步增强。1973—1983年，日本实际经济增长率平均为4.3%。由于日本石油海外依存度高，两次石油危机使日本经济发展受到了严重冲击，日本政府开始开发和引进新能源以替代石油，针对金属、化学、纺织、造纸等衰退产业出台了临时措施法，扶植信息产业、原子能、航空产业等新兴主导产业的发展，推进产业结构的知识集约化。日本政府在1980年确立了"技术立国"战略，推动日本的半导体、计算机等高新技术产业迅速发展。随着高新技术产业国际竞争力的增强，其在世界范围内的市场也不断扩大。

　　进入80年代，日本与世界其他国家的贸易摩擦日益严重，1985年的"广场协议"[①]签订后，日元被迫大幅度升值，从而导致出口主导型的日本经济受到巨大冲击。为防止经济因出口下降而下滑，日本政府开始实施金融缓和政策，试图通过下调银行贴现率以刺激国内需

---

　　① 1985年9月22日，美国、日本、联邦德国、法国以及英国的财政部长和央行行长（简称G5）在纽约广场饭店举行会议，达成五国政府联合干预外汇市场，诱导美元对主要货币的汇率有序贬值，以解决美国巨额赤字问题的协议。因协议在广场饭店签署，史称"广场协议"（Plaza Accord）。

求。1986 年到 1987 年 2 月，在不到两年的时间里，日本政府将贴现率由 5% 降至 2.5%，长期超低的利率引致投资特别是股价等虚拟资本的过度膨胀。经过 1985—1986 年的日元升值危机，1988 年以后，日元升值的趋势放缓，但日本央行继续实施扩张性货币政策，释放出的大量资金流向股市和房地产市场，推高了股价和地价，日本金融经济的发展速度惊人，国内出现了严重的"泡沫经济"现象。

日元大幅度升值，对日本的进出口贸易造成了很大的影响。从各类产业出口比重来看，高技术产业的占比增长最快，从 1974 年的 57.53% 提高到了 1988 年的 79.62%；从产业角度来看，高技术产业中的机械机器类产品出口在出口总额中的占比提高了 24%，钢铁冶金制品的比重则下降了 16.44%。① 这一期间，日本的高技术产业一直保持顺差，低技术产业和中技术产业出现逆差，其中高技术产业中的机械机器在 1981 年至 1988 年一直保持年均 20 万亿日元以上的顺差水平，显示出极强的国际竞争力。

四　经济停滞期的对外贸易

1990 年，日本的泡沫经济终于破灭，此后日本经历了长达 10 年的经济萧条，这次经济衰退被称为"失去的十年"。1992—2001 年的年平均增长率只有 0.95%，国内需求趋向萎缩，内需对 GDP 的贡献率自 1997 年以后的 4 年里都是负数。物价一直处于较低水平，从 1999 年开始则出现了通货紧缩的迹象。虽然历任政府努力出台各种政策，期望恢复日本经济、走出通货紧缩，但鲜有成效。泡沫经济破灭引起的长期萧条使日本经济结构中"两极分化"的现象加重，阻碍了日本经济由外向型经济为主导向内需型经济为主导的转变，同时也延缓了日本经济由传统产业向高科技产业和服务型产业转变的进

---

① 日本通商产业省通商产业政策史编纂委员会编：《日本通商产业政策史》（第 16 卷），中国青年出版社 1996 年版，第 232—235 页。

程。由于内需不振，必须依靠传统制造业的出口来拉动经济增长，经济结构向内需型转变困难重重。

2001 年，小泉纯一郎上台后，提出了新内阁的政策主张，即基于"没有结构改革就没有日本的再生和发展"的认识，并发表《今后经济财政运营及经济社会结构改革的基本方针》，全面而具体地阐述了本届政府所要推行的新经济政策。经小泉内阁经济改革，日本经济开始缓慢复苏，GDP 增长率由 2003 年的 1.8% 增加到 2005 年的 2.6%。但刚刚起步的日本经济在 2008 年下半年由于世界经济危机而再度下滑，再次陷入负增长，2010 年，经济略有恢复，但随后又受欧债危机与"3.11"东日本大地震的影响，复苏更显乏力。

与经济停滞相对应，20 世纪 90 年代以后，日本制造业增长乏力，同期各类产业出口额增长缓慢，高技术产业在出口中的占比下滑迅速。2003 年，日本逐步走出了经济泡沫崩溃的阴影，进出口恢复增长，2006 年的出口额比上年增长 14.61%，进口额同比增长 18.25%，这一发展趋势在 2008 年美国次贷危机爆发后再次中断。2008 年美国次贷危机的爆发，引起日元大幅度升值，从 2007 年的 1 美元兑换 117.76 日元，升值到 2011 年的 79.81 日元，对日本的进出口贸易造成了极大的负面影响。2009 年，日本出口额出现了较大幅度的下降，降幅高达 28.93%[①]，2010 年各产业出口额虽然恢复增长，但与经济危机前的水平相比，仍有一定的差距，这种差距在很大程度上是由于日元的大幅度升值造成的。

五　经济紧缩期的对外贸易

2012 年 12 月，安倍晋三再次当选日本首相后，提出了一系列经济政策以刺激日本经济走出停滞，包括实行大胆的金融政策，灵活的财政政策以及主要集中于产业重振、国际发展战略以及战略市场再造

---

① 本节数据根据联合国数据库中的数据计算得来。

的经济增长战略，被称为安倍经济学的"三支箭"。安倍内阁描绘出一幅雄心勃勃的国家经济发展蓝图："运用财税、金融、规制改革等政策工具，推动先进设备投资和促进研究开发创新，鼓励民间投资增长并创造更多财富，在确立'世界上最便于企业活动的国家'和'实现最大限度发挥个人潜能的就业和扩大收入的国家'目标的同时，推进把海外投资收益向国内汇回与日本的增长相联系的国际战略，实现'贸易立国'和'产业投资立国'双引擎相乘效果的'混合动力经济立国'目标。"[①]

安倍经济学的短期效果已经显现。2013 年上半年，日本经济出现了久违的高增长，据日本内阁府发布的数据（速报值），前两个季度的 GDP 环比增长分别达到 1.0% 和 0.9%，2013 年全年实际 GDP 同比增长 1.6%，名义 GDP 增长 1.0%[②]；但仅仅过了一年，"安倍经济学"就开始显现出后劲乏力之象。2014 年，日本名义经济增长率为 1.7%，剔除物价变动因素的经济实际增长率为零；2015 年，经济总体维持低位运行，年初出现超预期增长，全年 GDP 微幅增长 0.5%。日本内阁府及日本央行 2016 年 3 月分别公布的评估报告显示，整体而言，日本经济"正趋向持续温和复苏"。

受海外需求好转、日元贬值以及国内经济发展的影响，2013 年日本出口发展势头良好，前两个季度出口增速环比分别为 4.0% 和 3.0%，其中汽车、化工产品和电子产品增势较猛，但从全年来看，货物进出口额为 15478.8 亿美元，较上年下降 8.1%。其中，出口额为 7149.9 亿美元，下降 10.5%；进口额为 8328.9 亿美元，下降 6.0%。贸易逆差为 1178.9 亿美元，增长 34.9%。[③]

---

① 安倍经济学，http：//baike. so. com/doc/6791872 - 7008494. html。
② 日本实际 GDP 连续 4 个季度实现增长，http：//finance. ifeng. com/a/20140217/ 11674339_ 0. shtml。
③ 2013 年日本货物进出口总额为 15478.8 亿美元，出口额为 7149.9 亿美元，进口额为 8328.9 亿美元，贸易逆差达 1179 亿美元。全球经济数据（http：//www. qqjjsj. com/ rblssj/15309. html）。

2014 年，日本货物进出口额为 15036.7 亿美元，同比下降 2.9%。其中，出口额为 6909.1 亿美元，下降 3.4%；进口额为 8127.6 亿美元，下降 2.4%。贸易逆差额为 1218.5 亿美元，增长 3.5%[①]，逆差持续扩大。

2015 年，日本货物进出口额为 12736.4 亿美元，较上年大幅下降 15.3%。其中，出口额为 6250.4 亿美元，下降 9.5%；进口额为 6486.0 亿美元，下降 20.2%。贸易逆差为 235.6 亿美元，下降 80.7%[②]，逆差压力得到有效缓解。但日本内阁府及日本央行 2016 年 3 月分别公布的评估报告显示，2016 年出口的增长趋势有所停滞。

从商品类别看，连续几年，机电产品、运输设备和贱金属及制品一直是日本的主要出口商品，矿产品、机电产品和化工产品一直是日本的前三大类进口商品。

通过上述梳理，我们会发现，日本的经济发展是分阶段的，在不同发展阶段里，日本的对外贸易进出口也表现出波动性。日本 GDP 的变动、人均 GDP 的变动以及主要经济部门的发展是否同日本的对鲁贸易与投资之间存在某种关系呢？如果是，日本国内经济的发展就成为影响鲁日贸易的一个重要因素，必须加以关注。

第二节　日本国内经济发展有关指标的数量分析

一　GDP 与人均 GDP

在一定时期内，GDP 作为一个国家或地区经济生产中的全部最终产品和劳务价值，不仅反映了一个国家的经济状况，也反映了一国的

---

① 2014 年，日本货物外贸进出口分析，进出口总额为 115036 亿美元，http://www.askci.com/news/2015/04/27/17252dbrv.shtml。

② 2015 年，日本货物出口额为 6250.4 亿美元，进口额为 6486.0 亿美元，贸易逆差为 235.6 亿美元。全球经济数据（http://www.qqjjsj.com/rblssj/109699.html）。

国力的高低与财富的多寡。人均 GDP 还是用于划分一国或地区经济发展水平的重要指标，也是比较不同国家或地区经济发展水平差距的重要指标之一。从生产的角度讲，GDP 的上升需要更多的投入，因此一个开放的国家，尤其像日本这样资源匮乏的岛屿国家，对外贸易进出口对于其经济发展发挥着重要的作用。目前世界经济的发展使得本国经济与外国经济交织在一起，从各国产品的比较优势来说，进口对经济系统的作用不仅可以弥补国内紧缺资源的不足，而且构成了国民经济运行的一个重要环节。[①] 但是对外贸易与经济发展的相关性并未确定。

从联合国数据库中可以得到日本 1970 年以来的 GDP 以及人均 GDP 数据。[②] 目前日本经济还未完全走出衰退的阴影，图 6.1 显示了 1990—2015 年日本 GDP 走向。总起来看，尽管增长缓慢，1990 年以

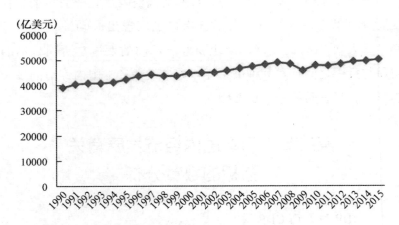

图 6.1 1990—2015 年日本 GDP 变动趋势

来日本的 GDP 处于增长状态。从人均 GDP 增长趋势来看，除 2010 年外，其余年份的增长率基本维持在 3% 以下，有 7 个年份出现负增长。

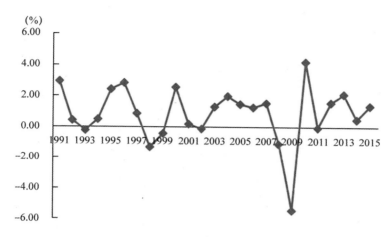

图 6.2 1991—2015 年日本人均 GDP 增长率变动趋势

二 农林牧渔业与制造业

日本农业生产占社会比重较低，约占 GDP 的 1.6%，农产品自给率总体很低，主要粮食除了大米基本自给外（自给率 95%），小麦、玉米、大豆等基本依赖进口。日本正面临着农业劳动力严重不足、后继乏人；种植面积减少，产值下降；生产成本上升的局面。山东省是农业大省，日本是山东省农产品出口的主要市场之一，日本国内的农林牧渔的产业发展情况会影响这类产品的鲁日贸易。

从图 6.3 可以看出，1990—2015 年，日本农林牧渔业产值呈现出总体下降的趋势，制造业产值则分阶段波动上升。1990—2002 年，日本制造业产值一直徘徊在 8000 亿美元左右，2003—2008 年稳步上升，2010—2012 又处于停滞状态，2013 年以来又显现增长态势。制造业产值增长乏力一方面受日本国内经济发展缓慢的影响，另一方面出于降低成本、进入国外市场、规避贸易壁垒、环境保护等多种原因，日本制造业大量在海外投资并购，使国内出现制造业产业空心化的趋势。

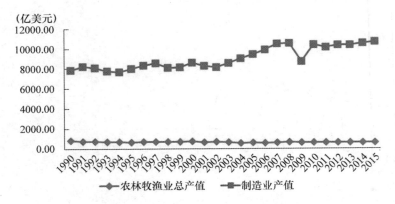

图6.3　1990—2015 年日本农林牧渔与制造业变动情况

三　日本国内消费需求分析

根据迈克尔·波特的竞争优势理论，国内市场的大小及性质不但会影响生产的规模，而且会影响本国公司对产品或服务更新创造的速度及范围。凯恩斯的有效需求不足理论认为："由于总需求不足，商品滞销，存货充实，引起生产缩减，解雇工人，造成失业。"这说明有效需求不足将会直接导致经济发展速度下降与失业人员的增加，进而会间接影响该国的对外贸易进出口业务以及国际投资的发展。在家庭消费支出与政府消费支出中，由于政府的采购更倾向于国内，相比之下，家庭消费支出的外向性更强，其变动对于该国进口的影响更显著。

2000 年以来，日本家庭消费支出与政府消费支出都呈现出上升的趋势（见图6.4），但家庭消费总支出占日本国内总消费支出的占比却呈波动下降趋势（见图6.5）。2000 年，日本家庭消费总支出为24850.74 亿美元，2015 年上升到27891.55 亿美元；家庭消费支出占比由 2000 年的 78.62% 降到 2015 年的 74.09%，而同期的政府消费

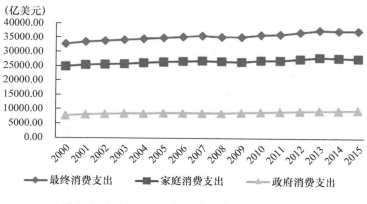

图 6.4　2000—2015 年日本国内消费支出变动

支出占比则呈波动上升状态。从 1991—2015 年日本国内消费支出百分比的变动图（见图 6.6）可以直观看出，政府的消费支出增长率远高于家庭的消费支出增长率，而且一直是正的水平。1990 年以来，日本的家庭消费支出增长率基本在 2.5% 以下波动，2013 年增长率一度达到 2.37%，但 2014 年又出现了负增长。这种发展趋势实际上反映了 1990 年以来日本国内消费萎靡不振的事实，也从一个侧面反映了日本国民对于国内经济发展前景不够乐观的心态。

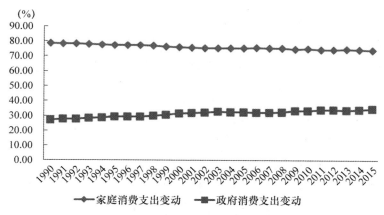

图 6.5　1991—2015 年日本国内消费支出占比

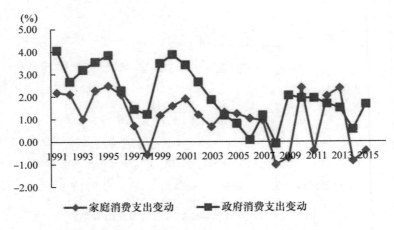

图 6.6 1991—2015 年日本国内消费支出变动百分比

第三节 基于 VAR 模型的鲁日经贸发展研究

国内外众多学者利用经济计量模型分析对外贸易与 GDP 增长的相关性，试图揭示进出口与 GDP 增长之间的关系。Jordan Shan（1998）选取 1990—1996 年上海的时间序列数据，运用格兰杰因果检验法得到从 GDP 到出口的单向因果关系，得出上海的经济增长导致了出口增长的结论。沈程翔（1999）利用格兰杰因果检验以及协整检验方法，对中国 1977—1998 年的出口与 GDP 之间的关系进行了检验，结果发现，中国的出口与产出之间存在着互为因果的双向联系。汤川川（2013）通过对天津市 2000—2012 年贸易数据的计量分析，揭示了天津市对外贸易对该市 GDP 的拉动作用，并且得出进口比出口有更大的拉动作用的结论。由于学者选取的研究数据不一致以及分析方法有差异，所得出的结论也不完全一致，但有一点是共同的，那就是一国或地区的对外贸易与经济发展有一定的关系。

在研究鲁日对外贸易、日本对鲁直接投资同日本经济发展的关系时，我们关注日本从鲁进口（也即山东省对日出口，用 EX 表示）、日本对鲁出口（也即山东省从日进口，用 IM 表示）、日本对鲁直接投资（用 JDI 表示）与日本的人均 GDP（用 RJGDP 表示）、制造业产值（用 ZZ 表示）、家庭消费支出（用 JXF 表示）、山东省的人均 GDP（用 SRGDP 表示）、山东省家庭消费支出（用 SJXF 表示）之间的关系。借鉴有关的学术研究结果，我们初步认为，日本国内的人均 GDP、制造业产值的变化，会引起进口工业用产品的变动，而家庭消费支出的变化影响了对进口产品的需求，因此在研究影响山东省对日本出口的经济影响因素时，我们关注的变量主要是日本的人均 GDP、制造业产值以及家庭消费支出水平。影响日本对山东省直接投资的变量更多地与日本经济发展水平、山东省经济发展水平以及山东省家庭消费支出有一定的关系，因此，在研究影响日本对山东省直接投资的经济影响因素时，我们关注的变量是日本的人均 GDP、山东省的人均 GDP 以及山东省的家庭消费支出。

一　数据选择

选择 1998—2015 年的标准时间序列，其中有关日本国内的经济发展与收入的数据来自联合国国别数据库（见附表 21）。山东省以及鲁日贸易数据来自《山东统计年鉴》。为避免物价带来的影响，采用联合国国别数据库中按 2005 年不变价格计算的日本国内经济相关指标，包括日本的制造业产值、日本的家庭消费，将不变价格 GDP 除以各年的人数得到日本的人均 GDP。山东省人均 GDP 指标则按照 2005 年的不变价格进行了调整。调整后的数据见附表 22。

由于对原始变量取自然对数可以减少可能存在的异方差现象而不影响变量之间的关系，在此对原始变量取对数，相应的对数形式分别表示为 LNRJGDP、LNZZ、LNJXF、LNEX、LNIM、LNJDI、LNSRGDP、LNSJXF（具体数据见附表 23）。分析软件为 Eviews 6.0。

二　平稳性检验

为确保模型具有经济意义，在利用计量经济模型分析之前，需要判断变量是不是平稳的，这就需要对变量序列进行平稳性检验，以防止虚假回归。利用 ADF 法进行变量序列的平稳性检验，检验的结果见表6.1。

表6.1　　　　　　　　　　　　变量的单位根检验结果

变量	检验类型 （C，T，K）	ADF 检验值	5% 临界值	10% 临界值	P 值	结论
LNRJGDP	C，T，3	− 2.399860	− 3.710482	− 3.297799	0.3663	不平稳
LNZZ	C，T，3	− 3.404783	− 3.710482	− 3.297799	0.0839	不平稳
LNJXF	C，T，3	− 2.048842	− 3.710482	− 3.297799	0.5353	不平稳
LNEX	C，T，3	− 1.513944	− 3.710482	− 3.297799	0.7833	不平稳
LNIM	C，T，3	− 0.344149	− 3.759743	− 3.324976	0.9792	不平稳 *
LNJDI	C，T，3	− 3.053602	− 3.733200	− 3.310349	0.1493	不平稳
LNSRGDP	C，T，3	− 1.189491	− 3.733200	− 3.310349	0.8774	不平稳
LNSJXF	C，T，3	− 2.495787	− 3.733200	− 3.310349	0.3251	不平稳
DLNRJGDP	C，0，3	− 4.688384	− 3.065585	− 2.673459	0.0023	平稳 *
DLNZZ	C，0，3	− 6.045891	− 3.065585	− 2.673459	0.0002	平稳 *
DLNJXF	C，0，3	− 3.625402	− 3.065585	− 2.673459	0.0176	平稳 *
DLNEX	C，0，3	− 3.310421	− 3.065585	− 2.673459	0.0319	平稳 *
DLNIM	C，0，3	− 4.305138	− 3.065585	− 2.673459	0.0048	平稳 *
DLNJDI	C，0，3	− 3.517689	− 3.065585	− 2.673459	0.0216	平稳 *
DLNSRGDP	C，T，4	− 4.301346	− 3.828975	− 3.362984	0.0244	平稳 *
DLNSJXF	C，0，3	− 3.525135	− 3.119910	− 2.701103	0.0251	平稳 *
RDJDI	0，0，2	− 1.631890	− 1.9658	− 1.6277	0.0902	平稳 **

说明：检验形式（C，T，K）中的 C，T 和 K 分别表示单位根检验方程包括常数项、时间趋势和滞后阶数，其中滞后期的确定是按 AIC 或 SC 最小原则由系统自动完成的。LNEX 是原序列，DLNEX 是一阶差分序列。* 表示在 5% 的显著性水平下序列平稳。** 表示在 10% 的显著性水平下序列平稳。

检验结果表明，在 5% 的显著性水平下，序列 LNRJGDP，LNZZ，LNJXF，LNSRGDP，LNSJXF 和 LNEX，LNIM，LNJDI 的 ADF 统计量

均大于各自的临界值，说明时间序列 LNRJGDP，LNZZ，LNJXF，LN-
SRGDP，LNSJXF 和 LNEX，LNIM，LNJDI 均存在单位根，都是不平
稳的时间序列。但一阶差分后，所有序列均变成平稳序列，因此这八
个变量序列均是 1 阶单整的非平稳时间序列。据前文论述，对于非平
稳时间序列，不能直接利用计量经济模型进行回归分析，同时本例中
的序列都是同阶单整的，因此符合进行协整检验的前提条件，接下来
进行协整检验，构建 VAR 模型，并基于 VAR 模型进行变量序列之间
的格兰杰因果关系分析。

三　LNEX，LNIM，LNJDI 分别与相关变量之间的关系检验

（一）LNEX 与 LNRJGDP，LNZZ，LNJXF 之间关系的检验

由于受研究变量序列值不足的限制，无法完成对所有变量的一次
性协整检验，在此将分成两部分来做，即分别检验 LNEX 与 LNJXF，
LNRJGDP，LNZZ 之间的协整关系以及 LNEX 与 LNJDI 之间的协整关
系来解决变量时期不足的问题，然后做因果检验。

协整检验对变量的滞后期非常敏感，首先要通过构建 VAR 模型
来判断最优滞后阶数。[①] 在 LNEX 与 LNRJGDP，LNZZ，LNJXF 构建
VAR 模型后，得到在不同标准下的判断结论（见表6.2）。综合来看，
根据 FPE 准则、AIC 准则和 SC、HQ 准则判断，模型最优滞后阶数为
1。因此，建立滞后 1 的无约束 VAR 模型。

VAR 模型的稳定性检验结果见表6.3 与图6.7。表6.3 中的 AR
特征根倒数的模均小于 1，从图6.7 可以直观地看出，所有的单位
根都落于单位根圆内，据此判断所设定的 VAR 模型是稳定的，表明
选取的四个变量之间存在着长期稳定关系，可以进一步进行协整关

---

① 由于本部分研究主要在于分析变量序列之间的因果关系，因此，VAR 模型的结果
在此就不做表示了。直接在 VAR 模型分析结果页面，进行模型的有效性判断与格兰杰因果
关系分析。

系检验。

表 6.2　　　　　　　　　　VAR 模型最优滞后期的确定标准

Lag	LogL	LR	FPE	AIC	SC	HQ
0	125. 1737	NA	3. 11E − 12	− 15. 14671	− 14. 95356	− 15. 13682
1	177. 8603	72. 44408 *	3. 45e − 14 *	− 19. 73253 *	− 18. 76680 *	− 19. 68308 *
2	193. 7273	13. 88364	5. 82E − 14	− 19. 71591	− 17. 97759	− 19. 6269

说明：＊代表不同检验方法下，最优滞后期所对应的检测值。

表 6.3　　　　　　　　　　VAR 模型的稳定性检验结果

Root	Modulus
0. 894005	0. 894005
0. 563851	0. 563851
0. 182828　− 0. 341831i	0. 387652
0. 182828　+ 0. 341831i	0. 387652

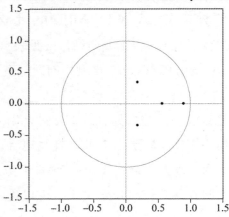

图 6.7　AR 特征根倒数的模的单位圆示意

1. LNEX 与 LNJXF，LNRJGDP，LNZZ 之间的协整关系判断

选用 JJ 检验法进行变量序列 LNEX 与 LNJXF，LNRJGDP，LNZZ 之间的协整关系分析。JJ 检验法的滞后期为 1，检验结果见表 6.4。

表6.4　　　　　　　　　无约束协整检验结果（迹检验法）

假设	特征值	迹检验统计量	5%临界值	P 值
None *	0. 802969	54. 99202	47. 85613	0. 0092
At most 1	0. 600819	27. 37733	29. 79707	0. 0927
At most 2	0. 432001	11. 76553	15. 49471	0. 1685
At most 3	0. 118785	2. 149715	3. 841466	0. 1426

说明：＊表示根据迹检验法确定的协整方程的个数。

迹检验结果表明（见表6.4），在5%的显著性水平下，变量间至多存在 0 个协整方程的假设被拒绝，即变量之间至少存在 1 个协整方程。因此，变量 LNEX 与 LNJXF，LNRJGDP，LNZZ 之间存在协整关系，得到最大似然值下的协整方程如下：

$$LNEX = 11.40622LNJXF - 0.936111LNRJGDP + 0.676522LNZZ$$

LNJXF 以及 LNRZZ 与 LNEX 正相关，LNRJGDP 与 LNEX 负相关。调整系数分别为 - 0. 542274、0. 036561、- 0. 042617 和 - 0. 028055，满足至少一个为负数的基本要求，协整方程有效。

2. LNEX 与 LNJDI 之间的协整关系判断

利用 EG 两步法对变量序列 LNEX 与 LNJDI 之间的协整关系进行判断。首先构建回归模型，然后对生成的残差序列进行平稳性检验。以 LNEX 为自变量，以 LRJDI 为因变量，利用 OLS 回归方法构建回归模型如下：

$$LNEX = 6.330418 + 0.687150 \ LNJDI$$

$$T = (2.940169) \quad (3.405131)$$

$$R^2 = 0.420183 \quad F = 11.59492$$

从回归方程估计的结果来看，方程的 T 检验全部通过，$R^2 =$ 0.420183，表明还有其他变量影响 LNEX，这与现实情况相符。接下来生成残差 RDJDI 并检验残差的平稳性，结果见表 6.1。时间序列 LNEX 与 LNRAT 回归方程的残差序列经检验是平稳的，因此，时间序列 LREX 与 LNRAT 之间存在协整关系。LNJDI 的系数为正，说明日本对山东省的直接投资与山东对日本的出口之间存在正相关关系。

3. 因果关系检验

通过对变量序列 DLNJDI，DLNJXF，DLNRJGDP，DLNZZ，DL-NEX 进行格兰杰关系检验（结果见表 6.5）发现，在 5％的显著性水平下，DLNJDI，DLNJXF 是 DLNEX 变动的格兰杰原因，日本对山东省直接投资的增量以及家庭消费支出的增加都会引起山东省对日本出口增量的变动，反之则不成立。DLNRJGDP，DLNZZ 与 DLNEX 之间均不存在相互的格兰杰原因，也就是说，日本国内人均 GDP 以及制造业产值的变动均不会引起日本从山东省进口增量的变动。

表 6.5　DLNJDI，DLNJXF，DLNRJGDP，DLNZZ 与 DLNEX 格兰杰检验结果

原假设	观测变量	F 统计量	P 值
DLNJXF does not Granger Cause DLNEX	16	6.76392	0.02200
DLNEX does not Granger Cause DLNJXF			0.39734
DLNRJGDP does not Granger Cause DLNEX	16	1.9018	0.19110
DLNEX does not Granger Cause DLNRJGDP			0.76114
DLNJDI does not Granger Cause DLNEX	15	7.08722	0.01210
DLNEX does not Granger Cause DLNJDI			2.02463
DLNZZ does not Granger Cause DLNEX	16	0.62036	0.44500
DLNEX does not Granger Cause DLNZZ			0.59327

（二）LNIM 与 LNSJXF，LNSRGDP 之间的关系检验

选用 JJ 检验法进行变量序列 LNIM 与 LNSJXF，LNSRGDP 之间的协整关系分析。JJ 检验法的滞后期为 1，检验结果见表 6.6。

表6.6　　　　　　　　无约束协整检验结果（迹检验法）

假设	特征值	迹检验统计量	5%临界值	P值
None *	0.742592	49.15300	29.79707	0.0001
At most 1	0.709174	27.43955	15.49471	0.0005
At most 2	0.381180	7.679056	3.841466	0.0056

说明：＊表示根据迹检验法确定的协整方程的个数。

迹检验结果表明（见表6.6），在5%的显著性水平下，变量间至多存在0个协整方程的假设被拒绝，即变量间至少存在1个协整方程。因此，变量 LNCYJG，LNEX，LNIM 之间存在协整关系，得到最大似然值下的协整方程如下：

$$LNIM = -3.144687LNSJXF + 2.512857LNSRGDP$$

调整系数分别为 -0.512517、-0.052766、-0.101114，满足至少一个为负数的要求，因而协整方程有效。变量序列 LNSRGDP 的系数均为正值，说明山东省的人均 GDP 与山东省从日本的进口额呈现正比例变动的关系；LNSJXF 的系数为负，说明山东省的家庭消费支出与山东省从日本的进口额呈反比例关系。

对差分后的平稳序列进行格兰杰因果关系检验，结果见表6.7。表6.7中的数据显示，序列 LNSJXF，LNSRGDP 分别与 LNIM 之间不存在格兰杰因果关系。

表6.7　　　LNIM 与 LNSJXF，LNSRGDP 的格兰杰关系检验结果

原假设	观测值数量	F 统计量	P 值
DLNSJXF does not Granger Cause DLNIM	16	0.03579	0.85290
DLNIM does not Granger Cause DLNSJXF			0.02142
DLNSRGDP does not Granger Cause DLNIM	15	0.54111	0.59820
DLNIM does not Granger Cause DLNSRGDP			0.86549

（三）LNJDI 与 LNRJGDP，LNSJXF，LNSRGDP 之间关系的检验

首先对变量 LNJDI 与 LNRJGDP、LNSJXF、LNSRGDP 构建 VAR
模型并对模型进行检验。[①] VAR 模型的最优滞后期为 2 期，VAR 模型
的稳定性检验结果见表 6.8。表 6.8 中 AR 特征根倒数的模均小于 1，
据此判断所设定的 VAR 模型是稳定的，表明选取的三个变量之间存
在长期稳定关系，可以进一步进行格兰杰因果分析。

表 6.8　　　　　　　　　VAR 模型的稳定性检验结果

0.962082	0.962082
0.838597 − 0.356134i	0.911085
0.838597 + 0.356134i	0.911085
0.428308 − 0.618304i	0.752162
0.428308 + 0.618304i	0.752162
−0.331514 − 0.484347i	0.586936
−0.331514 + 0.484347i	0.586936
−0.366375	0.366375

说明：没有根位于单位圆之外。VAR 模型满足稳定性要求。

选用 JJ 检验法进行变量序列 LNJDI 与 LNRJGDP，LNSJXF，LN-
SRGDP 之间的协整关系分析。JJ 检验法的滞后期为 1，迹检验结果见
表 6.9。

在 5% 的显著性水平下，变量间至多存在 1 个协整方程的假设被
拒绝，即变量间至少存在两个协整方程。变量 LNJDI 与 LNRJGDP，
LNSJXF，LNSRGDP 之间存在协整关系，得到最大似然值下的协整方
程如下：

---

① 本部分研究主要在于分析变量序列之间的因果关系，因此，VAR 模型的结果在此
不做表示。直接在 VAR 模型分析结果页面，进行模型的有效性判断与格兰杰因果关系
分析。

LNJDI = 8.964412LNRJGDP − 2.797372LNSRGDP + 3.329172 LN-SJXF

表6.9　　　　　　　　　无约束协整检验结果（迹检验法）

假设	特征值	迹检验统计量	5%临界值	P 值
None *	0.896794	71.20323	47.85613	0.0001
At most 1 *	0.734863	34.86671	29.79707	0.0120
At most 2	0.527727	13.62654	15.49471	0.0938
At most 3	0.096483	1.623365	3.841466	0.2026

说明：＊表示根据迹检验法确定的协整方程的个数。

调整系数为 − 0.538815、− 0.001453、− 0.003591、0.061292。满足至少一个为负值的要求，所以协整方程有效。接下来进行格兰杰因果关系检验，结果见表6.10。

表6.10　　　　DLNJDI 与 DLNSJXF，DLNSRGDP 格兰杰检验结果

原假设	观测变量	F 统计量	P 值
DLNRJGDP does not Granger Cause DLNJDI	14	0.65856	0.6030
DLNJDI does not Granger Cause DLNRJGDP	14	2.06897	0.1929
DLNSJXF does not Granger Cause DLNJDI	14	2.21489	0.1741
DLNJDI does not Granger Cause DLNSJXF	14	0.34444	0.7945
DLNSRGDP does not Granger Cause DLNJDI	14	3.41479	0.0820 **
DLNJDI does not Granger Cause DLNSRGDP	14	0.15905	0.9205
DLNSJXF does not Granger Cause DLNRJGDP	14	11.79900	0.0040 *
DLNRJGDP does not Granger Cause DLNSJXF	14	0.58748	0.6423
DLNSRGDP does not Granger Cause DLNRJGDP	14	3.21002	0.0923 **
DLNRJGDP does not Granger Cause DLNSRGDP	14	0.94682	0.4681
DLNSRGDP does not Granger Cause DLNSJXF	14	3.06728	0.1004 *
DLNSJXF does not Granger Cause DLNSRGDP	14	5.12523	0.0347 *

说明：＊表示在5%的显著性水平下，自变量与因变量之间的关系显著；＊＊表示在10%的显著性水平下，自变量与因变量之间的关系显著。

从检验结果来看，在 5% 的显著性水平下，DLNRJGDP，DLN-SJXF 都不是 DLNJDI 的格兰杰原因，DLNSRGDP 是 DLNJDI 的格兰杰原因。在 10% 的显著性水平下，DLNSRGDP 与 DLNSJXF 互为格兰杰原因；DLNSJXF 与 DLNSRGDP 都是 DLNJRGDP 的单向格兰杰原因。

四　数据分析与结论

本节在对各个时间变量序列进行平稳性检验后，构建了 VAR 模型，并进行了格兰杰因果关系检验，得出的结论是：尽管不存在显著的格兰杰因果关系（推断其原因，可能是数据太少），但从协整关系来看，山东省对日本的出口与日本的家庭消费支出、制造业产值以及人均 GDP 之间存在稳定的协整关系；山东省的人均 GDP 与山东省从日本的进口额之间存在长期的协整关系；日本对山东省的直接投资额与山东省人均 GDP、日本人均 GDP 以及山东省家庭消费支出之间存在着长期的协整关系。

山东省对日本的出口与日本的家庭消费支出以及人均 GDP 之间存在着稳定的协整关系，这表明日本国内经济发展状况以及居民的消费状况会影响山东省对日产品的出口。由于国内资源匮乏，日本在国内经济发展状况良好状态下，会扩大生产用原材料的进口，带动山东省对日本的出口增长。同时，居民收入的增加会带动消费水平的提高，由于许多基本消费品难以自给，日本对进口产品的需求相应增加。因此我们认为，日本经济的发展不仅为本国居民带来了高收入，而且对于扩大山东省对日本的出口产生了积极效应，关注日本的家庭消费支出以及人均 GDP 走向，有助于对今后的鲁日贸易发展趋势进行判断。

DLNSRGDP 是 DLNJDI 的格兰杰原因，即山东省人均 GDP 的增加有助于扩大日本对山东省的投资。从理论上讲，跨国公司对发展中国家直接投资的利益驱动形式主要包括资源驱动型、效率驱动型、技术驱动型以及市场驱动型。市场驱动型表现为为了规避贸易壁垒、削减运输成本或者为了开拓新市场而进行的直接投资，因满足当地市场需求而替代母国对该国工业制成品的出口，但是会带动母国生产设备、零部件等中间产品的出口，带动一批具有比较优势或新兴产业的发展。从实证分析来看，山东省人均 GDP 的增加必然会带动中间投入品的增加以及市场的扩大，因此日本企业对山东省的投资有着明显的市场驱动特征。Leonard K. Cheng 和 Yunk Kwan（2000）的研究证实，完善的基础设施、较大的市场增长潜力以及经济特区政策对 FDI 有着强大的吸引力。[①] 山东省无论是人口数量还是区位优势，在中国的位置都是非常重要的，充足的劳动力资源、扎实的制造业产业基础、和谐的社会环境等都有助于吸引日资进入。日本在山东省投资的企业已有 2000 多家，涵盖了机械制造、纺织、食品加工等多个行业，在日本世界 500 强企业中，伊藤忠商事、三菱商事、住友商事，丸红株式会社、松下电器、三菱重工等跨国企业都在山东省有投资项目。[②] 国内经济稳步发展，居民收入的稳定提高成为吸引日资进入山东省的重要因素之一。

　　LNJDI 不是 LNSRGDP 的格兰杰原因，说明日本对山东省的投资并没有促进山东省 GDP 的增长。这一结论与国内的主流研究不一致。江小娟（2004）研究了 FDI 对中国产出增长、研究开发能力、技术进步等多种因素的作用，结果表明，FDI 对中国经济增长起着推动作用，并且能够提高经济增长质量和引起经济增长方式路径的改变。[③] 严冀等（2005）指出，通过影响国内的技术进步和市场环境，FDI 对经济增长起着明显的促进作用。[④] 但是，山东省国内经济增长对日本

---

　　① Leonard K. Cheng, Ym K. Kan（2000），"What Are the Determinants of the Location of FDI? The Chinese Experience," *Journal of International Economics*, 379 – 400.

　　②《山东省是日企重点考虑的地方》，http：//news. sina. com. cn/o/2009 – 11 – 02/060016537245 s. shtml。

　　③ 江小涓：《吸引外资对中国产业技术进步和研发能力提升的影响》，《国际经济评论》2004 年第 2 期。

　　④ 严冀、陆铭、陈钊：《改革、政策的相互作用和经济增长——来自中国省级面板数据的证据》，《世界经济文汇》2005 年第 1 期。

对鲁投资在统计上产生了影响，这一结论与 Alan A. Bevana 和 Saul Estrin（2004）的研究一致。Alan A. Bevana 等通过双边面板数据模型对 1994—2000 年的德国、日本、瑞士、波兰等 20 多个国家的数据进行实证分析，得出结论认为，东道国的 GDP 水平越高，就越能够吸引外商直接投资。[1]

山东省的人均 GDP 与山东省从日本的进口之间存在着长期的正相关协整关系，但是不存在因果关系，这说明尽管从数据上来看二者呈现出协整发展的关系，但无法证明山东省 GDP 的扩大促进了对进口产品的需求，反过来也无法证明从日本的进口促进了山东经济的发展。Mazumdar（1996）在索洛模型和资本积累理论的基础上进行研究，指出只有当一国出口消费品而进口资本品时，贸易才能够带来经济的增长，而出口资本品和进口消费品时却未必能够带来经济的增长，即贸易能否促进增长取决于贸易的结构和方向。通过对高新技术、重要生产设备以及关键性短缺资源的进口，可以有效地提高生产率和促进技术进步，进而拉动经济增长。在中国进行供给侧改革的大环境下，不断优化进口商品结构，必定会对山东省从日本的进口产生影响，这也是开展对日经贸合作要正视的问题之一。

---

[1] Alan A. Bevana, Saul Estrin, "The Determinants of Foreign Direct Investment into European Transition Economies," *Journal of Comparative Economics*, 2004, (32): 775–787.

第七章　鲁日经贸合作中的
政治关系因素

第一节　中日政治关系环境

安倍在 2012 年再次执政以后，日本经济外交战略随着中日两国政治关系的变化出现了一定的改变，中日两国经贸关系受到两国政治关系的严重影响。面对中国提出的"一带一路"构想，积极为亚洲提供基础设施建设的经济战略，安倍一方面继续鼓励日本企业采取"中国加一"战略，并为日资企业投资东盟而巩固、加强日本和东盟的外交关系，另一方面采取外交对冲行为，通过亚洲银行等日本现有的控制平台与中国进行竞争。特别是随着美国不断强调对华抑制，日本出于安全和经济考量，开始克服国内政治经济困难，接受美国的邀请，积极投入 TPP 谈判。[①] 日本开始主动加强与东盟国家的经济合作，努力在官方层面推动日本与东盟各国经济关系的加强。

日本贸易振兴机构 2014 年 8 月 7 日发布的数据显示，2013 年，日本对外直接投资较 2012 年增长 10.4%，达 1350 亿美元，其中对华投资减少 32.5%，降至 91 亿美元，而对东盟国家投资增加了 2.2 倍，猛增至 236 亿美元。[②] 据《马尼拉公报》2016 年报道，日本贸

[①]　由于美国新任总统特朗普反对 TTP，日本开始寻求新的对外经济发展战略。
[②]　《日对东盟投资扩大至对华 2.6 倍 系因中日关系恶化》，http://www.chinadaily.com.cn/hqgj/jryw/2014 - 08 - 11/content_ 12173225. html。

易振兴机构最新数据显示，日本在东盟投资步伐正逐渐加快。2015年，日本在东盟10国的直接投资额为20.1万亿日元（约1809亿美元），是2010年的3倍，且日本在东盟直接投资额已连续三年超过中国（包括中国香港）。日本国际协力机构的一项调查发现，56%的日本企业倾向于扩大其在新加坡、泰国、印度尼西亚、马来西亚和菲律宾等国的投资。① 日本与东盟各国经贸关系的强化，降低了中日经贸合作的紧密程度，使山东省与日本的贸易、投资增长受到了一定的影响。

一 日本鼓励实施"中国加一"战略，以规避在华投资经营风险

安倍再次上台以后，出于抑制中国的政治目的，阻止中国崛起，积极推进"中国加一"战略，针对在华遭遇政治困境的日资企业，鼓励其撤出中国，前往东盟国家投资，还实施优惠政策鼓励在华的日本低端制造企业在南亚和非洲参与投资发展，同时鼓励中高端日资企业回国以创造更多的就业机会。

"中国加一"战略最早是由日本企业在2005年中国出现反日游行示威后提出的。2005年4月5日，日本文部科学省审议通过扶桑社出版的《新历史教科书》，以"新历史教科书编写会"为代表的日本右翼势力企图美化侵略历史，否定侵略罪行，激起了中国民众的普遍愤怒，由此引发了中国各地反日大游行，部分日本企业的生产经营受到了影响。为规避政治风险，同时寻求更具竞争力的低劳动力成本区位优势，日本企业开始加大对东南亚国家的投资步伐，因此"中国加一"战略开始在日本企业界实行。

"中国加一"战略可以解释为：由于中国的劳动力成本不断提升，发达国家为规避在中国的投资风险，把原本对中国直接投资的一部分

---

① 《日本在东盟投资额连续三年超过中国》，http：//finance. sina. com. cn/roll/2016 - 06 - 04/doc - ifxsvexw8427807. shtml。

迁移至中国周边某个第三方国家。第三方国家往往劳动力资源充沛，生产成本远低于中国，首选的第三方国家是东盟成员国，如越南、印度尼西亚、泰国等。①

中国是亚洲发展中国家中对外开放比较早的国家，自改革开放以来，由于大力招商引资，加上廉价的劳动力成本、稳定的经济发展宏观环境，吸引了大量外商来华投资，加上中国的人口规模优势以及资源优势，中国最终发展成为世界上规模最大的制造业大国。中国已经拥有在服装、电子机器、家电、摩托车等领域的全球最大生产规模，并且成为最大出口国。目前全世界粗钢的23%、彩电的25%、手机的27%、水泥的37%、汽车的40%、计算机的45%、摩托车的50%、电话机的53%、相机的72%、纺织品的85%产自中国，且生产份额均为全球最大，被外国称为"世界工厂"②。

日本在华投资一直排在前列，2012年，日本对华直接投资达到最高值，为73.52亿美元，经历了2013—2015年连续三年的下滑后，2016年小幅增长1.7%。日企在华制造的产品除了一部分出口到其他国家或者返销日本外，还有一部分满足中国国内市场的需要，日资企业在中国的直接投资获得了丰厚的回报。可以说，日企在华的投资既是低成本驱动型也是目标市场追求型。

自2005年以来，中国劳动力价格显著上升，尤其是依赖内地劳动力的东部沿海地区，一线生产工人的薪酬高出周边国家一倍以上。牛津经济研究院在2016年3月发布的一份研究报告显示，2003年，中国的劳动力成本仅为美国的四成左右，但2012年就已经接近美国的成本。报告当时预测，2016年，中国的劳动力成本仅比美国便宜4%。而与中国相比，日本、墨西哥、印度的劳动力成本要低一些，

---

① 梁志坚、阮明德：《日本"中国加一"战略及其对越南投资的影响》，《国际经济合作》2014年第5期。

② 世界工厂，http://baike.so.com/doc/5568097 - 5783256.html。

其中印度劳动力成本仅为中国的三成多，日本也仅为中国的百分之七八十。① 尽管这份报告的数据引发了很大争议，我们对此也持怀疑态度，但这至少说明中国的劳动力成本确实在不断上升。劳动力成本的上升给以追求低成本优势为主要目的的部分日本投资企业带来了巨大的压力，加之当时不断攀升的人民币汇率以及紧张的中日关系，部分日商开始缩减在华投资，转到廉价劳动力资源比较丰富的其他国家寻找商机。

日资企业之所以实施"中国加一"而不是撤出中国的战略，主要是因为日本企业既想继续利用中国的区位优势，又想规避风向和降低生产成本，同时还想抓住中国庞大的消费者市场。日本贸易振兴机构于 2016 年开展了《2015 年度亚洲、大洋洲日资企业活动实况调查》，对日本企业在华业务的经营情况、今后的发展态势进行了分析，结果显示，从行业类别来看，食品业、运输机械、批发零售业等定位于中国内需市场的行业继续留在中国并扩大投资的愿望较强，而以出口为主的行业，例如纤维业，企业扩大业务规模的意愿较为薄弱。②

面对全球日益激烈的竞争，日本企业认识到必须利用原来建立的企业继续在中国生产以满足中国市场的需要，如果将原本在华的直接投资全部转移到中国周边的第三国，虽然可以获取更为廉价的劳动力，但会失去中国的市场以及相对成熟的技术与资本。另外，到中国周边国家投资并不一定意味着成功，因为尽管东南亚的越南、印度尼西亚等国家的劳动力成本相当于中国的一半，但由于投资这些国家也面临着通货膨胀、基础设施建设落后、法律系统不健全、工人劳动效率低以及文化差异所带来的管理冲突等风险。因此，"不在中国"、撤出中国的风险并不比继续留在中国的风险低，在此背景

---

① 《2016 年中国的劳动力成本仅比美国便宜 4% 生产力与美国比还差很多》，http：//www.ocn.com.cn/chanjing/201603/fqtwr18084207.shtml。

② 王莉莉：《日本对华投资金额将呈上升趋势》，《中国对外贸易》2016 年 2 月 15 日。

下，实施"中国加一"战略可以有效地降低风险，又可以保存既得利益，同时还可以抓住中国高收入阶层消费者数量不断增加而带来的利润。

二　安倍政府积极访问、援助东盟，为经贸合作拓展空间

安倍再次上台以后，首访选择了东盟国家，并在不到一年的时间内完成了对东盟十国的轮访，一个重要意图就是拉近与东盟各国的关系，在政治上牵制中国，在经济上寻求与东盟更深入的合作。

2013 年 1 月，安倍将越南、泰国和印度尼西亚三国作为他就任首相后的首次出访地；5 月，安倍访问缅甸，带去 30 多家企业的高管，显示出日本对缅甸经济的支持；7 月，安倍对马来西亚、新加坡和菲律宾三国进行访问；对文莱的访问是安倍 10 月借参加东盟峰会进行的；11 月，安倍访问了柬埔寨与老挝。

日本加大对东盟国家的援助，通过援助拉近与东盟国家的关系，为经贸合作拓展空间。2013 年 7 月 26 日，安倍访问菲律宾时承诺，以日元贷款形式向菲方提供 10 艘海岸警卫队巡逻艇和总额 100 亿日元（约合 1 亿美元）的"备用贷款"，用于灾后重建。安倍还向菲方提出一揽子建议，包括城市基础设施建设开发、接受菲籍护士和护工赴日工作、增加两国间定期航班数等。①

据日本媒体报道，由日本政府主办的日本—东盟特别首脑会议于 2013 年 12 月 13 日在日本东京召开。会议期间，安倍承诺向缅甸提供 630 亿日元贷款，主要用于缅甸国内铁道网改建等。此前，安倍已在 2013 年 5 月宣布向缅甸提供总计超过 900 亿日元的贷款和无偿援助。加上这一次的 630 亿日元，安倍政府向缅甸提供的经济援助总额超过 1500 亿日元。日方宣布向老挝提供 104 亿日元资金援助，帮助其消

---

① 《安倍向菲律宾提供 10 艘巡逻艇》，http：//news. sina. com. cn/w/2013 – 07 – 28/022827789574. shtml。

除贫困；为越南基础设施建设提供 960 亿日元贷款，并向越南提供巡视船，加强越方海上警备能力。①

据日经中文网报道，2014 年 11 月 14 日，参加东亚峰会的日本首相安倍晋三与东盟（ASEAN）轮值主席国缅甸总统吴登盛在首都内比都举行会谈时，承诺向缅甸提供总额达 260 亿日元的贷款，以支援缅甸的基础设施建设。②

2015 年 3 月 23 日，日本首相安倍晋三在首相官邸与印度尼西亚总统佐科·维多多进行了约 45 分钟的会谈，并发表了包含投资、贸易在内的促进合作方针的共同声明。核心内容是着力举行与基础设施建设等经济、产业合作有关的部长级对话和培育产业人才，在城市高铁等项目的建设方面，日本将向印度尼西亚提供约 1400 亿日元的贷款。③

2016 年 9 月 6 日，东盟领导人会议在老挝万象开幕，安倍又不断会晤东盟国家首脑，主动提供经济和军事援助。承诺贷款给菲律宾 165 亿日元、缅甸 1250 亿日元、越南 228 亿日元；为帮助东盟加强反恐合作，计划在三年内提供约 450 亿日元（约合人民币 30 亿元）援助并培养约 2000 名相关人才。④

三 "中国威胁论"恶化了中日经贸合作环境

"中国威胁论"实质上是西方及周边相关国家，基于自身危机意识，缘于形形色色的利益因素而抛出来的，以制约中国崛起的一

---

① 《日本与东盟特别首脑会议在东京开幕》，http：//www. chinanews. com/gj/2013/12 –13/5619064. shtml。

② 《安倍表示向缅甸提供 260 亿日元贷款》，http：//finance. sina. com. cn/360desktop/world/20141113/133020808152. shtml。

③ 《日本将向印尼高铁等提供 1400 亿日元贷款》，新浪网（http：//finance. sina. com. cn/360desktop/world/20150324/113721794284. shtml）。

④ 《安倍两天砸了多少钱：缅甸 1250 亿越南 228 亿菲 165 亿》，观察者网（http：//military. china. com/news2/569/20160909/23510444_ all. html）。

种政治手段，是冷战时期"零和"思维在新的时代条件下的体现和反映。[1]"中国威胁论"在一定程度上损害了中国的形象，阻遏了中国的发展步伐，增加了周边国家对中国的不信任，阻碍了中国与之开展国际经贸合作的步伐，中日经贸合作自然也不例外。

"中国威胁论"是指随着中国经济持续的高速增长，"中国崛起""强国战略"等充斥媒体，有人认为，中国比欧美的体制和发展模式更有效，中国将取而代之。[2]伴随着中国综合国力的不断上升，中国在国际政治、经济、军事领域的地位不断提高，一个日益强大的中国使以美国、日本为首的国家感到焦虑，担心中国的快速发展会对其经济利益、国家安全造成影响，因此不断在国内散布"中国威胁论"，尤其是在国内经济出现问题、当局政府领导受质疑或者国内政权发生更迭期间，为转移民众注意力，或为博得民众选票，"中国威胁论"就成了某些国家右翼分子煽动国民对华对抗的惯用工具。尤其是日本，随着 20 世纪 90 年代以来的长期经济衰退，安倍上台后，尽管实施了安倍经济学以刺激经济增长，但收效甚微，而中国则保持着高速增长，并于 2009 年在经济总量上超过日本，一跃成为世界第二产值大国，面对曾经的弱国超越自己，日本政府产生了强烈的失衡心理与危机感，散布"中国威胁论"成为日本右翼政治分子遏制中国发展的一种手段。

由于日美不遗余力地散布"中国威胁论"，在一定程度上恶化了中国与相关国家的发展环境，使中国在国际经贸发展中不得不面临更加复杂的国际环境，不得不承受更多的外部压力。"中国威胁论"也增加了我们同世界其他国家的经济摩擦。近年来，中国同一些国家的经济摩擦事件不断增多，中国已经成为世界上遭受反倾销次数最多的

---

① 释清仁：《从容淡定应对"中国威胁论"》，《中国青年报》2012 年 4 月 6 日第 9 版。

② 《中国威胁论》，http：//baike. so. com/doc/5397699 - 5635042. html。

国家，不能说与广泛散布的"中国威胁论"没有关系。

"中国威胁论"为某些大国人为地阻遏中国企业走向世界提供了政治借口。近年来在海外经济活动中，中国企业收购海外资产的多起商业行为，都因某些国家以危害本国经济安全等借口横加干涉而终致流产。① 例如，据 FT 中文网，私人股权集团黑石放弃了把加州圣迭戈地标性的科罗纳多酒店（Hotel del Coronado）以大约 10 亿美元出售给中国安邦保险的计划，这是因为该酒店靠近一个敏感的美国海军基地；2016 年 8 月，澳大利亚政府则以国家安全为由，阻止了中国国家电网公司和香港公司长江基建买下该国最大配电网络 76 亿美元的控股股权；据参考消息网，飞兆半导体（Fairchild Semiconductor）则于 2016 年初拒绝了华润集团和清芯华创发出的 26 亿美元的收购要约，原因是担心会受到美国监管机构的阻挠。据 FT 中文网统计，自 2015 年年中以来，总计近 400 亿美元的中资收购计划遭到否决。②

四　周边国家扩大对日经贸合作力度，影响了部分日企在华的投资

在因中日关系紧张而削弱了中国对于部分日本企业的吸引力之际，东南亚的潜力和低劳工成本则推动了日本对该地区投资的持续增长。据菲律宾 GMA 电视台 2010 年 11 月 10 日报道，菲律宾总统阿基诺当天在记者会上表示，希望在出席日本举行的亚太领导人峰会期间吸引日本企业到菲律宾投资。趁钓鱼岛事件，菲律宾工业贸易部副部长潘里里奥表示，菲律宾正在与 15 家日本公司联络，以最优惠条件邀请他们把工厂从中国迁往菲律宾，他表示，此举并非"挖墙脚"。为了吸引日资，潘里里奥表示，菲律宾政府将向日企提供税收优惠政

---

① 释清仁：《从容淡定应对"中国威胁论"》，《中国青年报》2012 年 4 月 6 日第 9 版。

② 《给钱都不卖 中国企业收购国外资产为啥总是被拒绝》，http：//news. 163. com/16/1026/09/C49TFTEL0001875N. html。

策、高等教育人才，以及稳定的经济发展环境。菲律宾总统阿基诺发誓要通过反腐创造良好的投资环境。

据经济之声交易实况报道，菲律宾总统访问日本，关注灾后日本中小企业的发展，并用一系列优惠政策吸引日本中小企业赴菲律宾投资。据菲律宾《星报》2012 年 3 月 19 日报道，日本贸易振兴会社（JETRO）对本地区 7 个国家吸引外国直接投资的情况进行了研究，并将研究结果提供给菲律宾投资署，日本贸易投资机构称菲律宾已成为亚洲最具吸引力的投资地。[1] 据《菲律宾星报》2016 年 8 月 1 日报道，瑞士信贷银行在一份报告中指出，随着中国对外资吸引力的逐步下降，东盟地区正成为吸引外来投资的热门之地，作为成员国之一的菲律宾表现不俗，外资流入额已超过泰国。截至 2016 年 4 月底，菲律宾吸引收国直接投资额达 80 亿美元，超过 2015 年 60 亿美元的纪录。数据显示，激增的投资额主要来自美国和日本。[2]

在加强与日本经贸合作方面，越南也不遗余力。近年来，越南一直保持着经济增速快且发展稳定，基础设施大幅改善，加之低廉的劳动力与土地使用成本以及各种优惠的投资和贸易政策，引起了众多日本企业特别是机械工程行业的投资兴趣，越南已经成为日本机械工程公司投资东南亚的首选目的地。越南计划投资部外国投资局副局长称，截至 2016 年 9 月底，日本在越南投资超过 1500 个制造和加工项目，价值近 330 亿美元。日本是目前越南的第二大投资者，投资项目超过 3200 个，迄今为止注册资金超过 420 亿美元。未来双方将在电子、农业机械、农渔业加工、造船、汽车及配件生产以及环境和能源六个行业加强合作。[3]

---

[1] 《日本贸易投资机构称菲律宾已成为亚洲最具吸引力的投资地》，http://www.mofcom.gov.cn/aarticle/i/jyjl/j/201203/20120308024843.html。

[2] 《瑞士信贷银行：菲律宾外资吸引力逐步上升》，http://finance.sina.com.cn/roll/2016-08-01/doc-ifxunuyk4303605.shtml。

[3] 《越南成为日本企业在东南亚第一大投资目的地》，http://www.mofcom.gov.cn/article/i/jyjl/j/201611/20161101831842.shtml。

五　美国的"亚太再平衡"战略影响了日本对华关系的发展

奥巴马就任美国总统以后，开始调整美国的全球战略部署，将战略重心东移。2010年，奥巴马在接受采访时就表示要增加美国在东亚地区的影响力，2011年10月，《外交政策》杂志发表了国务卿希拉里的署名文章《美国的太平洋世纪》，提出"今后10年，美国外交策略最重要的使命之一是大幅增加对亚太地区外交、经济、战略和其他方面的投入"。2011年11月，奥巴马在夏威夷举行的APEC峰会上，正式提出美国"转向亚洲战略"。

在"重返亚洲"的外交主导下，美国加强了对亚太国家的高层外交，通过多边对话机制与多个亚太国家或地区组织建立起紧密联系，力推《跨太平洋伙伴关系协议》（TPP），通过军事上的周密部署，强力推动其战略重心向亚太转移，在政治、经济、军事等方面开展务实合作，推动重返亚太战略取得实质性进展。美国不仅全面提升了与日韩和澳大利亚等国的传统盟友关系，而且与越南、印度、印度尼西亚、菲律宾、新加坡等国建立某种准军事关系。尽管奥巴马再次当选后，实施相对温和的"亚太再平衡"战略，但实质上并未有太大变化，遏制中国经济崛起与军事力量发展和恶化中国与周边国家关系以借此牵制中国仍然是美国战略重心向亚太转移的两个主导因素。[①]

美国战略重心向亚太转移促使美日盟友关系不断加强，日本配合美国"亚太再平衡"、强化同盟军事合作的种种举措，对中日关系持续造成负面冲击与影响。[②] 在钓鱼岛问题上，美国公然偏袒和支持日本，使中国与日本的钓鱼岛争端更加复杂化。在东海钓鱼岛争端中，日本单方面改变法理状态，打破中日默契，这是钓鱼岛问题恶化的原

---

① 宋雪梅：《美国重返亚太及其背后的中国因素》，《国际问题》2014年第4期。
② 吴怀中：《战后中日关系轨迹、特征与走向》，《国际问题日本学刊》2015年第6期。

因。而日本敢这么做，一个背景就是美国回归亚太地区，并且在这个问题上采取偏袒日本的立场。[①] 新总统特朗普反对 TPP，他在上台后就宣布美国退出 TPP，但由于日本安倍政府同意承担部分驻日美军的军费开支，两国的军事同盟关系仍然十分牢固。这种依傍西方强国的结果是使日本更加肆无忌惮地歪曲侵略历史、不断扩大军备开支、解禁集体自卫权、推行新安保法，由防御型国防向进攻型国防发展的意图明显，日本政府军国思想的再现使原本脆弱的中日关系前景更加模糊，两国的经贸关系不可避免地会受到影响。

第二节　中日政治关系环境对鲁日经贸关系影响的实证分析

一　已有研究成果回顾

同为世界经济大国与贸易大国，中日之间的政治关系同双边经贸合作关系引起了国内外许多学者的关注，学者们从不同的角度进行了问题分析，形成了丰富的研究成果。

刘江永（2006）分析了 2005 年前后中日政治关系变化与贸易增速变化，认为中日之间存在着"政冷经温"现象。康成文（2014）从双边货物贸易、FDI 及其企业经营业绩、双边旅游服务贸易三个方面分析了钓鱼岛争端对中日两国经济的影响，得出结论，钓鱼岛争端对中日两国经济有负面影响，改善中日关系有利于更好地发挥两国的比较优势和经贸共赢。

江瑞平（2016）认为，2012 年 9 月，日本政府"购买"钓鱼岛，导致中日政治关系急剧恶化。政治关系持续恶化，导致中日经济关系陷入困境，并对两国经济发展造成严重影响。尽管在 2014 年 11 月亚

---

① 金灿荣、刘宣佑、黄达：《"美国亚太再平衡战略"对中美关系的影响》，《东北亚论坛》2013 年第 5 期。

太经合组织第 22 次领导人非正式会议前后，中日政治关系走出谷底，逐步转暖，却仍未能走出困境，以致形成这种令人担忧的"政温经冷"局面。

也有学者运用一定的模型与统计学方法对中日政治关系对经贸关系的影响进行了研究。S. P. Armstrong（2012）基于前沿引力模型，利用 1986—2006 年数据，对中日政治关系对双边贸易的影响关系进行了分析，得出中日政治关系的紧张并没有对贸易关系造成影响的结论。[①]

徐奇渊、陈思翀（2014）基于内生结构断点的方法，以 2008 年第二季度、2010 年第三季度为分界点，将 2002—2012 年中日政治关系划分为三个阶段。在此期间，政治关系对双边贸易的影响经历了三种状态：较弱、无影响、显著影响。首先，由于政治关系的影响较弱，经济上的有利因素容易抵消政治的负面影响，因此表现出了"政冷经热"的特点。其次，政治关系恶化对贸易的影响显著加强，同时经济指标走弱，由此出现了"政冷经冷"的特点。结果还显示，由于双边关系紧张，2012 年，中国对日本出口潜在损失为 313 亿—318 亿美元，日本损失为 368 亿—379 亿美元，高出中国近 20%。

中日政治关系冷热变化不定，不同时期的双边政治关系波动很大，学者们研究的时期不同，研究方法不同，得出的结论也不同。但可以肯定的是，近年来，中日之间政治关系对双边贸易确实产生了影响。借鉴已有的研究成果与研究方法，本节实证分析中日政治关系环境对鲁日经贸关系的影响。

二 中日政治关系环境对鲁日经贸关系影响的实证分析

（一）数据来源

为了定量研究中日政治关系环境对鲁日贸易的影响，首先需要对

---

① S. P. Armstrong, "The Politics of Japan-China Trade and the Role of the World Trade System," *The World Economy*, Vol. 35, No. 9, 2012, pp. 1102 – 1120.

中日双边政治关系进行度量。就政治关系如何影响贸易关系这一问题的实证研究，学术界的一般研究思路是基于贸易理论的引力模型，引入政治距离的概念，从而研究政治距离给贸易带来的影响。政治距离指标是用来测量两国政治关系亲密、疏远程度的，其基本的测量方法是将双边新闻事件区分为正面事件与负面事件，然后按照重要性进行赋值，最后加总，获得测量的结果。但是，使用政治距离概念对引力模型进行框架扩展，进而使用面板数据研究当前的中日政治和经济关系。但是这种方法存在着面板数据分析方法的横向实用性不佳，样本频率不够以及转口贸易难以处理等问题[1]，借鉴徐奇渊、陈思翀的观点，我们使用时间序列的方法，利用清华大学国际问题研究所发布的中日关系指数[2]来测量中日政治关系。

因为我们得到的是年度进出口贸易数据，而"中外关系数据库"中的中日关系指数是按月编制的，所以需要将原指数转化为年度指数。考虑到贸易合同执行的滞后性特点，参考徐奇渊、陈思翀的研究，我们设定三个月的滞后期，采用简单算术平均法，将上一年度的最后三个月与本年度头九个月的指数进行简单算术平均，将计算结果作为本年度中日政治关系的测量指标。最终得到的各年中日政治关系数值见附表22。因为得到的测量指数有负值，所以采用半升梯形模糊隶属度函数对1998—2015年的数据进行标准化，得到最终的中日政治关系测量指标，记作LNPOLI。具体的指标值详见附表23。

由中日政治关系分值变动趋势图可以看出，1998—2004年的中日政治关系尽管渐趋紧张但总体发展状态平稳良好，政治关系分值为正；2005—2007年政治关系分值处于0以下，双方关系恶化；

---

① 徐奇渊、陈思翀：《中日关系紧张对双边贸易的影响》，《国际政治科学》2014年第1期。

② 以阎学通等对双边关系衡量的研究作为理论基础，清华大学国际问题研究所对中国与美、日、俄、英、法、德、印七个大国的外交事件进行整理，然后将双边关系量化，编制得到了"中外关系数据库"。

2008—2012 年双方政治关系趋暖，2013 年以来则出现快速下降局面。显然，中日政治关系分值表现了两个重要拐点，即 2005 年与 2012 年。但从整体趋势线来看则呈现出下降态势。

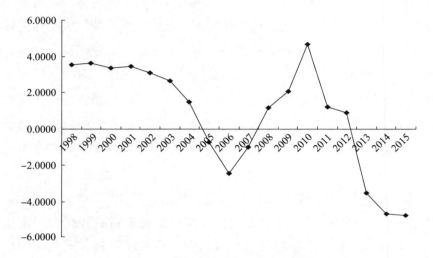

图 7.1　中日政治关系分值变动趋势

从前面的分析可以发现，每当中日政治关系出现紧张时，双方的贸易与投资的增量就会发生波动，因此选择鲁日之间的贸易与投资的增量作为研究对象显得比较客观。这里选择山东省对日出口增长率、山东省从日进口增长率、日本对山东省直接投资增长率三项指标来反映鲁日之间经贸关系的变动，取对数后分别记做 LNEX、LNIM 和 LN-JDI。

（二）平稳性检验

进行协整检验的前提是，各变量是同阶单整的非平稳时间序列，或者是平稳的时间序列，因此，首先运用 ADF 法对各个变量序列进行平稳性检验。利用 ADF 方法对取过对数的变量序列 LNEX、LNIM 与 LNCYJG 进行平稳性检验的结果见表 7.1。

表 7.1　　　　　　　　　　　变量的单位根检验结果

变量	检验类型（C，T，K）	ADF 检验值	5% 临界值	10% 临界值	P 值	结论
LREX	C，T，3	−3.771704	−3.733200	−3.310349	0.0469	平稳*
LRIM	C，T，3	−5.143977	−3.733200	−3.310349	0.0044	平稳*
JRDI	C，T，3	−4.806255	−3.733200	−3.310349	0.0079	平稳*
POLI	C，T，3	−4.275889	−3.791172	−3.342253	0.0231	平稳*

注：检验形式（C，T，K）中的 C，T 和 K 分别表示单位根检验方程包括常数项、时间趋势和滞后阶数，其中在滞后期的确定是按 AIC 或 SC 最小原则由系统自动完成。LREX 是原序列，DLREX 是一阶差分序列，DDPOLI 是二阶差分序列。* 表示在 5% 的显著性水平下序列平稳。

　　检验结果表明，在 5% 的显著性水平下，时间序列 LREX、LRIM、JRDI、POLI 的 ADF 统计量的绝对值均大于临界值，说明时间序列 LREX、LRIM、JRDI、POLI 均不存在单位根，均是平稳的时间序列。

　　（三）协整检验

　　EG 两步法是检验两个变量之间协整关系的方法。为了分析时间序列 LREX、LRIM、JRDI 分别和 POLI 之间是否存在协整关系，需要先做两个变量之间的回归分析，得到回归方程后再对残差的平稳性进行检验；如果得到的残差平稳，说明两变量之间存在协整关系，否则，不存在。

　　1. 时间序列 LREX 与 POLI 的协整关系

　　以 POLI 为自变量，以 LREX 为因变量，用 OLS 回归方法得到回归模型。

$$LREX = 7.721146 + 2.418281\ POLI$$

$$T = （3.139883）\qquad（2.810543）$$

$$R^2 = 0.344954\qquad F = 7.899150\qquad DW = 1.989745$$

　　从估计结果来看，方程的 T 检验全部通过，无自相关，$R^2 = 0.344954$ 表明还有其他变量影响着 LREX，这符合实际情况。接下来生成残差 RDLREX 并检验残差的平稳性，结果见表 7.2。时间序列 LREX 与 POLI 的回归方程的残差序列 RDLREX 是平稳的，因此，时间序列 LREX 与 POLI 之间存在协整关系。

表 7.2 残差变量的单位根检验结果

变量	检验类型 (C，T，K)	ADF 检验值	5% 临界值	10% 临界值	P 值	结论
LREX	C，0，3	−3.736463	−3.065585	−2.673459	0.0142	平稳*
RDLRIM	C，0，3	−4.113976	−3.065585	−2.673459	0.0069	平稳*
RDJRDI	C，0，3	−5.855334	−3.065585	−2.673459	0.0003	平稳*

说明：检验形式（C，T，K）中的 C，T 和 K 分别表示单位根检验方程包括常数项、时间趋势和滞后阶数，其中滞后期的确定是按 AIC 或 SC 最小原则由系统自动完成的。LREX 是原序列，DLREX 是一阶差分序列，DDPOLI 是二阶差分序列。* 表示在 5% 的显著性水平下，序列平稳。

2. 时间序列 LRIM 与 POLI 的协整关系

LREX = 9.927384 + 1.632239POLI

T = （1.777498）　　（0.835237）

接下来生成残差 RDLRIM 并检验残差的平稳性，结果见表 7.2。时间序列 LRIM 与 POLI 的回归方程的残差序列是平稳的，因此，时间序列 LRIM 与 POLI 之间存在协整关系。

3. 时间序列 JRDI 与 POLI 的协整关系

JRDI = 7.399766POLI

T = （2.257653）

$R^2 = 0.167942$　　F = 0.54409362085　　DW = 2.604576

接下来生成残差 RDJRDI 并检验残差的平稳性，结果见表 7.2。时间序列 JRDI 与 POLI 的回归方程的残差序列是平稳的，因此，时间序列 JRDI 与 POLI 之间存在协整关系。

（四）格兰杰因果关系检验

通过对变量序列 LREX、LRIM、JRDI 分别和 POLI 进行格兰杰关系检验，发现在 5% 的显著性水平下，LREX 与 POLI 不互为格兰杰原因；但是，在 5% 的显著性水平下，JRDI 是 POLI 变动的格兰杰原因，LRIM 是 POLI 变动的格兰杰原因。

表 7.3　　　　　　　　　　格兰杰因果关系检验结果

原假设	观测值	F 统计量	P 值
POLI 不是 JRDI 的格兰杰原因	16	11.7806	0.0045
JRDI 不是 DPOLI 的格兰杰原因	16	0.22485	0.6432
POLI 不是 LREX 的格兰杰原因	15	0.83341	0.4626
LREX 不是 POLI 的格兰杰原因	15	0.22063	0.8058
POLI 不是 LRIM 的格兰杰原因	16	0.29291	0.5975
LRIM 不是 POLI 的格兰杰原因	16	5.71304	0.0327

（五）数据分析与结论

由中日政治关系分值变动趋势（见图 7.1）可以看出，1999—2004 年的中日政治关系稳步趋好，2005—2012 年逐步下降，2013 年以来则快速下降，中日政治关系分值表现了两个重要拐点，即 2005 年与 2012 年。这与徐奇渊、陈思翀的断点时间略有不同。在研究中日关系紧张对双边贸易的影响时，徐奇渊、陈思翀基于内生结构断点的方法，以 2008 年第二季度、2010 年第三季度为分界点，将 2002—2012 年中日政治关系划分为三个阶段。出现断点时间不一致的主要原因可能是，本研究采取的是年度数值，而徐奇渊、陈思翀在研究中采用了季度数据。

由协整关系检验结果得知，鲁日之间的进口、出口以及日本对鲁直接投资与中日之间的政治关系具有协整性，也就是说，从长期来看，中日之间的政治关系变动与鲁日之间的经贸与投资合作具有一致性。但是中日政治关系的变动并不是鲁日进口与出口贸易的格兰杰原因，也就是说，鲁日贸易增长率的变动与中日政治关系没有直接的相关性。但中日政治关系是日本对鲁投资的格兰杰原因，说明中日政治关系对于日本对山东省的投资产生了直接影响。这一结论与前述徐奇渊、陈思翀的研究结果不完全一致。

中日政治关系对于双方的贸易与投资有影响这一结论得到了学术界的认同，但就山东一个省来说，情况未必如此。因为山东省具有特定的地缘优势、先进的制造业体系、发达的农产品基地以及多年来与日本的友好城市共建以及两地贸易者之间长期的合作基础，提高了双方贸易抗政治风险的能力。相对于贸易的短期性，日本的对鲁投资受长期的中日政治关系预期影响的程度更大。因此，如何继续巩固已有的鲁日贸易成果，留住并扩大日本对华投资是降低鲁日经贸合作风险研究的重要课题。

第八章　鲁日经贸合作中的
汇率变动因素

第一节　汇率变动的影响因素

　　汇率是一个国家的货币可以转换成其他货币的价格。汇率变动是指货币对外价值的上下波动，包括货币贬值和货币升值。货币贬值是指一国货币对外价值的下降，或称该国货币汇率下跌。货币升值是指一国货币对外价值的上升，或称该国货币汇率上涨。要规避汇率对鲁日经贸合作的影响，必须研究引起汇率变动的因素。尽管引起汇率变动的因素有很多，但最值得关注的还是下面的几个方面。

一　国际收支

　　当一国对外经常项目收入大于支出时，出现顺差，在外汇市场上则表现为外币的供应大于需求，因而本国货币币值上升，外国货币币值下降，在直接标价方法①下，表现为本国外汇汇率下降。反之，当一国国际支出大于收入时，发生逆差，该国外币供不应求，本币币值就将下降，在直接标价法下，表现为本币的外汇汇率上升。另外，国

---

　　①　直接标价法是以一定单位的外国货币为标准来计算应付出多少单位本国货币。在直接标价法下，外汇汇率的升降和本国货币的价值变化成反比例关系：本币升值，汇率下降；本币贬值，汇率上升。

际收支资本项目中的短期资本流动带有很大的投机性，会引起汇率的大幅波动和贬值，对本国经济发展与国际直接投资产生影响。例如，1997 年国际游资投机冲击造成的亚洲金融危机对亚洲国家吸引外资产生了严重的负面影响，造成亚洲许多大型企业的倒闭，工人失业，社会经济萧条。

二 通货膨胀率的差异

当本国出现通货膨胀时，以本币标价的商品成本会加大，在汇率保持不变的条件下，该国出口商品以外币表示的价格必然上涨，价格竞争力就会被削弱，同时进口商品在本国市场上的竞争力会增加，从而改变经常账户收支。如果本国通货膨胀率超过贸易伙伴国，就会引起本币贬值，即本币对内贬值必然引起对外贬值。反之，相比于通货膨胀率较低的伙伴国家的货币则会趋于升值。通货膨胀率还会影响实际利率的国际差异，改变人们对货币的交易需求量以及对债券收益、外币价值的预期，引起国际资本流动，也会对汇率变动产生影响。

三 利率水平

在市场经济条件下，利率和汇率高度相关，二者的变动互相制约，尤其是利率对汇率的影响十分明显，并共同对一国货币供应量和内外均衡形成影响。各国利率水平的差异，可通过影响经常项目收支以及国际短期资本的流动，对汇率的变动产生一定的调节作用。利率政策通过影响经常项目进而对外汇汇率产生影响的机理表现为：利率上升，居民储蓄存款增加，企业贷款成本上升，使出口商品竞争力下降，出口额减少，引起国际收支转向逆差，带来本币贬值压力或直接导致本币贬值。反之，本国利率下降，会推动本币币值升值。利率通过影响国际短期资本流动间接地对汇率产生影响的作用机理表现为：利率上升，在资本趋利作用下吸引国际资本流入，外汇的供给增加，对本币的需求上升，在供求关系调节下使本币汇率币值上升、外汇币值下降。反之，本币利率的下降会导致国际短期资本流出增加，对本币的需求减少，促使外汇币值上升、本币币值下降。本、外币资金供求的变化导致本国货币汇率的变动。

四　国家宏观经济政策

各国宏观经济政策对汇率的影响主要反映在各国财政政策和货币政策的松与紧的搭配上。一般来说，扩张性的财政、货币政策造成的巨额财政收支逆差和通货膨胀，会使本国货币对外贬值；紧缩性的财政、货币政策会减少财政支出，稳定通货，使本国货币对外升值。例如，日本当前实施的"安倍经济学"，事实上就是宽松的财政政策与货币政策的结合，目的是推动本币对外贬值进而带动出口上升，从而解决内需不足所带来的经济停滞。就中国的人民币汇率来看，相比2016 年全球汇率的大起大落，中国的汇率稳定，在众多发展中国家的表现相对较好。中国外汇投资研究院院长谭雅玲认为："人民币改革方向和产品、工具的有效性，包括人民币的汇率指数以及 SDR，很多配套的工具可能对人民币稳定带来了较好的基本面"。[①]

五　经济增长率

一国货币的基础归根到底取决于经济实力，美元、欧元、英镑等之所以能成为国际货币，是因为这些国家经济发达，保持着稳定增长。一般来讲，高的经济增长率会带动本币的国际地位上升，从长期来看，会有力地支持本币币值的上升。"巴拉萨—萨缪尔森效应"[②]理论从供给角度分析了经济增长对实际汇率的影响，认为当一国经济增长速度在较长时期内高于对比国家时，该国可贸易品生产部门相对

---

① 《宏观经济指标、货币政策导向 助力人民币汇率保持稳定》，央广网，http://news. 163. com/17/0310/15/CF666CL400018AO。

② 《巴拉萨—萨缪尔森效应》，http://wiki. mbalib. com/wiki/巴拉萨—萨缪尔森效应。

不可贸易品生产部门的生产率提高幅度往往会高于对比国家，这使得该国相对于对比国家的实际汇率往往会出现升值趋势。关注日本经济增长率以及中国的经济增长速度的相对变动趋势，有助于分析判断相对于人民币日元币值的走势，最终有助于采取措施规避鲁日贸易中的汇率风险。

第二节　日本量化宽松货币政策

日元的汇率波动在很大程度上是与日本实施的量化宽松的货币政策有关。日本的量化宽松货币政策在解决国内流动性不足、通货紧缩、振兴国内经济的同时，也改变了日本货币的币值，因而形成的日元对外币的贬值对日本的贸易伙伴国的进出口以及经济发展都产生了直接或间接的影响。

一　量化宽松的货币政策

量化宽松货币政策是在金融、经济危机发生或者一国长期处于经济萧条、通货紧缩的状态下，政策当局为提振经济，重塑投资者、消费者信心，摆脱通货紧缩等一系列问题所采取的"非常规"货币政策。常用的手段有大量持续购买中长期国债、资产抵押债券、设立商业票据融资便利、购买银行和企业长期债券等，旨在当政策利率失效时，重新发挥货币政策对市场的调节作用。

在经济发展正常的情况下，央行主要通过法定准备金率、公开市场业务、贴现率这三大主要金融杠杆来保持货币币值的稳定，实现既定利率并以此促进经济的增长；而量化宽松的调控目标则是实现长期的低利率，以促进经济的复苏或者物价的上升，显然，量化宽松政策是在非正常时期推出来的，是在三大主要金融杠杆调控失灵背景下的最后选择。

量化宽松的货币政策最早在 2001 年由日本央行提出，日本央行也成为全球首家采用这一政策的央行。2001—2006 年，为了应对国内经济的持续下滑与投资衰退，日本央行在利率极低的情况下，通过大量持续购买公债以及长期债券的方式，向银行体系注入流动性，使利率始终维持在接近于零的水平。① 通过对银行体系注入流动性，迫使银行在较低的贷款利率下对外放贷，进而增加整个经济体系的货币供给，促进投资以及国民经济的恢复。很多学者认为，正是日本央行在当时果断地采取了量化宽松这种主动增加货币供给的措施，才使日本经济在 2006 年得以复苏。从此"量化宽松"作为中央银行遏制经济危机，刺激经济复苏的手段备受关注。② 2008 年美国次贷危机引发全球性的金融海啸，包括美国、英国在内的许多发达国家为应对经济萧条，把非常规的量化宽松货币政策摆到了宏观调控的重要位置上。

二　日本量化宽松货币政策的实施

2001 年，日本开始第一轮量化宽松的货币政策，通过大量持续购买公债以及长期债券的方式，向银行体系注入流动性。2008 年，美国次贷危机爆发，引发全球经济与金融危机，在美国和英国先后推出量化宽松货币政策之后，日本于 2010 年 10 月启动了第二轮量化宽松货币政策，推出资产购买计划。资产购买计划的主要目的是在短期利率无下降空间的情况下，促进长期利率以及各种风险溢价的下降。

面对国内经济低迷，通货紧缩的困境，2013 年再次执政的日本首相安倍晋三提出了"安倍经济学"，射出金融政策、财政政策和增长战略这"三支箭"，加速实施一系列刺激经济政策，最引人注目的

---

① 一是 1999 年 2 月至 2000 年 8 月：基准利率降至 0；二是 2001 年 3 月至 2006 年 3 月：增加对日本长期国债的直接购买，提升金融机构在中央银行的经常账户存款余额，向市场提供流动性；三是 2009 年：增加国债和公司债、商业票据的购买；四是 2010 年 10 月至 2013 年 3 月：综合性的宽松货币政策，实施低利率＋包括政府和私人部门证券在内的更加广泛的资产购买计划；五是 2013 年 4 月至今：质化量化宽松货币政策，日本央行经常账户存款余额及实际有效汇率变动。

② 量化宽松的货币政策，http：//wiki.mbalib.com/wiki。

就是以增加市场流动性、促进日元汇率加速贬值为核心的宽松货币政策。安倍经济学的基本原理是，通过向市场大量注入资金，造成通货膨胀率提高，日元贬值，出口增加，物价上涨，企业收益增长，员工收入也随之增加，最终摆脱通货紧缩，实现日本经济增长。①

2013 年 4 月 4 日，日本央行宣布推出新的量化宽松政策。日本央行公布的会后决议显示，本轮宽松政策持续时间初步定为两年。公告称，日本央行将提前于 4 月实行开放式 QE，直至实现 2% 的通胀目标，当月购买 6.2 万亿日元日本国债；自 5 月起每月购买约 7.5 万亿日元日本国债，相当于市场上新发行国债流通数量的 70%，其中以 10 年期国债占比最高，另外还包括 40 年以内各种期限国债。此次购债计划被日本央行称为"质、量宽松"的政策，央行此举旨在通过大量买进金融机构所持有的长期国债，为金融市场提供资金、降低长期利率，以达到刺激经济增长的效果。②

日本央行 2014 年 10 月 31 日宣布扩大宽松货币政策，将每年的基础货币宽松规模从目前的 60 万亿至 70 万亿日元扩大至 80 万亿日元；进一步增购国债，从每年 50 万亿日元扩大至 80 万亿日元，同时延长国债的增持期限，从 7 年最长延至 10 年。日本央行为刺激股市，还决定增加购买高风险的股市联动型基金，未来一年将购入 3 万亿日元的交易型开放式指数基金（ETF）和 900 亿日元的房地产投资信托基金（REIT）。③

2015 年 3 月中旬，日本央行举行金融政策会议，决定继续维持既定规模的量化宽松政策，保持每年购入 80 万亿日元的国债，以此向市场提供足够的流动性。④

---

① 安倍经济学，http://wiki.mbalib.com/wiki/% E5% AE% 89% E5% 80% 8D% E7% BB% 8F% E6% B5% 8E% E5% AD% A6。
② 日本宽松货币政策，http://baike.sogou.com/v59837491.htm。
③ 闫海防：《日本推出新版量化宽松政策》，《经济日报》2014 年 11 月 3 日。
④ 闫海防：《日本央行决定维持既定量化宽松政策》，《经济日报》2015 年 3 月 23 日。

2016 年 9 月 21 日，日本央行宣布，维持现有 – 0.1% 的利率不变，且继续实施量化与质化宽松政策（QQE），继续购买日本国债，直至 10 年期国债收益率降至零。[①]

在开放经济条件下，一国的量化宽松货币政策会通过影响本币币值变动进而通过国际贸易这一路径影响本国物价以及双边贸易走向。汇率变动可以通过引起国内和国际市场商品相对价格的变化来影响进出口贸易收支。在马歇尔—勒纳条件[②]成立时，本币贬值可以降低本国产品相对价格而提高国外产品的相对价格，这样本国出口商品价格竞争力增强，进口商品价格上涨，有利于扩大出口量，限制进口，促进贸易收支的改善。汇率变动也可以通过影响国民收入来对贸易收支产生影响。日本的量化宽松政策将主要通过国际贸易渠道和国际金融渠道对其他国家造成影响。从国际贸易渠道来看，量化宽松通过刺激日本经济好转和日元贬值所带来的"J 曲线"效应，增加对相应国家的进口。同时，量化宽松所引发的日元贬值也会影响日本与其他国家的贸易状况，从而对其他国家造成影响。[③]

第三节　日元汇率变动对鲁日经贸合作影响的实证分析

一　已有研究成果回顾

从汇率的基本传导机制分析，汇率的波动通过价格传导机制最终会影响一国或地区的对外经贸发展。但在实践中，汇率的波动对于贸

---

① 《日本再续负利率，对宽松货币政策患上"依赖症"》，http：//world. people. com. cn/n1/2016/1011/c1002 – 28769314. html。

② 马歇尔—勒纳条件是由英国经济学家马歇尔和美国经济学家 A. P. 勒纳揭示的关于一国货币的贬值与该国贸易收支改善程度的关系，即出口需求弹性与进口需求弹性的总和大于 1 时，贬值可以改善贸易收支。

③ 熊爱宗：《日本量化宽松政策对日本经济和世界经济的影响》，《亚太经济》2014 年第 4 期。

易影响的研究结论却不一致。

Rose Yellen（1989）采用 1960—1985 年的美国季度经济数据，分别就美国与其他 G7 国家之间的双边贸易弹性以及美国的总体贸易弹性进行了实证分析。研究发现，美元的实际汇率波动对美国的进出口贸易既无长期影响，也无短期效应，马歇尔—勒纳条件和 J 曲线效应[①]都不成立。

Rahman 和 Musta（1996）对美国 1973—1992 年季度经济数据的实证研究发现，美元的实际有效汇率对美国贸易收支并没有长期的影响关系。

王细芳和叶全良（2008）利用 2005 年 8 月到 2008 年 1 月的月度数据，对人民币兑美元汇率和中美贸易顺差进行协整分析与格兰杰因果关系检验，结果表明，二者并不存在因果关系。

Paul Krugman（1989）选取了美国的经济数据，研究了实际汇率与美国进出口贸易的关系，发现美元实际汇率的贬值能够使该国贸易收支不平衡状况得到改善。

Rose 和 Andrew（2000）利用 1970—1990 年世界上 186 个国家的面板经济数据作为样本，经实证分析得出：货币名义汇率的波动对贸易收支具有一定的负面影响，但影响程度并不大。

Bahmani-Oskooee（2001）通过使用 EG 两步法对中东国家实际汇率和贸易收支之间是否有关联进行研究，发现实际的本币贬值可以对贸易收支产生改善效果。

卢向前、戴国强（2005）选择了以美元、欧元、日元等国际主要储备货币作为加权篮子，研究了 1994—2003 年 10 年的月度经济数据，得出结论：人民币实际汇率与中国进出口贸易收支之间有长期稳

---

① 本国货币贬值后，最初的情况往往正好相反，经常项目收支状况反而会比原先恶化，进口增加而出口减少，经过一段时间，贸易收入才会增加。因为这一运动过程的函数图像酷似字母"J"，所以这一变化被称为"J 曲线效应"。

定的协整均衡关系。其研究也同时验证了中国进出口贸易 J 曲线效应的存在。

易宪容（2013）分析了日本政府改革的背景及其发展趋势，阐述了"量化和质化"的宽松货币政策对国际市场的冲击，尤其是对日本对外进出口贸易的影响，在定性分析的基础上，认为中国政府需要保持警惕。

方敏（2013）则论述了日元贬值对中日双边贸易的影响和挑战，认为日元的持续贬值的影响会在中日贸易、日企对华直接投资和人民币未来走势三个方面体现出来，并提出中国应该"主动迎战"而非"被动承担"。

肖立晟（2013）论述了"安倍经济学"的初步成效，认为该政策主要会影响中国的出口贸易，引导国际资本向中国的流动，并且有引发"货币战"的危险。

日本的汇率变动对于鲁日贸易影响的状况如何，这是我们接下来要谈的问题。如果实证分析认为，由于量化宽松的货币政策的实施进而引发的汇率变动与鲁日贸易存在因果关系，那么密切关注日本的金融政策走向对于开展鲁日经贸合作的山东企业来说就显得至关重要了。

二　日元汇率变动对鲁日经贸影响的实证分析

（一）数据来源与说明

本章主要研究日本实施量化宽松的货币政策所导致的日元贬值是否对鲁日经贸合作产生影响，所以采取的指标有日元对美元的汇率（JRAT），山东省对日本出口贸易额（EX）、山东省从日本进口贸易额（IM）以及日本对山东省直接投资（JDI），时间为 1998—2015 年。由于对原始变量取自然对数可以减少可能存在的异方差现象而不影响变量之间的关系，在此对原始变量取对数，分别得到 LNJRAT，LNEX，LNIM，LNJDI。日元汇率来源于日本国家统计局网站中的数

据，对日进口与出口以及日本对山东省的直接投资数据来源于山东统
计信息网。分析软件采用 Eviews 6.0。

由于日元兑美元采用的是直接标价法，数据的上升意味着日元兑
美元的贬值，反之，则意味着日元兑美元的升值。由日元对美元汇率
变动趋势图可以看出，1999—2007 年，尽管有波动，日元兑换美元
的比率基本在 100 和 120 之间波动；2008 年开始直到 2012 年，日元
总体处于不断升值中，由 2007 年的 117.76 增值为 2012 年的 79.81；
2013 年以来则出现大幅度的贬值，到 2015 年贬值到 121.03，接近
2001 年的水平。由此可以看出，日本的第三次量化宽松货币政策确
实起到了推动日元贬值的效果。

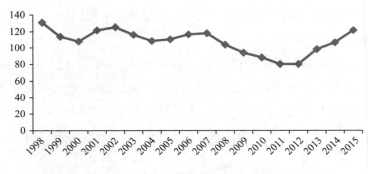

图 8.1   1998—2015 年日元对美元汇率变动趋势

（二）单位根检验

利用 Eviews 6.0 软件，采用 ADF 方法对取过对数的变量序列进
行平稳性检验。检验结果见表 8.1。

表 8.1 中的数据显示，在 5% 的显著性水平下，序列 LNEX、
LNIM、LNJDI 和 LNJRAT 的 ADF 统计量均大于临界值，接受原假设，
即上述四个变量序列均存在单位根，都是不平稳的时间序列。在 5%
的显著性水平下，一阶差分后的 LNIM、LNJDI 和 LNJRAT 变量序列的
ADF 统计量均小于临界值，因此序列 LNIM、LNJDI 和 LNJRAT 均是

一阶单整的非平稳时间序列。在 10% 的显著性水平下，LNEX 是一阶单整的非平稳时间序列。

表 8.1　　　　　　　　变量序列的单位根检验结果

变量	检验类型（C，T，K）	ADF 检验值	5% 临界值	10% 临界值	P 值	结论
LNEX	C，T，3	1.377749	−3.759743	−3.324976	0.9998	不平稳
LNIM	C，T，3	−0.167537	−3.710482	−3.297799	0.9878	不平稳
LNJDI	C，T，3	−3.292942	−3.733200	−3.310349	0.1028	不平稳
LNJRAT	C，T，3	−2.166942	−3.733200	−3.310349	0.4741	不平稳
DLNEX	C，T，3	−3.751792	−3.733200	−3.310349	0.0485	平稳 **
DLNIM	C，T，3	−5.063666	−3.733200	−3.310349	0.0051	平稳 *
DLNJDI	C，T，3	−4.029959	−3.733200	−3.310349	0.0302	平稳 *
DLNJRAT	0，0，3	−2.478423	−1.964418	−1.605603	0.0169	平稳 *

注：检验形式（C，T，K）中的 C，T 和 K 分别表示单位根检验方程包括常数项、时间趋势和滞后阶数，其中滞后期的确定是按 AIC 或 SC 最小原则由系统自动完成的。LNEX 是原序列，DLNEX 是一阶差分序列，以此类推。* 表示在 5% 的显著性水平下，变量序列平稳，** 表示在 10% 的显著性水平下，变量序列平稳。

（三）协整检验

由于上述四个变量序列均是同阶单整的非平稳时间序列，符合协整检验的前提条件。这里采用 EG 两步法，分别进行鲁对日出口与日元汇率变动、鲁从日进口与日元汇率变动、日本对鲁直接投资与日元汇率变动之间的协整关系检验。

1. 时间序列 LNEX 与 LNRAT 的关系检验

以 LNRAT 为自变量，以 LREX 为因变量，利用 OLS 回归方法构建回归模型。

LNEX ＝ 25.87997 − 2.612758 LNRAT

T ＝ （7.736347）　　（−3.648017）

$R^2 = 0.454075$ $F = 13.3080$

从估计结果来看，方程的 T 检验全部通过，$R^2 = 0.454075$ 表明还有其他变量影响着 LNEX，这符合实际情况。将时间序列 LNEX 与 LNRAT 回归方程的残差序列记为 RDEX，接下来对生成的残差 RDEX 进行平稳性检验，结果见表 8.2。ADF 检验结果表明，RDEX 是平稳的，据此可以判断，时间序列 LREX 与 LNRAT 之间存在协整关系。

表 8.2   残差变量的单位根检验结果

变量	检验类型 (C，T，K)	ADF 检验值	5% 临界值	10% 临界值	P 值	结论
RDEX	0，0，3	−2.112729	−1.964418	−1.605603	0.0369	平稳*
RDIM	0，0，3	−2.608753	−1.964418	−1.605603	0.0127	平稳*
RDJDI	0，0，3	−3.269884	−1.964418	−1.605603	0.0029	平稳*

说明：*表示在 5% 的显著性水平下，变量序列平稳。

2. 时间序列 LNIM 与 LNRAT 的协整关系检验

以 LNRAT 为自变量，以 LNIM 为因变量，利用 OLS 回归方法构建回归模型如下：

LREX = 28.00566 − 3.260053 LNRAT

T = （7.487633）   （−4.071074）

$R^2 = 0.508805$ $F = 16.57364$

从估计结果来看，方程的 T 检验全部通过。接下来生成残差 RDIM 并检验残差的平稳性，结果见表 8.2。时间序列 LNIM 与 LN-RAT 回归方程的残差序列 RDIM 是平稳的，因此，时间序列 LNIM 与 LNRAT 之间存在协整关系。

3. 时间序列 LNJDI 与 LNRAT 的协整关系

以 LNRAT 为自变量，以 LNJDI 为因变量，利用 OLS 回归方法构建回归模型如下：

$$LNJDI = 13.42769 - 0.587236LNRAT$$
$$T = （3.551191）\qquad（-0.725388）$$
$$R^2 = 0.031840\qquad F = 0.526188$$

接下来生成残差 RDJDI 并检验残差的平稳性，结果见表 8.2。时间序列 LNJDI 与 LNRAT 回归方程的残差序列 RDJDI 是平稳的，因此，时间序列 LNJDI 与 LNRAT 之间存在协整关系。

（四）格兰杰因果关系检验

由于进行格兰杰因果关系检验的前提是，要求检验变量均是平稳的，而变量序列 LNEX，LNIM，LNJDI 和 LNJRAT 均是一阶单整的非平稳序列，因此只能对各变量序列的一阶差分变量 DLREX、DLRIM、DJRDI 分别和 DLNRAT 进行格兰杰关系检验，检验结果见表 8.3。格兰杰因果关系检验结果表明，在 5% 的显著性水平下，DLNEX，DLNIM，DLNJDI 均与 DLNRAT 不互为格兰杰因果关系，说明鲁日之间的贸易投资受日元汇率的影响并不显著。

表 8.3　　　　　　　　格兰杰因果关系检验结果

原假设	观测值	F 统计量	P 值
DLNRAT 不是 DLNEX 的格兰杰原因	16	1.67769	0.21776
DLNEX 不是 DLNRAT 的格兰杰原因	16	0.06953	0.79615
DLNRAT 不是 DLNIM 的格兰杰原因	16	0.03102	0.86291
DLNIM 不是 DLNRAT 的格兰杰原因	16	2.08529	0.17239
DLNRAT 不是 DLNJDI 的格兰杰原因	15	0.33240	0.72483
DLNJDI 不是 DLNRAT 的格兰杰原因	15	1.74957	0.22308

（五）数据分析与结论

由日元兑美元的汇率变动趋势图可以看出，1998—2015 年，日元对美元汇率出现三个阶段：一个阶段是 1998—2007 年，日元汇率平稳波动；第二阶段从 2008 年开始直到 2012 年，日元汇率总体增值；2013 年以来日元汇率快速贬值。由此可以看出，日本的第三次量化宽松的货币政策确实起到了推动日元贬值的效果。

由协整关系检验结果得知，鲁日进口、出口以及日本对鲁直接投资与日元汇率之间具有协整性，也就是说，从长期来看，日元汇率的变动与鲁日经贸与投资合作的发展具有一致性。进一步来说，如果日元增值，鲁日贸易与投资会下降，反之则上升。

但是中日政治关系的变动并不是鲁日贸易与投资的格兰杰原因，也就是说，鲁日贸易投资的变动与日元币值的变动没有直接的关系。这一研究结论与卢向前、戴国强（2005）的相反，与王细芳和叶全良（2008）的一致。

从格兰杰因果关系检验来看，日元币值的变动并没有对鲁日贸易与投资产生太大的影响，我们分析其中的原因可能有二。第一，中日贸易产品在双方市场上的需求具有一定的稳定性特点，因此在价格变动的情况下，仍能够维持原有的交易。首先来看加工贸易产品。一直以来，山东省与日本的加工贸易额占到山东省贸易额的40%以上，原材料从日本进口到中国，在中国加工成最终产品后返销日本或者销往他国，这部分交易随着日本在山东省直接投资的扩大而稳步扩大，因此价格因素的影响较小。再看农产品，山东省是农业大省，日本是农产品的进口大国，由于地缘相近，便于农产品尤其是蔬菜产品的保鲜与运输，山东省自然成了日本农产品的主要供应地之一。作为生活消费品，农产品的需求具有刚性，因此对于价格的敏感性不强。最后看纺织品，中国劳动力的平均工资远低于日本，对于纺织品这类劳动密集型产品，即使日元贬值，产品的价格相比较日本本国产品仍然具有优势。第二，鲁日双方一直以来经济合作密切，双方建立了良好的经贸合作关系，经贸合作基础稳固，即便日本整体的进口水平降低，它同山东省的经贸合作相对来说还是具有较强抗风险性的。但是，日本对山东省的直接投资，考虑的主要还是长期投资收益，而不是短期的汇率影响，因此，它受中日政治关系以及中国在整个东南亚地区投资优势的影响会更大。

第九章 鲁日经贸合作中的文化因素

第一节 中日文化的比较

文化与经济被视为当前世界体系中具有影响力的两种力量。文化是一国人民在长期的生产与生活过程中积累与优化而成的，并且被人们广泛接受，一代一代传承下来，具体包括价值观、语言、礼仪、信仰、过程等。[①] 文化成为一国整个社会建立的基础，影响人们的一切行为。

一 中日文化的特点

中国 5000 多年的文化源远流长，奠定了人类社会进步的基础。在从秦至清的 2000 多年里，中国一直是亚洲历史舞台上的主角，中国文化不仅影响了整个亚洲，使日本韩国文化从中受益，而且以强大的辐射力影响着世界文明的进程。中国文化对欧洲启蒙运动的重要影响，在某种程度上可以这样说，从 13—18 世纪欧洲人做了近五百年的中国梦。[②] 评价中国传统文化是一件很复杂的事情，因为不同时代的主流文化不完全一样，但以儒家思想为核心并形成儒、释、道互补的主流格局是对中国传统文化评价所达成的共识。

---

① 凯特奥拉等：《国际营销》，中国人民大学出版社 2014 年版。
② 杨生平：《中国传统文化的基本特征及其价值》，《新视野》2016 年第 5 期。

王国炎、汤忠钢（2003）研究了中国传统文化，总结出中国传统文化的四个基本特征。从经济形态上看，它是农业文化；从社会形态上看，它是封建社会的文化；从社会意识形态在历史上所起的作用看，它的主体是"内圣外王"的伦理政治文化；从思想文化流派在历史上的地位看，它的正统是儒家文化。[①]

杨生平（2016）总结了中国文化的三大特点：从人与世界的关系看，中国文化彰显了人文精神，主张顺应自然，适应自然，重视"天人合一"。从人与社会关系看，它奉行道德至上，提倡以"仁义礼智信"的方法处理人际关系。从人与自身的关系看，它弘扬精神人格，注重精神修养，主张用爱心、慈心、同情心去关爱众生，帮助他人，造福社会。

日本文化的源流有三种，即绳纹文化、受中国文化影响的传统文化和受西方文化影响的近现代文化。日本民族在选择兼容外来文化的同时，又始终保持着自身的尊崇，这种兼容与传承是日本文化的特色，同时也形成了日本文化的二元性特征，即开放与保守并存，反映了日本人好奇的进取精神和固守传统的保守性；自卑感与优越感并存，这是岛国狭隘与经济的强大结合的产物；内聚性和排他性并存，"血统信仰"导致日本民族向心力强大并具有强烈的排他性。

日本与中国文化有很多的相同之处，但差异也是非常明显的，而且值得关注。如日本因崇尚血统而导致的极端排外行为与以海纳百川的广阔胸怀包容世界的中国文化截然不同；日本传统文化中有着很强的学习精神和融合能力，中国往往以优秀传统文化自豪而不善于借鉴他方文化。日本崇尚武力与中国以文为尊以及日本的知难而进与中国的知足常乐等都反映出文化的差异。

文化的差异性特征是区分不同种族、民族和国家的最根本依据，即在不同文化下，人们在行为习惯、思维方式、风俗礼仪、行为特点

---

① 王国炎、汤忠钢：《论中国传统文化的基本特征》，《江西社会科学》2016年第4期。

以及价值取向等方面表现出一定的差异。东西方的文化差异非常显著，在多数情况下，投资者对东西方文化差异可能带来的文化风险比较敏感。但当同韩国、日本、新加坡等同属于东方文化的国家开展经贸合作时，容易降低对文化的警觉性。日本经济高速增长正是得益于这种学习精神和融合能力。注重教育、科技进步、国民素质和高储蓄率等是与日本传统文化的影响密不可分的。

二 文化因素与经济发展关系研究

在全球各个经济体之间经济合作程度加深、依赖性日益增强的背景下，文化对国际经贸合作效应的影响日益显著。已有众多学者研究了一国文化因素对该国经济发展的影响，形成了丰富的研究成果。

马歇尔在其著作《经济学原理》中就注意到了文化因素对经济发展的作用，认为对人们的行为起着决定作用的不仅仅是经济动机，还包括文化因素。威廉·阿瑟·刘易斯在《经济增长理论》中提出，"工作态度、节约的意愿、冒险精神是影响经济发展的主要因素"。

哈佛大学教授塞缪尔·亨廷顿（1996）认为，在冷战后的世界里，文化和宗教的差异将导致世界几大文明之间的竞争和冲突，冲突的根源不再是意识形态的分歧而是文化方面的差异，主宰全球的将是"文明的冲突"。

李鹏军、吴建华（2002）认为："日本丰富的历史、风土因素造就了大和民族岛国的文化意识，形成了日本人团结合作的群体意识，塑造了日本人善于吸收外来文化中精粹成分的传统和超越意识。正是这些孕育于日本人精神世界中的文化底蕴，再加上日本政府顺应形势及时调整的文化机制的变革与创新，使日本实现了其经济的腾飞，创造了世界经济的奇迹。"[①]

---

① 李鹏军、吴建华：《战后日本经济崛起的文化探源》，《西南师范大学学报》（人文社会科学版）2002 年第 1 期。

Guiso & Sapienza & Zingales（2007，2010）解释了一国价值观和信仰的起源、传递与持续过程，并在此基础上研究了这些社会价值对一国经济产生影响的机制；Rode & Revuelta（2011）提出，文化是通过作用于政策制度来影响一国经济的，并且通过实证分析得出，民粹主义和制度之间存在着显著的负效应。

张卫兵（2011）将日本民族精神归纳为日本民族在其长期的历史发展过程中沉淀下来的共同特质，是日本民族传统文化中"维系、协调、指导、推动"民族生存和发展的精髓思想，是其民族凝聚力、生命力和创造力的集中体现。[①]

第二节　日本文化中的民族主义

在关于文化因素给国际经贸合作带来的障碍的研究中，关注较多的是民族主义、经济民族主义、新民族主义等，因为在很多时候，政府或者民族主义者会利用民族主义来煽动民众情绪，进而对国际层面的经贸合作产生影响。

一　民族主义

学术界对民族主义的认识并不统一，对此，学者们提出了不同的解释。20 世纪从事民族主义研究的著名学者汉斯·科恩认为，民族主义应该被看作一种思想状态，即个人对民族政权的忠诚高于一切。[②]英国学者爱德华·卡尔认为，民族主义通常被用来表示个人、群体和一个民族内部成员的一种意识，或者是增进自我民族的力量、自由或财富的一种愿望。资深外交官吴建民认为："就其内容而言，民族主

---

① 张卫兵：《论武术文化中的民族精神在构建和谐社会进程中的作用》，郑州大学 2011 年学位论文。

② Hans Kohn, *Nationalism*: *Its Meaning and History*（revised edition），Malabar Floroda：Krieger Publishing, 1982, pp. 1 – 18.

义包含两个方面：一是热爱自己的国家和民族，这个没有错；另一方面就是以维护本民族利益为由而反对、排斥其他国家和民族。"①

英国民族学家安东尼·D. 史密斯认为，民族主义的含义"是指民族或族群差异政治分歧的主要画线，是指一个国家自己的人民有权在其历史疆域上建立自己的民族国家。一个民族集团的成员有时可以与语言、文化、宗教、身体特征等客观'标识'相互关联"。②

法国思想家吉尔·德拉诺瓦认为，民族主义至少具有四个特征："一，它表达对衰落的恐惧。这一衰落可以有民族内在或者外在的原因，可以是对民族存亡问题的烦扰，在紧急情况下号召反对，或相反，仅仅简单宣布威胁（有时为臆造）的存在，以便为其征服计划筹集力量。二，民族主义表现为对现实的反抗愿望，是对意识形态不满产生的结果，试图赋予民族更多的重要性。或者为了民族的再生，或者为了使其具有应当具有的价值。三，民族主义是有机体论的一种形式。个人的一切都因民族而获得，生于集体就要为集团服务，并在必要时为这个更长久和更为旺盛的生命体献身。四，民族主义是一种宣传工具，维持、引导民族感情，并以此获得政治能量。相对于单纯的关于民族的意识形态，民族主义既是大众政治产物又是其制造者。"③

民族主义与爱国主义这两个术语往往被等同使用，而实际上，二者有着显著的区别。尽管爱国主义与民族主义都是对自身国家的强烈忠诚和热爱，但就其本质而言，民族主义不过是爱国主义的一个变形而已。正如施莱尔·马赫所说，民族主义是爱国主义与恐外症的结合体。爱国主义根本上是和平主义的与宽容的，坚持爱国主义对祖国与

① 吴建民：《警惕民粹主义和民族主义》，http：//www. aisixiang. com/data/100760. html。
② 宁骚：《民族与国家：民族关系与民族政策的国际比较》，北京大学出版社1995年版。
③ 吉尔·德拉诺瓦：《民族与民族主义》，郑文彬、洪辉译，三联书店2005年版，第107页。

同胞的特殊关切，并不意味着不能拥有对其他国家及其居民的关切。它在允许一个人热爱自己祖国的同时，也允许其他人热爱他们的祖国，并不试图让他人放弃对他们自己的祖国的热爱。与此相对，民族主义者并不能宽容他人对其民族与祖国的忠诚，因为世界只有一个民族、一个国家是最优越的，那就是民族主义者自己的民族、国家。爱国主义往往在拥有对国家的积极认同与对同胞的特殊关切的同时，并不排斥"他者"；而对民族主义来说，这两者是不可分离的，如果没有对"他者"的贬抑，就没有对自身的积极认同。①

民族主义也有别于国家敌意。国家敌意是指某国民众对于特定国家的反感或憎恶，多是由于当前或过去的军事、政治和经济冲突所形成的，这种特定的敌意会降低消费者对敌对国产品的购买意愿。例如，由于侵华战争，特别是南京大屠杀导致中国人对日本的敌意，由于美墨战争造成的墨西哥人对美国的敌意等。民族主义排斥的是所有的外国，并非某一个特定的国家，从而达到本国优先的目的。例如，特朗普政府颁布的限制非法移民的政府令，英国反对难民大量进入的呼声以及进而出现的脱欧公投等。

二　经济民族主义

与民族主义紧密相关的一个概念就是经济民族主义。经济民族主义主要是指在民族国家框架和制度下民族主义的经济方面或者民族主义的经济形态，具体表现为政策制定者、利益或权势集团利用民族主义（如民族利益、民族认同），或者追求经济上的保护主义和其他形式的政府支持的产业政策，或者追求经济自由主义，从而达到他们特定的目标，实现其特定的利益。②

经济民族主义是一种在发展阶段上各个国家取得政治独立后必然

① 潘亚玲：《爱国主义与民族主义辨析》，《欧洲研究》2006 年第 4 期。
② 庞中英：《经济民族主义的"复兴"》，《世界知识》2006 年第 9 期。

产生的结果，即一个民族在完成自己取得独立的历史任务后，必须进一步发展经济才能使自己真正地站起来。经济民族主义类似于重商主义，指通过政府政策的形式对进口商品建立贸易壁垒，并施加各种各样的保护主义政策以保护其国内产业。经济民族主义的出发点是民族国家在世界经济体系中的相对获益而不是全球的绝对获益，它深切关注民族国家整体在世界政治经济体系中的地位，特别是由民族经济竞争力决定的民族的长期发展趋势，而不是世界的共存共荣。[1] 经济民族主义的盛行，会诱导国民产生排外心理，给国际货物与服务以及资本的流动带来障碍。

三　日本的经济民族主义与新民族主义

20 世纪 80 年代，世界经济大国的地位让日本人增强了民族自信心，也激发了民族主义的复兴。时任日本首相的民族主义者中曾根康弘提出"战后政治总决算"的口号。中曾根康弘在其所著《新的保守理论》一书中就将保守主义和民族主义融会于他的政治理念之中。他指出："保守是守什么？第一，我们要保卫日本美丽的大自然和日本领土；第二，保卫日本人的生活及其生活价值；第三，保护自由的市场经济；第四，保护日本民族在大化改革和明治维新时所表现出来的活力和积极的民族气魄。"他进一步解释道："有时'保守'被人误解为固守现状，墨守现行体制的'守旧'想法。然而，我指出要维护的四根支柱中，第二条和第四条，有守旧思想的人是绝对不会亮出来的。"[2] 中曾根康弘所表达的"保守主义"是包含民族主义特定内涵的思想和主张。他将这种带有"民族主义"色彩的保守主义赋予了"创新"的内涵。它不仅诱发和倡导了民族主义的兴起，也为

---

① "经济民族主义"，http://baike.baidu.com/link? url。
② 中曾根康弘：《新的保守理论》，世界知识出版社 1984 年版，第 102 页。

"民族保守主义"的形成奠定了思想基础。①

在第二次世界大战结束后的和平发展时期，日本快速发展为世界经济大国。日本在第二次世界大战后迅速崛起不仅是在其促进经济增长方面政策的巧妙运用，而且在于其所采取的诸如产业政策、保护幼稚产业政策、低利率、行政指导等经济民族主义做法，因此，日本经济以往的成功在很大程度上是与经济民族主义相联系的。②

然而，日本"失去的十年"、亚洲金融危机的爆发以及日本经济持续低迷的滞胀发展状态的出现，在一定程度上否定了日本的经济民族主义，也挫败了日本国民的民族自信心和自豪感。但是，从实践上看，日本并没有放弃曾经为其经济带来繁荣的经济民族主义政策，而是要在与世界经济的融合当中，巧妙地利用这些政策来实现经济增长，民族主义以新的形态与内涵登上了历史舞台。新民族主义的基本诉求，是重建日本人的民族国家认同，以恢复民族自信心，增强民族凝聚力，重新焕发日本民族的活力。

冷战结束以及国内外形势的变化，催生日本国内形成了一种社会思潮，即通过推崇"公"的意识，以强化日本国民对"国家"的认同感与归属感，从而实现国家政治、经济、军事的再度振兴。新民族主义潮流起始于文化思想界和言论界"自下而上"的鼓动，逐渐形成了与国家政治一定程度上的互动关系，推动政界"自上而下"地形成一些具有国家主义性质的政策并付诸实施，具有内聚性与排外性的特征。

从日本新民族主义的内涵看，③一是在历史认识和战争性质认知上，试图摆脱战争责任，歪曲历史，其典型体现就是以"新历史教科

① 吕耀东：《试析日本的民族保守主义及其特性》，《日本学刊》2006年第5期。
② 崔健：《日本经济民族主义新论——兼论"安倍经济学"的民族主义特征》，《日本学刊》2014年第2期。
③ 李寒梅：《日本新民族主义的基本形态及其成因》，《外交评论》2013年第1期。

书编纂会"为代表的"历史修正主义"运动。二是反映在国家政治层面，强调重新树立国家观念，即所谓"公"的意识以及"爱国心"，具体表现在20世纪90年代中期开始的修改宪法、修改教育基本法的动向和1999年国旗国歌法制化等上。三是以重新建设一个"强日本"为目标，如主张修宪、增强军事力量，参与国际军事行动，以"日美防卫合作新指针"为开端的日美军事一体化等。四是在对华问题上形成"非对称性"认知，具体表现为对华防范与逼迫的战略政策和"中国威胁论"的提出。① 五是抛弃和平宪法，试图重做军事大国等，除将日本的困境归罪于其他国家外，排外主义也开始抬头。其典型代表是东京都知事石原慎太郎在陆上自卫队创建纪念日演说中声称，日本社会治安的恶化是由"三国人"② 造成的，呼吁自卫队在必要时刻应发挥作用。其言论无疑迎合了日本国民心中因经济衰退而引发的排外和厌外情绪。

民族主义是一种历史现象，它在不同的国家和不同的历史时期表现是不一样的。对于日本的民族主义而言，其变化仅仅是不同历史时期的社会结构发生改变所引起的具体表现形式不同而已，其争做世界大国的政治理念却从未改变过。③ 众所周知，一国若要成为"世界大国"，必须承担起国际性责任和肩负起世界性义务。而日本当前虽然已是经济大国，但由于其拒绝承担"认罪"的历史性国际责任，在对侵略扩张有着强烈反感意识的亚洲国家和地区，日本自我标榜的狭隘文化民族主义、民族沙文主义只会进一步恶化它与邻邦的关系，对与亚洲地区国家经贸合作的深入发展带来障碍与威胁。

---

① 梁嘉颖：《冷战后日本新民族主义的兴起及其对中日关系的影响》，复旦大学2013年学位论文。
② 所谓"三国人"是指历史上日本人对居住在日本的朝鲜人和中国台湾人的蔑称，石原所言显然是泛指居住在日本的外国人，尤其是亚洲人。
③ 李会丽：《日本新民族主义探析》，吉林大学2011年学位论文。

第三节　民族中心主义、爱国主义与 山东省购买日货的调查

　　在对特定国家或地区之间贸易影响因素的研究中，除了政治与经济因素得到广泛的关注外，还有一个不容忽视的影响因素是消费者的情感因素。消费者的民族中心主义以及由于历史的、经济的、文化差异等的原因所导致的对于特定国家的仇恨都会影响到消费者对于商品的选择。尤其是在两个国家政治关系紧张、贸易摩擦增加的形势下，消费者爱国主义、对外敌意、民族中心主义情绪会被激发，消费者往往会将"购买产品"与公民道义及国家情感联系起来，由单纯的商品购买者变成利益维护者，相信通过抵制来自不友好国家的产品可以惩罚该国并促使其"改邪归正"。比如，2005 年教科书事件以及日本入常申请引起的大规模抵制日货行动以及 2008 年因法国政府在保护奥运火炬传递过程中的失职而引发的大规模抵制家乐福的事件都表明，当前的消费者不再只是消费个体，而是借助网络等渠道相互连接形成的群体，并在国际消费市场上产生广泛的群体购买行为，成为国际贸易中一股不可忽视的力量。

　　大量研究表明，消费者敌意作为一种针对特定国家或地区的负面情绪，会对购买意愿产生负向影响。从国际营销视角来看，消费者民族中心主义可能会成为企业国外营销成功的阻碍，也可能有助于产品的国外市场定位，因此跨国测量消费者民族中心主义水平是必要的。消费者民族中心主义与市场营销组合的所有要素都相关，并影响着消费者对进口产品的接受决定，在对产品进行市场细分和市场定位的过程中，了解消费者民族中心主义的水平比单纯的人口因素指标更重要。因此，消费者的民族中心主义对于跨国贸易的影响不容忽视。

　　近年来，由于钓鱼岛争端以及日本政治官员参拜靖国神社，中日

经济与外交关系正经历着严峻的考验，不仅几度爆发了大规模的抵制日货行动，就连酝酿已久的中日韩自贸区谈判也大受影响。在此背景下，我们对山东省内的有关外贸进出口企业进行调查发现，绝大多数的出口企业并不存在对日仇恨，政治关系的紧张并没有降低它们对日本出口的热情，只要日方需要，它们就提供货源，即使在政治关系紧张的情况下，也要出口商品，挣日本人的钱。但是对进口企业的调查则发现，这些企业自身并没有强烈的抵制日货的动机，它们普遍担心国内出现消费者抵制日货的现象。

通过梳理可以发现，国内发起的抵制日货的活动其实不是连续的，继 2005 年教科书事件以及日本入常申请引起的大规模抵制日货行动后，时隔 7 年，2012 年 9 月 10 日，日本政府不顾中方一再严正交涉，宣布"购买"钓鱼岛及其附属的南小岛和北小岛，对其实施所谓的"国有化"，这引起了中国人的愤怒，中国又爆发了大规模的消费者抵制日货行动。

日本的村上春树认为，中国人抵制日本的产品，但是在抵制日货的号召下，我们仍然能够看到日系汽车、日本的电子产品以及优衣库的服装等在中国畅销，仍然有大量的中国旅游者到日本观光、购物。日本企业界联合拒绝出席中国的商品交易会，更多的日企正有计划地从中国撤资，中日贸易额确实出现了波动。中国消费者的爱国主义、民族中心主义、消费者敌意是否会对日本产品进口产生影响？相比较韩国消费者而言，这种影响是高还是低？村上春树的观点是否正确？这些问题都是值得研究的。

尽管国外关于消费者民族中心主义、消费者敌意的研究成果非常丰富，研究的理论框架也日益完善，但从现有的对中国消费者敌意的研究来看，调查对象全部集中于大城市或者校园，未见有针对山东省这一特定地区消费者行为的系统研究。Klein（1998）曾指出，基于人口与地理变量的不同细分市场，消费者敌意的高低也可能会有变化，在某一城市消费者表现出较高的敌意，在其他城市则不一定。所以要了解山东省消费者的对日敌意、民族中心主义的高低及其对于购买日货的影响就需要单独进行调查研究。

第二次世界大战期间，山东省是抗日的主战场之一，"地道战""地雷战"等著名战法都发生在山东。由于特殊的地理位置，日军在山东省活动频繁，山东省的百姓深受日军的残害，这种由于战争引起的消费者敌意是否留传至今，值得研究。研究消费者对日本的敌意、民族中心主义与购买日本产品的意愿问题，并与韩国的消费者进行比较，可以从一个侧面了解消费者购买的情感因素对于鲁日贸易的影响程度。

本节主要研究三个问题：一是分析消费者对日敌意对购买日货的影响；二是调查分析民族中心主义、爱国主义与购买日货的关系；三是对比分析山东省与韩国的对日敌意与购买日货的意愿，就消费者购买的情感因素对鲁日贸易的影响进行总结。

一　消费者敌意对产品判断与购买意愿影响的测量量表与假设

（一）消费者敌意及其测量量表

消费者敌意是指消费者对某国当前或过去的军事、政治和经济冲突所形成的反感或憎恶，这种敌意会降低消费者对敌对国产品的购买意愿。消费者对他国的敌意源于很多方面，例如邻国之间的边境摩擦、严重的军事冲突以及近期经济与外交摩擦等。面对不同的研究情境及不同的目标国，消费者敌意的引致因素是存在差异的。Klein 认为，中国消费者对日敌意主要源于战争因素与经济因素；郭功星（2014）则归纳了与战争相关的因素、与经济相关的因素、与政治及外交相关的因素与其他因素，包括宗教信仰、国民心理差异、文化距离等是消费者敌意的主要引致因素。Jung 等人（2002）和 Ang 等人（2004）则提出了由于历史事件所产生的稳定敌意和由于经济与政治事件而激发的情境敌意。Nes 等人（2012）认为，消费者敌意包括战争敌意、经济敌意、人的敌意、政治敌意四个维度。

在众多的研究中，战争与经济因素成为学者们共同认可的消费者敌意引致因素。战争敌意是指由于历史性事件（如两国间的军事敌对行动）累积下来的强烈敌对情绪，它会带来许多现实问题，例如与第二次世界大战有关的诸多至今未解决的事项，以及美国南北战争遗留的问题，可见，由战争引发的消费者敌意是不会轻易随时间的迁移而改变的，这种敌意甚至可能代代相传，一直延续到没有经历过战争的人群。经济敌意通常是由两国之间的经济竞争引发的，往往是由近期或者正在发生的事件引起的，可能会对消费者产生暂时性的影响，例如，德国统一之初内部存在的问题。

为了测量消费者敌意对产品判断与购买意愿的影响，Klein 等人构建了五个相关的量表，分别测量消费者的总体敌意、经济敌意、战争敌意、产品判断以及购买意愿，并检验了各个量表的效度与信度，证明各量表是有效和可信的。总体敌意测量对特定国家的反感与憎恶的总体水平，而战争敌意与经济敌意是对特定敌意的引致因素进行分析的指标。之后，该量表被各学者完整或部分地用于对其他国家消费者敌意的研究，例如，Shin（2001）研究了韩国消费者对日本产品的敌意；Joseph Little（2012）在研究美国消费者对中国与越南的敌意时都使用了该量表，该量表被认为在实证研究上具有有效性和可信性。本书研究也借用 Klein 等人构建的五个相关的量表来测量消费者敌意对产品判断与购买意愿的影响。

（二）消费者敌意对产品判断与购买意愿影响的假设

Klein 等人（1998）的研究显示，消费者敌意会对产品的购买意愿产生直接的负面影响。Ettenson 和 Klein（2005）研究发现，澳大利亚消费者因核试验而对法国产生的敌意，降低了他们对法国产品的购买意愿；美国消费者因贸易摩擦而对日本产生的敌意，降低了他们对日本产品的购买意愿。袁胜军、宋亮（2013）在研究敌意对品牌来源国选择的影响时证明，中国消费者的敌意与日本品牌产品的购买意愿存在负向关系。在研究美国消费者对日本，荷兰消费者对德国，伊朗消费者对美国等时同样得出了类似结论，即消费者对某一特定国家或地区的敌意与购买该国家或地区产品的意愿呈反向关系。基于上述研究结论，做假设 H1a、H1b 和 H1c

H1a：山东省消费者的对日总体敌意对购买日货意愿有负向影响，即总体敌意越强，购买日本产品的意愿越低。

H1b：山东省消费者的对日战争敌意对购买日货意愿有负向影响，即战争敌意越强，购买日本产品的意愿越低。

H1c：山东省消费者的对日经济敌意对购买日货意愿有负向影响，即经济敌意越强，购买日本产品的意愿越低。

梳理已有研究成果发现，大部分学者认为，对特定国家的敌意会降低消费者购买该国产品的意愿，但却不会影响对产品质量的判断，这意味着尽管消费者在对某一国家产生了敌意后会降低购买该国产品的意愿，但他们还是会对该国产品质量做出客观的评价。也有一些研究显示，消费者敌意不仅会影响消费者的购买意愿，也会对产品质量判断产生影响。这种相反的结论可能源于研究的对象、选择的产品或者使用的测量模型的差异。考虑到 Klein 的研究是在中国进行的，基于其观点，做出如下假设：

H2a：经济敌意与产品评价不相关。

H2b：战争敌意与产品评价不相关。

H2c：总体敌意与产品评价不相关。

Gianluigi Guido（2010）等人在研究意大利籍犹太人对阿拉伯产品的敌意时发现，尽管对阿拉伯国家拥有敌意，意大利籍犹太人并不固执，如果其认为阿拉伯产品质量好，仍然会购买这些产品。Stefan Hoffmann 等人（2011）发现，乌克兰消费者敌意并不影响其对美国产品的购买意愿，主要原因是乌克兰消费者认为美国产品质量好。基于此，做出假设如下：

H3：产品评价结果对购买意愿有正向影响，即对日本产品的评价越高，购买日本产品的愿望越强，反之则越低。

Shoham 等人（2006）认为，某一因素引发了消费者的敌意后，消费者的购买意愿会相应降低，进而会促使其改变购买行为，即由原来打算购买转变为放弃购买，或者转而购买其他国家的产品。Klein 等人（1998）研究发现，敌意水平较高的消费者将比敌意水平较低的消费者拥有更少的目标国产品。基于此，做出假设 H4。

H4：购买意愿与实际拥有日本产品呈正相关，即拥有日本产品的被调查者比不拥有日本产品的被调查者具有更强的购买日本产品的意愿。

二　消费者民族中心主义与假设

（一）消费者民族中心主义与 CETSCALE 量表

Shimp 和 Sharma 1987 年提出了消费者民族中心主义这一概念，认为"当消费者面临国产货与外来货选择时，会产生对本国产品的自然认同和偏爱，而对外国产品有一种心理抗拒；民族中心主义消费者认为，购买进口货是错误的和不爱国的，这伤害了本国经济，导致失业；而非民族中心主义消费者主要依产品本身属性加以评价，不会想到它是哪里生产的"。为测量、比较消费者民族中心主义倾向程度，Shimp 和 Sharma 构建了由 17 个测量项目构成的 CETSCALE 量表，并通过对美国四个城市的调查，实证检验了该量表的内部一致性和可靠性。后来，Netemeyer 等人（1991）采用四个不同国家的数据对 CETSCALE 量表进行了验证，结果证实其跨文化的有效性。众多研究人员通过调查验证，认为该量表在许多国家都具有高度有效性，例如在美国、日本、许多欧洲国家，包括一些东欧国家，因此 CETSCALE 量表成为国内外学者研究消费者民族中心主义时普遍采用的一种工具。

Shimp 和 Sharma 提出了具有可靠性与有效性的 CETSCALE 量表，但在实际运用该量表测量消费者对那些因遭受外国产品竞争而市场日趋萎缩的国家消费产品态度的过程中，鉴于调查问卷的篇幅有限，实际调查机构人员对 CETSCALE 量表进行了删减，仅保留其中的 10 个测量项目，即 2，4，5，7，8，11，13，16，17，在这里，我们称之为改动的 CETSCALE 量表，而原包含 17 个测量项目的量表被称为完全的 CETSCALE 量表。

（二）假设

已有的国内外研究成果显示了消费者民族中心主义负向影响对国外品牌的评价和购买意愿。国内的学者在中国的大城市开展了关于消费者民族中心主义的实证研究。研究表明，中国消费者民族中心主义越高，对国外产品的评价与购买意愿就越小。将消费者民族中心主义与日本联系起来，借鉴已有研究成果，做出假设 H5 和 H6。

H5：山东省消费者的民族中心主义与对日产品评价负相关。

H6：山东省消费者的民族中心主义与购买日货的意愿负相关。

三　消费者爱国主义的测量与假设

（一）爱国主义测量

爱国主义和民族中心主义都体现了个体对于国家的认同，但爱国主义反映了个体对自己国家的热爱、自豪感与归属感，并不存在对其他国家的敌意；而民族中心主义则反映了个体的国家优越感和对他国的支配感，是建立在对其他国家敌意基础上的。但是，爱国主义和民族中心主义在个体层次上存在着正相关关系。

爱国主义的测量。Kosterman（1989）提出了关于爱国主义测量的量表。[1] 量表的具体内容见附表 26。具体表述为"我热爱中国""我很骄傲自己是一个中国人""中国的国家安危会牵动我对国家的情感"等。将各项的得分相加，得到爱国主义的测量指标。

---

[1]　R. Kosterman，F. Seymour，"Toward a Measure of Patriotism and Nationalistic Attitudes，" *Political Psychology*，1989，10（2）：257－274.

（二）爱国主义假设

韩小林、刘向明（1995）认为，中国人的国货意识是产生于饱受外辱、民族资本摇摇欲坠的历史文化背景下的，因此更多地建立在消费者所感受到的国外政治经济对本国带来的威胁层面上。从消费层面看，具有爱国主义倾向的消费者更可能将保护国内经济、支持民族产业视作自身对国家的一种义务，并且消费者的爱国主义倾向对于购买国货、排斥外国货有显著的影响（Han，1998）。基于已有的研究成果，做出假设如下：

H7：山东省消费者的爱国主义与对日产品评价负相关。

H8：山东省消费者的爱国主义与购买日货的意愿负相关。

四　调查样本的选择

Klein 等人（1998）在其首创性研究中，基于中国消费者对日本敌意的问卷调查是在南京市进行的；Weiyue Wang 等人（2013）在研究敌意对于中国消费者购买决策的影响时，样本调查是在北京市进行的，其样本均来自大城市。范孝雯等人（2014）研究了消费者敌意对青少年国产品牌购买意愿的影响，调查对象为高中生，袁胜军、宋亮（2013）研究了消费者敌意对品牌来源国选择的影响，调查对象为在校大学生。可见，在现有的研究中，绝大多数样本均来自大城市或者校园。本研究调查对象针对的是山东地区的消费者。韩国数据的调查是由同事邵丹及其韩国的大学教授协助在韩国调查完成的。

五　问卷设计与调查

消费者敌意、对日产品评价以及购买日货意愿调查问卷采用了Klein（1998）提出的经济敌意、战争敌意、总体敌意、产品评价与购买意愿五个量表；爱国主义的测量借鉴了 Rick 和 Seymour（1989）

提出的测量量表。利用平行翻译法对量表进行翻译，最终确定调查问卷。每个题项所有量表的形式均为李克特 7 级量表，除购买意愿量表外，其他四个量表的强烈反对项赋值 1 分，完全赞同项赋值 7 分，经济敌意、战争敌意、总体敌意三个量表，分值越高，说明敌意越强；产品评价量表，分值越高，说明对日本产品的评价越高。购买意愿量表，强烈反对的，赋值 7 分；完全赞同的，赋值 1 分；分值越高，说明购买日本产品的意愿越强。

本次调查主要由潍坊学院经济管理学院的学生协助完成，调查范围是山东省常住人口，包括城镇与农村消费者。由于潍坊学院是一所地方性院校，学生主要来源于山东省各地市，让学生协助调查可以最大限度地保证样本分布的广泛性。受条件的限制，尽管没有完全遵循随机抽样的原则，但调查的覆盖面尽可能广泛，接受调查者的代表性广泛，不仅包括城市人口，还包括农村人口；不仅有学生还有上班族；不仅有高收入者还有低收入者；年龄跨度大。调查结果是，样本对山东省全体居民具有良好的代表性。本次在山东省分发问卷 480 份，扣除未返还、调查项目填写不合格的，有效调查问卷共计 243 份。韩国寄过来的有效调查问卷 241 份。对所有问卷整理后，首先将数据录入 Excel，形成数据库，然后用 SPSS 20.0 对前文的假设进行检验、分析并得出结论。

六　山东省的数据分析

（一）描述性统计

在中国得到的 243 个有效样本中，男性 116 人，女性 127 人。原调查问卷中的年龄设计为四个阶段，但由于 60 岁以上样本仅为 11 个，故将其与 46—60 岁组合并，最终 46 岁以上的占比为 33.3%。结果如表 9.1 所示。

表9.1 　　　　　　山东地区消费者被调查问题的描述性统计

	类别	人数（个）	占比（%）		类别	人数（个）	占比（%）
性别	男	116	47.7	年龄	18—30岁	102	42.0
	女	127	52.3		31—45岁	60	24.7
收入	2000元以下	136	56.0		46岁及以上	81	33.3
	2001—3500元	37	15.2	文化层次	高中及以下	85	35.0
	3501元以上	70	28.8		本科及以上	105	43.2
拥有日货	是	120	49.4		中专、大专与高职	53	21.8
	否	123	50.6				

（二）变量可靠性分析

因为没有资料表明量表在调查地具有可靠性，所以，首先利用SPSS 20.0对各个量表信度的阿尔法值进行测度，结果为，山东省消费者民族中心主义的阿尔法值为0.879，经济敌意的阿尔法值为0.674，战争敌意的阿尔法值为0.778，产品评价与购买意愿的阿尔法值分别为0.911和0.768，总体敌意只有一个问题，无需进行可靠度测量。根据Nunnaly（1978）的理论，信度的阿尔法值高于0.7，则可以认为该量表具有内部的高度一致性。根据时立文（2013）的观点，0.65—0.7为最小可接受值，因此，山东地区消费者的经济敌意量表可以接受，其他四个量表的内部一致性良好。调查所采用的量表在多国进行过多次验证，而且量表是为中国消费者设计的，已经表明其具有良好的效度。

（三）均值分析

总体敌意的均值为5.4691，战争敌意的平均值为6.2901，经济敌意的均值为4.8255，如果将得分3.5—4.7，4.7—5.9，5.9—7分别归为低度、中度与高度水平，上述均值表明，被调查者对日本存在中度总体敌意，高度战争敌意与低度经济敌意。产品评价的平均值为4.7885，表明被调查者中度认可日本产品质量；购买意愿平均值为

3.4938，非常接近于3.5，表明被调查者对于购买日本产品持中性的态度，不支持也不反对。消费者民族中心主义的平均值为3.5342，爱国主义的平均值为4.7339，表明消费者具有中等的爱国主义倾向，同时低度的消费者民族中心主义表明，被调查者表现出较低的排外情绪。

表9.2　　　　　　　　山东地区消费者被调查问题的描述性统计

	N	Minimum	Maximum	Mean	Std. Deviation
民族中心主义	243	1.00	6.70	3.5342	1.12736
总体敌意	243	1.00	7.00	5.4691	1.47782
经济敌意	243	1.60	7.00	4.8255	0.97938
产品评价	243	1.00	7.00	4.7885	1.26368
购买日货意愿	243	1.00	7.00	3.4938	1.26375
战争敌意	243	1.50	7.00	6.2901	1.06561
爱国主义	243	3.33	6.42	4.7339	0.46866

（四）一元线性回归分析

分别以经济敌意、战争敌意、总体敌意为自变量，以产品评价与购买意愿为因变量做一元线性回归分析，结果见表9.3。

从表9.3可以看出，在5%的置信水平上，经济敌意、战争敌意、总体敌意对因变量"购买意愿"均具有显著性负向影响，表明消费者对日敌意越强，其购买日本产品的意愿越低，因此，假设H1a、H1b和H1c被接受。

同时，表9.3中数据也表明，在5%的置信水平上，经济敌意、战争敌意、总体敌意均对因变量"对日产品评价"的影响不显著，这表明经济敌意、战争敌意、总体敌意的强弱与产品评价结果不相关，假设H2a、H2b和H2c被接受。产品评价与购买意愿呈现出显著性正相关，即对日本产品评价高的消费者表现出较高的购买日本产品的意愿，因此假设 H3 被接受。

表9.3　　　　　　　　　一元线性回归系数与显著性检验

因变量	自变量	标准化回归系数	t 值	P 值
对日产品评价	经济敌意	.058	.901	.369
	战争敌意	.073	1.142	.254
	总体敌意	.031	.485	.628
	民族中心主义	− .078	− 1.212	.227
	爱国主义	.096	1.491	.137
购买日货意愿	经济敌意	− .173	− 2.727	.007 *
	战争敌意	− .170	− 2.674	.008 *
	总体敌意	− .302	− 4.910	.000 *
	产品评价	.216	3.437	.001 *
	民族中心主义	− .526	− 9.603	.000 *
	爱国主义	− .177	− 2.791	.006 *

说明：* 表示自变量与因变量之间的关系显著。

民族中心主义对因变量"对日产品评价"的影响不显著，即民族中心主义因素并不能显著地影响消费者对于日本产品的评价，因此，消费者在评价日本产品的质量时，更多地依赖于产品本身，而不是感情因素。因此假设 H5 被拒绝。民族中心主义与购买日货的意愿显著地负相关，即民族中心主义越高的消费者越不愿意购买日本产品，因此假设 H6 被接受。

爱国主义对因变量"对日产品评价"的影响不显著，即爱国主义因素并不能显著地影响消费者对于日本产品的评价，因此假设 H7 被拒绝。爱国主义与购买日货的意愿显著地负相关，即爱国主义越高的消费者购买日货的意愿越低，因此假设 H8 被接受。

表9.4 中数据显示，无论是否拥有日本产品的被调查者，在对日敌意方面均无显著性差异，即消费者虽然购买了日本产品，但这并未

改变其对日本感情上的敌意；但拥有日本产品的被调查者对日本产品的评价显著地高于不拥有日本产品的被调查者，同时也表现出显著较高的购买意愿，假设 H4 被接受。由此可以得出结论，对日产品评价正向地影响消费者购买日货的意愿，进而影响消费者的购买行为。

同时，不拥有日货的消费者表现出更高的消费者民族中心主义，但无论是否拥有高的爱国主义情怀，消费者在拥有日货方面并无显著差异，也就是说，爱国主义强的消费者并不一定不买日货。由此可见，爱国主义并不是影响消费者购买日货的唯一因素，消费者在选购日货时，还受其他因素的影响，例如质量、品牌等。

不同年龄的被调查者在战争敌意方面，按年龄由低到高均值分别为 5.7647、6.1333 和 6.2469，年龄越大，战争敌意越强，即年龄与战争敌意呈正相关关系。30 岁以下的年轻人在购买意愿方面的均值显著地高于 30 岁以上的被调查者，即 30 岁以下的年轻人更愿意购买日本产品。30 岁以上消费者的民族中心主义显著地高于 30 岁以下的消费者。

表9.4　　　　　　　　独立样本 T 检验均值与显著性检验

	均值（30 岁以下）	均值（30—60 岁）	均值（60 岁以上）	Sig.（双侧）	均值（拥有日本产品）	均值（不拥有日本产品）	Sig.（双侧）
经济敌意	4.7510	4.9567	4.8222	.436	4.7396	4.6565	.537
战争敌意	5.7647	6.1333	6.2469	.003	6.2542	6.3252	.604
总体敌意	5.2549	5.5167	5.7037	.120	5.3833	5.5528	.372
产品评价	4.8255	4.7600	4.7630	.928	5.1300	4.4553	.000
购买意愿	4.1225	4.8333	4.7469	.000	3.7604	3.2337	.001
民族中心主义	3.0510	3.9500	3.8346	.000	3.2800	3.7821	.000
爱国主义	4.6658	4.8403	4.7407	.072	4.7076	4.7595	0.390

由于单纯地分析山东省的数据，我们并不能准确地了解山东省消

费者的某一项指标与国际社会水平的相对高低,因此,这里选择同在东北亚地区、与日本紧密相邻并且也受过日本侵略的韩国进行比较分析。

七　韩国数据分析

(一)　数据描述

表9.5　　　　　　　　　韩国消费者被调查问题的描述性统计

	N	Minimum	Maximum	Mean	Std. Deviation
民族中心主义	241	1.00	5.80	2.7108	.95204
爱国主义	241	1.75	6.63	4.8138	.68827
战争敌意	241	2.00	7.00	5.7614	2.20891
经济敌意	241	1.00	7.00	3.8994	.84993
对日产品评价	241	1.40	7.00	4.7485	.82644
购买日货意愿	241	1.00	7.00	4.7033	1.11460
总体敌意	241	1.00	7.00	3.9129	1.38319

(二)　变量可靠性分析

首先利用 SPSS 20 对各个量表的信度的阿尔法值进行测度,结果,韩国消费者民族中心主义的阿尔法值为 0.924,爱国主义的阿尔法值为 0.747,经济敌意的阿尔法值为 0.645,战争敌意的阿尔法值为 0.168,产品评价与购买意愿的阿尔法值分别为 0.870 和 0.863。根据 Nunnaly (1978) 的理论,韩国消费者的经济敌意量表与战争敌意量表无法接受,其他四个量表的内部一致性良好。对经济敌意的五个问题进行逐一删减测试,发现去掉第四个问题后,阿尔法值上升到 0.746,因此采用由四个问题组成的经济敌意量表进行分析。

(三)　均值分析

韩国被调查者总体敌意的均值为 3.9129,经济敌意的均值为

3.8994，如果将得分 3.5—4.7，4.7—5.9，5.9—7 分别归为低度、中度与高度水平，上述均值表明，被调查者对日本存在低度总体敌意、低度经济敌意。产品评价的平均值为 4.7485，表明被调查者中度认可日本产品质量；购买意愿平均值为 3.2967，低于 3.5，表明被调查者不愿意购买日本产品。消费者民族中心主义的平均值为 2.7108，爱国主义的平均值为 4.8138，表明韩国被调查者具有中度的爱国主义精神，同时更加开放，排外的情绪较低。

（四）一元线性回归分析

分别以经济敌意、战争敌意、总体敌意、民族中心主义、爱国主义为自变量，以产品评价与购买意愿为因变量做一元线性回归分析，结果见表9.6。

表9.6　　　　　　　　一元线性回归系数与显著性检验

因变量	自变量	标准化回归系数	t 值	P 值
对日产品评价	经济敌意	.029	.445	.657
	总体敌意	.030	.458	.648
	民族中心主义	−.003	−.046	.963
	爱国主义	.236	3.748	.000*
购买日货意愿	经济敌意	−.568	−10.660	.000
	总体敌意	−.428	−7.328	.000*
	产品评价	−.070	−1.089	.277
	民族中心主义	−.561	−10.488	.000*
	爱国主义	−.173	−2.715	.007*

说明：＊表示自变量与因变量之间的关系显著。

从表9.6可以看出，在5%的置信水平上，经济敌意、总体敌意对因变量"购买意愿"均具有显著性负向影响，表明韩国消费者对日敌意越强，其购买日本产品的意愿越低。经济敌意、总体敌意均对因变量"对日产品评价"的影响不显著，表明经济敌意、总体敌意的强弱与产品评价结果不相关。

产品评价与购买意愿之间没有显著的相关关系，即对日本产品评价高的消费者并没有表现出较高的购买日本产品的意愿。

爱国主义与民族中心主义对因变量"对日产品评价"的影响均不显著，但与购买日货的意愿显著地负相关，表明尽管韩国被调查者能够客观地评价并肯定日本的产品质量，但爱国主义与民族中心主义负向影响了消费者购买日本产品的意愿，即爱国主义与民族中心主义越高的消费者购买日货的意愿越低。

八　山东省与韩国被调查者的比较分析

对山东省与韩国的调查数据进行两个样本总体的均值比较分析，分析的结果见表9.7。

表9.7　　　　山东省消费者与韩国消费者的相关指标均值统计

	均值（山东）	均值（韩国）	差	T检验值	双尾P值
民族中心主义	3.5342	2.7108	1.366	-8.683	.000
爱国主义	4.7339	4.8138	-0.230	1.4920	.136
经济敌意	4.8225	3.8994	0.798	-11.113	.000
总体敌意	5.4691	3.9129	1.556	-11.962	.000
对日产品评价	4.7885	4.7485	0.040	-.4120	.681
购买日货意愿	3.4938	4.7033	-1.210	11.169	.000

从表9.7中数据可以看出，山东省被调查者的民族中心主义均值显著地高于韩国被调查者，说明相比较韩国，山东省被调查者的民族自豪感更强，排外的情绪更高。尽管韩国的爱国主义均值高于山东省，但这种差异并不显著，即两地居民的爱国主义水平相当。

山东省被调查者的对日经济敌意显著地高于韩国被调查者，反映出山东省被调查者认为中日贸易存在不公平性，日本在双方的贸易中获得了更大的利益。而韩国人尽管也对日存在经济敌意，但认为双边贸易不公平的强度较弱。就总体敌意来看，山东省被调查者显著地高于韩国，这里有一个重要的原因在于山东省被调查者具有更高的战争敌意。

山东省与韩国被调查者在对日产品评价方面的意见高度一致，这从另一个侧面反映出日本产品过硬的质量，同时也说明被调查者能够客观地对日本产品做出评价。从购买日货意愿来看，韩国被调查者具有中度的购买意愿，而山东省被调查者仅具有低度的购买意愿。

综合对比分析的结果，山东省被调查者具有和韩国相近的爱国主义情怀，对日产品的评价结论也基本一致。但是，山东省被调查者具有更强的民族中心主义和对日敌意，更不愿意购买日本产品。

九 结论与经贸合作启示

均值表明消费者对日本存在中度总体敌意、高度战争敌意与低度经济敌意，这说明消费者对日敌意主要源于战争影响，而对日本经济发展的威胁敌意相对较低。由于年龄与战争敌意呈现出正相关关系，这在一定程度上表明，随着时间的推移，年轻人对日战争敌意会淡化，这为两国的经济合作提供了良好的市场条件。

山东省消费者是具有购买日货的愿望的，尽管这种意愿并不是非常强烈。尤其是30岁到60岁的消费者更愿意接受日货，这部分消费者的经济条件相对要好，也为购买价格较高的日货提供了经济基础。因此，两国政府如能尊重历史事实，着眼于化解战争敌意的外交发展，随着年轻一代的成长，山东省居民对日本的战争敌意会逐步消退，未来鲁日两地的经贸合作空间会越来越大。

由于产品评价正向地影响着消费者的购买意愿，进而影响消费者的购买行为，这肯定了高品质的产品对消费者购买行为具有正向推动作用，因此可以判断，今后日本高品质、高技术含量的产品在山东省仍然具有发展机会，两地今后的贸易合作市场具有良好的基础。

　　消费者敌意与产品评价不相关，这说明消费者对产品的评价是比较客观的，也说明日本产品的原产国形象是比较好的，得到了山东省消费者的认可。但消费者仅仅是低度认可日本产品质量，这在一定程度上说明国内市场在售产品质量整体良好，也反映了日本向中国出口的产品以及在中国投资生产并内销的产品技术含量不高、质量不高的事实，因此，推动日本企业将更先进的技术应用于山东省的投资项目会有助于进一步开拓两地的经贸合作。

　　但是，如果和韩国相比较，尽管山东省被调查者具有和韩国相近的爱国主义情怀，对日产品的评价结论也基本一致，但山东省被调查者具有更强的民族中心主义和对日敌意，更不愿意购买日本产品。因此横向比较的结果提醒山东省政府，鲁日经贸合作尽管未来的市场潜力巨大，但也应该警惕民族中心主义的潜在负面影响。

第十章　鲁日经贸合作风险评估

第一节　国际经贸合作风险概述

国际经贸合作来自于经济体的相互需求，它与国际经济形势本身有着密切的关系，市场需求的急剧减少、对外政策的急剧变化、双边政治经济关系的变化等都会给经贸合作带来影响。同时，国际经贸合作还会通过影响当地经济而影响到与经济有关的诸多方面，如就业和产业结构的变动等。[①] 规避国际经贸合作风险不仅是企业层面的需求，也是一国或地区对外开展经贸合作的需要。

国内现有关于国际经贸合作风险的研究主要集中在两个方面：一是贸易风险；二是投资风险。贸易风险的研究大多都是从贸易实务的角度来分析应对贸易风险的具体措施，例如强化信用资质调查、加强投保出口信用保险等。也有研究从具体的案例出发分析如何应对贸易风险，但是从宏观角度进行的研究明显较少。投资风险研究主要集中于国家风险研究上。

一　国际贸易风险及风险管理的内涵

国内外学者对国际贸易风险的含义、特征、构成及表现形态等基

---

① 王智勇：《贸易风险经济影响与区域分布的实证研究》，《地理科学进展》2010 年第 4 期。

本理论内涵进行了深入的研究。

（一）国际贸易风险的内涵

美国著名经济学家斯蒂格利茨认为，风险表示同大多数与未来经济活动相伴随的，并且是大多数都不喜欢的结果的不确定性。[①] 在经济领域，它代表着由于经济前景的不确定性，各个经济行为人在从事正常经济活动时，可能蒙受经济损失或者获得经济收益的概率及可能的损失程度。[②] 综合起来看，经济系统运行的复杂性、外部环境的不稳定性以及行为主体认知能力的有限性、信息分布的不均匀性等，造成了风险是一种必然存在的现象。[③]

国际贸易风险是指一国在进行对外贸易的过程中，由于环境、政策等原因给本国企业和公众带来的负面影响所形成的风险。[④] 在现实经济中，每个人都会面对这种条件的不确定性，因此人类经济社会是时时刻刻由风险伴随的。Knight（1921）认为，风险不完全与不确定性相同，风险是其所有结果已知或可以得到的每个情形可能发生的概率情况，这样的风险才有进行管理的可能性。

中国学者认为，国际贸易风险是指在国际贸易中，与贸易有关的某些因素在一定时间内发生始料未及的变化，导致国际贸易主体的实际收益与预期收益或实际成本与预期成本出现不一致，从而蒙受损失的可能性。某些因素在一定时间内发生始料未及的变动称为国际贸易的风险事故。一般认为，国际贸易风险由风险因素、风险事件、风险损失三方面要素构成。国际贸易风险是风险因素、风险事件和风险损失的统一结合体。[⑤]

---

① 斯蒂格利茨：《经济学》上册，中国人民大学出版社1996年版，第26页。
② 杨春学：《当代西方经济学新词典》，吉林人民出版社2001年版，第86页。
③ 李林林：《关于国家风险与主权信用评级的研究》，中国社会科学院2013年版，第30页。
④ 王静、王诺：《建立中国外贸风险的管理模型》，《经济问题探索》2008年第2期。
⑤ 吴建功：《国际贸易风险管理理论研究的评述与展望》，《经济学动态》2008年第7期。

（二）国际贸易风险的分类

从不同的角度看，国际贸易风险的分类结果不同。从成因的角度看，有客观风险和主观风险两类。客观风险是指由非主观因素造成的可能损失的风险，这种风险不以人们的意志为转移，但一般可以进行预测。例如，进出口国贸易政策的变化、市场竞争以及需求的变动、汇率以及外汇管理政策的变化、进出口国之间的政治关系变化、进口国执政当局的外贸政策变动，等等。这些风险一般是贸易主体无法改变的，但通常可以防范。所谓主观风险是由于贸易主体本身的条件变化和行为偏差而导致贸易损益的可能性，这样的风险通过主观努力是可以降低或消除的。

从空间维度看，国际贸易风险表现为宏观风险和微观风险。从宏观层面看，国际贸易风险应包括本国和目标市场国家的政治风险、社会风险、政策风险、经济风险、技术风险和文化风险。从微观层面看，国际贸易风险则应包括企业经营战略和经营策略方面的风险，如合同风险、运输风险、结算风险、价格风险等。从贸易风险产生的原因看，风险主要有商业风险、汇兑风险、储运风险、市场风险、信用风险和环境风险等。

（三）国际贸易风险管理

国际贸易风险管理是指外贸经营主体在经营过程中对有关风险进行识别、测算和评价，并采取风险管理技术防范和控制国际贸易风险，以保障外贸经营活动正常进行的管理行为和管理过程。国际贸易风险管理的对象包括贸易中的各种风险因素、风险事件与风险损失，管理的目标是实现以最小的风险管理成本获得企业生存发展的最高安全保障。国际贸易风险管理的任务主要包括三个方面：健全企业风险管理制度；预防控制风险；处理风险损失。

胡小娟在《国际贸易风险管理与案例评析》一书中系统地列出了国际贸易风险管理的五大职能：国际贸易风险警戒，即对各种各样的贸易风险保持高度的警惕和戒备；国际贸易风险定位，即对国际贸易风险因素进行定性、定量的属性鉴定和提示警备；国际贸易风险防范，这是根据识别和定位的结果对国际贸易风险采取必要的防护措施；国际贸易风险处置，即风险事故发生后，贸易主体迅速采取有效的措施对国际贸易风险进行应急处理和积极补救；增强应对风险的能力，即强调增强国际贸易主体抗击国际贸易风险的综合能力。[①]

二　国际投资风险及风险管理的内涵

许多学者研究了对外直接投资中所存在的风险，并运用交易成本理论与对外直接投资理论展开风险的识别与规避研究。

Beamish（1987）将国际风险定义为各种不确定性，而东道国风险又包括情境风险和交易风险两种类型。杜强（1988）认为，对外直接投资风险是指在进行国际直接投资活动中，因投资环境的不确定性而导致投资者发生损失的风险。企业在对外直接投资过程中及其在对所投资的境外实体进行管理时，由于不确定性事件的发生而引致资本或收益损失的可能性，从宏观来看包括政治风险、外汇风险、文化风险、法律风险以及其他风险。

对外直接投资的宏观风险是客观存在的，通常是不以人的意志为转移的，投资者无法完全规避对外直接投资风险，但鉴于多数风险影响因素的可预测性与可分析性，投资者可以通过采取一定的技术手段以及运用特定的分析方法将各种风险所带来的不利影响控制在可接受的范围内。因此，对外直接投资的风险控制主要是在对外直接投资的过程中，对可能导致企业投资运营非正常变动或者减少企业盈利的各种风险因素进行识别、分析、测定与评价，并有针对性地采取有效控制措施，以确保对外直接投资的顺利实施。

---

① 胡小娟：《国际贸易风险管理与案例评析》，湖南人民出版社 2002 年版。

三 国际经贸合作的风险构成

国际经贸合作的内容涉及贸易、投资、工程承包与劳务合作等多个领域，由于各项内容的差异，所存在的风险自然也有差异。但通过对国际贸易与国际投资风险的分析可以发现，国际经贸合作各项业务的宏观风险在内容、特点与控制识别上存在着高度的一致性，结合已有的研究成果，可以暂时将国际经贸合作风险归纳为政治风险、政策风险、经济风险、文化风险、汇率风险。但是进一步分析可以发现，上述所谈的风险都是基于国外合作伙伴国的，并未明确涉及本国以及第三国有关因素所带来的风险。

实际上，在我们谈到同某一国的经贸合作风险时，是无法回避本国的经济因素、文化因素与政治因素等的影响的，第三国的有关因素也会发挥作用。例如，受钓鱼岛事件的影响，中国有些公民不欢迎日本人到中国旅游，也有部分中国劳务者不再选择去日本打工，直接影响了鲁日的服务贸易与劳务合作。再如，中国经济实力的增强以及巨额的贸易顺差，引起了有关国家的不安，它们提出中国"威胁论"，直接影响了中国企业的国际经贸活动。还有如，由于德国经济部门对由中国福建芯片投资基金德国部门发出的收购德国爱思强的交易提议提出了安全担忧，这些担忧也得到美国监管部门的回应，导致奥巴马总统直接对交易发出禁令，最终这笔收购行为失败。① 因此，在研究国际经贸合作风险时，应该适当考虑本国以及有关第三国的影响。

作为美国最亲密的盟友之一，日本总是步调一致地执行美国所发出的命令，例如制裁俄罗斯、伊朗、朝鲜等，因此中美政治经贸关系的走向在一定程度上会影响日本对中国的态度，为鲁日经贸合作带来更多的不确定性。

---

① 《中国企业收购德国爱思强的交易宣告失败》，http：//finance. sina. com. cn/stock/t/2016 - 12 - 09/doc-ifxypizk0043057. shtml。

四　国际经贸合作风险管理

国际经贸合作风险管理是指为达到避免和减小风险损失的目的而进行的风险识别、风险分析与度量、风险监控与处理的管理活动总称。具体包括三个阶段。

（一）风险的识别

国际经贸合作风险管理的对象是国际经贸活动中现实与潜在的风险因素、风险事件和风险损失。需要将国际经贸合作中的风险进行分析和因素分解，将国际经贸合作中复杂的现象分解成为构成风险影响的一系列要素，并找出这些要素对国际贸易所带来的风险大小。故障树分析、决策树分析法、圆桌会议法、德菲尔调查法等都可用来进行国际经贸合作风险因素的识别。

（二）风险度量

风险度量是指在风险识别的基础上，运用概率论与数理统计等方法，结合主观判断对潜在风险水平进行分析和估计，分析各类风险因素发生的概率高低以及测度风险发生后可能带来的后果。预测方法可概括为两大类：一是定性预测法，即运用风险预测者的知识、经验，理智地对风险做出主观判断；二是定量预测法，即运用统计模型进行预测判断。例如，对政治风险进行预测常用的定量预测方法包括风险价值（VAR）、极值理论、ARMA 等方法，其中 VAR 方法是常见的风险度量方法，得到较广泛的应用。

（三）风险控制

在对风险进行识别和度量后，要制定风险应对措施，风险控制的基本原则是以最小的风险处理成本来获取最高的安全保障，实现经营主体的利益最大化。从操作层面来看，需要建立能够对风险进行快速识别、度量以及对风险危机能够及时有效处理的组织体制与运行机制。从内容来看，国际风险控制要从风险预防开始，即在风险尚未发生或风险尚未导致损失之前，采用预防措施以阻止损失的发生，消除风险隐患。如果风险无法预防，则要采用风险规避策略，通过采取相应的对策绕开可能的风险，从而减少或避免风险损失。风险分散化以及风险转嫁也可以很好地降低风险，以减少潜在风险所带来的损失。

第二节　鲁日经贸合作风险识别

遵循国际经贸合作风险管理的路径，进行鲁日经贸合作的风险识别与分析。

一　政治风险

政治风险属于国际经贸合作中的宏观风险，具有不可控性，而且政治风险的爆发所带来的损失往往是巨大的，开展国际经贸合作必须认真对待可能的政治风险。通常认为，政治风险是因投资者所在国与东道国政治环境发生变化、东道国政局不稳定、政策法规发生变化而给投资企业带来经济损失的可能性。政治风险通常包括战争、内乱、征收、征用、没收、国有化、汇兑等风险。[①] 如果将国际贸易包括进来，政治风险可以理解为：因种族、宗教、利益集团、国家之间的冲突，或因政策、制度的变革与权力的交替所造成损失的风险。

关于国际投资领域风险要素分析的研究成果非常丰富。在所建立的政治风险与经济风险二维的对外直接投资分析模型里，Bhalla（1983）提出的具体的测量政治风险的尺度为政府的稳定性、政府变动的频率和方法、公众对政府领导者和机构的态度。

Busse 和 Hefeker（2005）通过对过去 20 年政治风险和境外直接投资关系的研究分析表明，虽然东道国政治风险的种类多样，但是对

---

① 政治风险，http：//baike. baidu. com/link？url = POQ_ gM89p7uAu8HW2igjA8gi0Y3dhO9jbopG_-KxskfRGxF0zmNLWcuLdpP-VBw1b1uaSZzrcRxqEnVwSBO548aTey3j8SVOANp FXm-jYI7RK6JhkBA9buo7Mlfy3H8Zn。

企业直接投资有重要影响的主要有三类：政府稳定性、法律和秩序、国家官僚的质量。

McGowan（2009）把 Bhalla 的模型进行了扩展，把它从类别模型延展到一个连续性的公式模型里。其中，政治风险维度的测量有三个变量，包括东道国政府对对外直接投资的态度、政治矛盾、可感知的腐败问题。

当前日本是发达的资本主义国家，国家政权稳定，法律完备，国内经济发展秩序良好、民众对政府领导者和机构的态度总体积极，这可以从日本首相安倍晋三在 2017 年初获得的较高民众支持率中看出。结合有关的研究成果，在研究鲁日经贸合作的政治风险时，主要考虑两个因素：日本政权的连续性、中日国家关系指数。

东道国政体、政权的变化，会伴随着政策的不连续性风险。不同的政党或者政权往往执政的理念有所不同，甚至差别巨大。美国民主党总统奥巴马政府极力推动的 TTP 在共和党总统特朗普上台后的第一天就给废除了，这给其他 TTP 亚洲国家当头一棒。极右翼政党与极左翼政党的执政理念差距明显，极易导致对外经贸合作态度的改变。

日本的右翼政党是一种泛称，是指在行政纲领上倾向于维持传统的社会价值观，在施政方针上采取保守主义的政党，在某些国家也被称为保守党。日本自民党就是中右翼政党，主张自由主义，反对激进主义和社会主义，维持、发展现行的资本主义政治经济社会体制。而以田母神俊雄、田村真悟及石原慎太郎等日本政坛极右翼势力为主要领导人的太阳党、原日本维新会都是极右翼党派。例如太阳党主张废除宪法，自主制定宪法；创建军队，救出绑架受害者；主张真正的"历史观"，恢复日本名誉等。[①] 革新政党主要指日本社会党和日本共产党。它们与自民党处于对立状态，主张打破现状，进行政治经济社

---

① 《日本极右翼政党太阳党成立》，http://news.163.com/14/0926/01/A71IBT9I00014AED.html。

会体制的变革。此外，日本还有中道政党，即主张建立中道政治的政党，主要有公明党、民社党等。它们对中道政治的提法大不相同，但共同目标是打破以自民党、社会党两党为中心的"五五年体制"，结束自民党的一党统治。①

由于不同党派党的纲领不同，执政理念不同，在处理国际经贸合作关系中，采取的方法也就不同。当前执政的自民党"亲美脱亚"，在美国的撑腰下，在处理钓鱼岛问题、参拜靖国神社问题、侵略历史承认问题以及干预中国南海主权事务中与中国背道而驰，使中日政治关系走向恶化。如果革新党派执政或者在国会中的话语权增加的话，中日双边的政治关系就有望缓和。鲁日经贸合作的政治风险随着日本执政党的轮换以及中日政治关系的变化而发生着改变。

二　政策风险

东道国政府进行政策干预一般出于经济原因，有时政治因素也会发挥作用。从投资的角度来讲，投资国希望本国利益最大化、控制海外市场，东道国希望引进外资与技术以促进经济发展，同时又能很好地保护本国经济的安全，因此投资国会采取措施鼓励"走出去"，东道国政府则会对本国的外资企业进行政策干预，例如市场准入限制政策、本地采购比例政策、劳工与劳务政策、环保政策等。这些政策干预对境外直接投资企业的影响途径，不管是直接还是间接的影响，都会给境外企业的投资活动带来风险。例如，一国环保政策的改变可能会迫使某些高污染的外资退出。从贸易角度来看，关税壁垒与非关税壁垒是必须认真应对的。

关税壁垒在某种程度上是服务于本国经济发展的，主要是削弱进口商品在本国市场上的竞争力，以保护本国幼稚产业，但有时也有政治目的，例如对于特定国家的歧视与惩罚等。出口关税的征收通常局

① 日本政党，http://www.baike.com/wiki/日本政党。

限于本国的稀缺资源，有时出于国家安全、环境保护以及技术控制等的原因，也会通过征收高额关税的方式限制出口，或者禁止出口。实施非关税壁垒多是在不违反国际贸易有关双边与多边协定的前提下而采取的更为隐蔽的贸易限制措施，能够更灵活和更有针对性地限制进出口货物的流动，日本的"肯定列表"制度就是一例。反倾销政策、反补贴政策也是各国政府常采用的保护措施，成为鲁日贸易另一个重要的风险来源。因此在研究鲁日经贸合作风险时，必须关注的几项指标是：市场准入限制，技术性贸易壁垒以及"两反一保"措施的频繁度。

三　经济风险

一国经济发展萎缩乏力，生产过剩，必然会引起收入下降，导致居民购买力降低，形成有效需求不足、商品滞销。有效需求不足，不仅会导致国内经济发展速度下降，投资下降，进口商品的需求也会出现大幅度下降，国际资本在趋利动机驱使下会逃离该国。因此，一国的经济发展状况对于该国对外经贸合作的影响是显而易见的。反之，如果经贸合作伙伴国的经济发展良好，需求旺盛，则会在出口带动下拉动本国经济增长，这一结论早已得到验证。例如，全球经济危机导致 G7 国家经济陷入衰退，失业率上升、金融市场动荡和国内需求萎缩，由此带来的贸易传播效应给中国出口贸易带来了较为严重的负面影响。汤学兵、韩晓丹认为，全球经济危机对中国进出口的传导机制主要有以下四种：以美国为主的国外市场需求减弱从而减少了中国的出口；通过汇率市场提高中国出口产品成本导致外部需求减少；通过严格的信贷控制和金融监管减少外部需求；国际贸易保护主义抬头严重遏制需求。[①]

---

　　① 汤学兵、韩晓丹：《全球经济危机对我国进出口贸易的影响——基于多参数平滑法的定量分析》，《国际贸易问题》2011 年第 4 期。

日本经济 20 世纪 90 年代以来经历了经济衰退与滞胀，至今增长乏力。据日本内阁府数据，外需是 2016 年第四季度日本经济增长的主要因素，但内需持续疲软，当季日本国内个人消费环比零增长。日本央行副行长中曾宏在日本高知县会见商界领袖并发表讲话，谈到日本的经济、货币政策以及海外因素对日本的影响。中曾宏表示，日本出口、产出的增长势头加强，并扩散到更多领域。但是，日本的基础通胀动能不足，现在离实现日本央行 2% 的物价上涨目标仍很遥远。必须密切关注美国长期利率上升对全球市场和新兴经济体的影响，关注来自中国、英国脱欧以及欧洲债务的风险可能带来的负面影响。①

中国人民大学校长刘伟及北京大学经济研究所常务副所长苏剑在《"滞胀"压力下的信心与挑战——2017 年中国宏观经济形势展望》一文中认为，中国 2016 年的宏观经济运行总体是平稳的，基本上实现了年初设定的政策目标，但潜在的经济风险不容忽视。总体来看，全年经济运行主要呈现出三方面的特征：一是实现了年初的经济增长目标，但下行压力犹存；二是通货膨胀率温和上涨，既无通缩也无通胀压力；三是财政政策、货币政策的边际效应递减，政策风险上升。同时，二人认为，在国际国内经济环境的双重影响下，2017 年，中国宏观经济的复杂程度将继续加深，可能出现经济增长下行与系统性风险上升压力并存的局面。首先，经济增速将继续探底，物价水平增速将有所上升。基于总供给和总需求的分析框架判断，2017 年，总供给缺乏短期扩张动力，有效需求继续收缩的概率增加，宏观经济可能出现"双收缩"的自然走势。其次，经济系统性风险上升。2017年，宏观经济的风险敞口可能会持续加大，对经济会产生较大压力。主要表现为实体经济的"滞胀"风险、房地产市场的资产泡沫风险和人民币的汇率风险。因此，2017 年，中国宏观调控的主要目标应

---

① 《日银副行长：日本经济面临下行风险，应维持宽松政策》，http://forex.cngold.org/fxb/c5101104.htm。

放在"控风险＋稳增长"上，其中"控风险"应成为首要关注点，"稳增长"、保障就业的宏观调控目标应继续放到重要位置。[①]

日本爱知大学国际中国学研究中心研究员李博在 2017 年 2 月接受新华社记者采访时表示，距离 2007 年次贷危机已近 10 年，全球金融体系仍是单极构造，各国政府需警惕不良债权、热钱，以及美国房地产和银行交易缺乏限制所构成的威胁，加强管控，降低未来经济危机所带来的损害。李博认为，美国新任总统推行的"美国第一"的保守主义对全球经济秩序是一个巨大挑战。保守主义不光是贸易问题，它会对生产或者对人们的投资意愿、投资信心都产生巨大的打击。美国新政权是一个不确定的因素。如果美国贸易政策的潜在变化导致世界经济前景不确定性增加，靠出口驱动的日本经济或将受到拖累。

McGowan 和 Moeller（2003）在评判一国的经济风险程度中，把经济风险的测量维度分为三个变量：人均国民生产总值、对外直接投资潜力和通货膨胀率。这也可以作为我们评价鲁日经贸合作经济风险的指标。

四　外汇风险

外汇风险是指一个金融公司、企业组织、经济实体、国家或个人在一定时期对外经济、贸易、金融、外汇储备的管理与营运等活动中，以外币表示的资产（债权、权益）与负债（债务、义务）因未预料的外汇汇率的变动而引起的价值的增加或减少的可能性。[②] 外汇风险产生的直接原因是汇率的波动。

---

① 刘伟：《2017 年我们拿什么应对中国经济"滞胀"风险?》，http：//business. sohu. com/20170217/n481016501. shtml。

② 外汇风险—百度百科，http：//baike. baidu. com/link？ url ＝ q3 BPFznyJkWHaHcjfzffi RQMvZZe6SjP3 swjU1 GQoMlBnDUBOs0Bn0 inopTK5 tqc3 lQwccpTYzMBUsa4 qwdbicqEm6D6yD3 men DiN＿ vX2 － VbzOmTYkriVKG3 gagB4 M － 0。

根据外汇风险产生的原因和对企业的影响，通常将外汇风险分为交易风险、折算风险与经营风险三种。交易风险是指企业的应收账款和应付债务的价值因汇率的变动而发生变动的风险，本质上是企业在对外贸易活动中，资金流量因汇率变动而产生的风险；折算风险是指资产负债表中某些外汇项目价值由于汇率变动而发生变化的风险，又称账面风险；经营风险是指企业未来的纯收益因汇率变动而带来的变动风险。管理汇率风险，需要关注汇率变动的影响因素。

汇率风险度量是金融风险度量的一种，归纳起来，汇率风险度量方法可以分为两大类：直接汇率风险度量方法和间接汇率风险度量方法。直接汇率风险度量方法是通过度量由于未预测到的汇率变化而引起的企业国际贸易汇率风险值的大小。对直接汇率风险的度量从最初的名义量法发展到现在的灵敏度分析、波动性分析、压力试验、极值理论、Copula 度量模型、信息熵和风险价值系列方法（如 VaR、CVaR、WCVaR）等更深层次的计量方法。间接汇率风险度量方法主要是通过回归来度量汇率波动与企业价值变动之间的关系，从而间接描述汇率风险。具体表现为资本市场法和现金流量法。[①]

五 文化风险

文化风险之所以构成企业经营中的风险，是因为其文化差异。文化一旦形成便具有很强的稳定性和继承性。企业经营中的文化风险若不加以控制和规避，会酿成文化冲突，使企业蒙受巨大损失。[②] 中国某公司向海湾某国出口冻北京鸭 700 箱，20 吨。合同规定：需中国伊斯兰教协会出证，证明该项冻鸭是按伊斯兰教方法屠宰的。我方在屠宰时，采用了科学的"钳杀法"，即从鸭子的口中进刀，将血管割断放尽血，从而保证鸭子外表是一个完整的躯体。随后，未经伊斯兰

---

① 汇率风险度量，http：//www.baike.com/wiki/汇率风险度量。
② 文化风险，http：//www.baike.com/wiki/文化风险。

教协会的实际查看，就由该协会出具了"按照穆斯林屠宰方法"的证明。货到国外后，对方拒收。我方最后以货物运回、承担往返运费并赔偿损失结案。除经济损失外，在政治上也产生了不好的影响。①

中国文化对亚洲国家影响颇大，但与日本、韩国的文化差异也是非常明显的，这点在前文已有论述。对这种文化差异的认知不足，或者对文化冲突的处理不当，不仅会导致企业受损，也有可能激发当地民众的民族主义，导致更大的冲突。例如，2004 年，西班牙贸易保护主义者抗议中国鞋商，最终从游行示威活动演变成了烧鞋事件，对中国企业在西班牙的经营造成了不良影响。当地民众的价值取向变动、民族中心主义动向、排外情绪变化以及对中国的敌视程度等都能为我们提供一些文化风险信息。

第三节　鲁日经贸合作风险综合评价指标体系构建

一　以往相关指标体系的简单回顾

与经贸合作风险相关的评价体系研究主要集中在两个方面：对外直接投资风险评价指标体系、对外贸易风险评价指标体系。评价指标既有测量宏观风险的，也有测量微观风险的。除从贸易与投资的视角构建风险测量模型外，也有专家学者就具体的某一个侧面度量风险。已有的这些研究成果对于鲁日经贸合作风险综合评价指标体系的构建具有重要的启发与借鉴意义。

（一）对外贸易风险评价指标体系

王静、王诺（2008）提出需要有效规避短期风险、政策博弈风险

---

① 国际贸易案例，http：//wenku. baidu. com/link? url = dfc1jy3wRhmKNtZL1lebTFoNpFH4IaFHO7AxauyljjFv3N0dhJMpQhIgXSo2LljbePGBX4E7uWLODi2c1QnpF2RzbkThnMn＿ eueJ3VzcmQC。

和长期风险。将外贸理论与风险管理理论有机融合起来，通过风险识别、基本试验、时机和行动等模块，构建出中国外贸风险管理模型的基本框架。

吴建功、王涛生（2008）认为，风险评价是在风险识别、风险估量的基础上，按照外经贸企业国际化经营战略和风险管理规划，对国际贸易风险状况进行系统的分析和综合评价，并就国际贸易风险评价的任务、方法、依据、过程以及评价结果的效用等问题进行了研究。

王富（2008）建立了一个带风险控制的开放的国际贸易管理系统，主要由九个模块组成：客户关系管理、业务信息管理、资金流转与成本管理、协同商务管理、决策分析、风险管理、系统管理、海关 EDI 接口模块、S 接口模块。

李俊（2014）主要运用国际贸易风险管理的相关理论，深入分析了 XD 公司在外贸业务操作中所遇到的问题与存在的风险，通过多案例分析进行了风险的识别，揭示了风险的成因，并利用多层次结构定量分析模型（AHP）方法，对公司存在的几个方面的风险进行详细评估，指出公司主要存在的国家风险、外汇风险、合同风险和结算风险，并以此构建了风险评估模型。

黄海蓉、郭晶（2008）从宏观层面即经济安全的战略角度考察和论述开放条件下浙江省所面临的国际贸易风险，即贸易摩擦风险、对外依存风险、资源安全风险和生态环境风险。

（二）对外投资风险评价指标体系

Miller（1996）提供了一个由三部分变量构成的国际风险综合模型，即宏观环境风险、行业环境风险以及特定企业风险三种类型，通过对 35 个具体风险指标的构建对国际风险进行感知。①

Subidh（2001）提出了影响跨国公司国际化运营决策过程的三种

---

① Miller, K. D., A Framework for Integrated Risk Management in International Business, *Journal of International Business Studies*, 1996, (2): 311 – 331.

不确定性：初级不确定性、竞争不确定性和行为不确定性。[①]

石中心（1994）认为，中国对外直接投资企业存在的主要风险可以分为管理风险、竞争风险、资金风险和政治风险。陈立泰（2008）认为，中国企业进行海外直接投资应当建立健全环境评估体系，包括国际环境、东道国国内环境、企业内部环境因素三个层面以及15个因素。

赵曙明（1998）根据风险的内容及其表现形式将企业国际风险划分为政治风险、外汇风险、经营风险、管理风险、财务风险和技术风险六大类，而每类风险又可分解为若干子风险。[②]

许晖、姚力瑞（2006）将国际风险的类型归纳整理为宏观环境风险（由6个子指标构成）、中观环境风险（由4个子指标构成）、微观环境风险（由10个子指标构成），共计20个具体指标体系。[③]

（三）有关具体风险的测量指标体系

除从贸易与投资的视角构建风险测量模型外，也有专家学者就具体的国际经营风险进行了研究，例如外汇风险、国际结算风险、国家风险、国家经济风险等。

欧洲货币指数是《欧洲货币》杂志社的国家风险评估体系，包括经济性数据、政治风险、债务指标、债务违约或延期情况、资信等级、银行财务状况、短期融资状况、资本市场指数等。[④] 张金水、连绣花（2005）认为，影响国家经济风险的因素很多，主要的影响经济风险的因素有实际GDP增长率、公债占GDP比率、汇率波动、债务利息占出口额比率。此外，人均收入、通货膨胀率、外汇储备数额等都与经济风险有关。[⑤] 张玉芳（2009）通过对出口企业结算风险的

---

① Subidh P. Kulkami, "The Influence of the Type of Uncertainty on the Mode of International Entry," *American Business Review*, 2001, 19（1）：94 – 101.

② 赵曙明：《国际企业：风险管理》，南京大学出版社1998年版。

③ 许晖、姚力瑞：《我国企业国际化经营的风险测度》，《经济管理》2006年第1期。

④ 王红蕾、吴晶妹：《国家风险测评方法研究》，《经济经纬》2008年第3期。

⑤ 张金水、连绣花：《国家经济风险评价模型的一种改进》，《清华大学学报》2006年第5期。

因素分析，提出了外贸公司在国际结算风险控制中的系统架构，从而建立起企业的国际结算风险评价模型来量化评估国际结算风险。任明（2007）将合同风险分为合同管理风险与合同法律风险两个方面，并将合同风险管理流程分为合同风险规划、识别、监控、分析和评价等几个环节。

二　鲁日经贸合作风险评价指标体系设计的原则

（一）整体性原则

设计鲁日经贸合作风险综合评价指标体系要从不同侧面、不同角度做出全面反映，指标应涵盖权衡鲁日经贸合作风险程度的基本内容，既要考虑鲁日贸易合作的风险表现，也要考虑鲁日投资的风险表现；既要考虑来自于日本与中国的直接风险因素，也要考虑来自欧美第三国的间接风险因素；既要考虑现实的风险指标，也要考虑潜在的风险指标。

（二）科学性原则

设计鲁日经贸合作风险综合评价指标体系必须以对外贸易发展理论、经济学理论以及风险管理理论为依据，这样做出的评价才更有客观性与可信性。鲁日经贸合作风险综合评价指标体系的设置，必须符合国际经贸合作的本质要求，能够直接对鲁日经贸合作风险状况进行表征，能够满足用来描述、评价、监测与控制鲁日经贸合作风险的目的。

（三）目标性原则

对鲁日经贸合作风险进行评价的主要目的在于，在整个世界经济大环境发展背景下，在整个中国与日本的经贸发展环境下，充分认识鲁日经贸合作的风险所在，睿智地采取相应的措施进行风险管理，以规避风险或降低风险损失，从而促进鲁日贸易投资效益的最大化，推动鲁日经贸合作的持续发展，这也是设计鲁日经贸合作风险综合评价指标体系的目的所在。

（四）可行性原则

指标体系所需要的数据原则上从现有统计指标中产生，所需资料要易于取得，真实可靠，少数不易直接搜集到的数据，应该能够通过合理的方法计算或重新统计得到。指标既要注意全面性，又要注意实用性与可获得性，避免重复功能以及无法获得的数据指标。

（五）可比性原则

鲁日经贸合作风险高低是相对而言的，因此，指标应尽量采用相对数或平均数，并在较长一段时间内保持它们的相对稳定性，以便于鲁日经贸合作风险的纵向或横向比较，这样才有利于进行排列并据此分析风险的变化走向，提出规避与处理意见。因此要注意指标的选择，在计算范围、口径、方法等方面要注意按国内统一、国际可比的要求设置。

（六）客观性原则

鲁日经贸合作风险研究要求，每一个指标的确定要有客观依据，尽可能采用理论界公认的指标，再适当结合评价主体的特殊情况。既不能完全创新，脱离现有的研究成果，也不能完全照搬针对全国或者其他省份所设计的指标体系。针对鲁日经贸合作起步早，双方贸易投资额高以及所面临的特有的国际、国内与地区环境变化情况，力求构造出能够客观反映鲁日经贸合作风险的综合评价指标体系。

（七）独立性原则

鲁日经贸合作风险综合评价指标体系中的各项指标应当互不相关，彼此独立，避免重复，这样才能保证指标体系结构比较清晰，层次比较明确，并且能够保证对各项指标有针对性地进行单独分析。由于政治风险与经济风险联系密切，政策风险、汇率风险又往往与政治经济风险相关，这就需要谨慎提取有关的评价指标，避免重复。

（八）区域性原则

对鲁日经贸合作风险进行综合评价，不仅要考虑省内与日本国内的具体情况，还应该考虑省外特别是全国的形势以及全球的经济发展形势，不仅要考虑理论的准确性，而且要考虑实践的可行性。所以，在设计鲁日经贸合作风险评价指标体系时，应该以国家、省内的相关政策为指导，要在区域经济理论的指导下，将山东省与日本放置在特定的经贸合作区域进行研究，鲁日经贸合作风险评价指标体系应该能够跟踪鲁日经贸合作的特定发展特点。

三 鲁日经贸合作风险评价指标体系的构成

根据鲁日经贸合作风险的内涵与指标体系设计的基本原则，结合鲁日经贸合作发展的现状与特点，来设计、测量鲁日经贸合作风险的综合评价指标体系。

（一）鲁日经贸合作风险综合评价指标体系的整体结构

本书拟构建四级指标体系：一级指标为鲁日经贸合作风险综合评价指数一个；二级指标三个，包括鲁日经贸合作风险的日方风险因素、中方风险因素、外部风险因素。二级指标又各自包括若干三级指标，其中，日方风险因素包括政治风险、政策风险、经济风险、文化风险与汇率风险；中方风险包括经济风险、汇率风险和文化风险；国际环境风险因素包括全球贸易额增长率、全球投资增长率、全球"两反一保"的数量和中美政治关系指数。部分三级指标又由许多具体的四级指标构成。总起来说，山东省对外贸易国际竞争力综合评价指标体系为四级28个具体指标。

（二）鲁日经贸合作风险综合评价指标体系的构成

1. 鲁日经贸合作风险中的日方风险因素

日方风险因素由五个具体指标构成，包括政治风险 X_{11}、政策风险 X_{12}、经济风险 X_{13}、汇率风险 X_{14}、文化风险 X_{15}。

（1）政治风险 X_{11}

政治风险指标包括二级指标日本政权的右倾性 X_{111}、中日国家关系指数 X_{112}。日本政权的右倾性主要考虑执政党派的激进程度以及在野党影响力的大小。按照从主张开放自由到推进保守排外的顺序，采用1—10级量表由专家打分，结果用于执政党派激进程度的测量。在野党影响力的大小则采用主要在野党的党员人数与执政党人数之比进行测量。中日国家关系指数可以直接借用清华大学国际经济研究所的研究成果来测量。

（2）政策风险 X_{12}

政策风险包括市场准入限制 X_{121}，技术性贸易壁垒 X_{122} 以及"两反一保"数量变动 X_{123}。市场准入限制采用相对测量的方法，以某一年的限制状况为基础数据，判断其他年度的限制指数，主要从政策制定的角度分析限制性的变化，采用聘请专家进行量表打分的判断方法。技术性贸易壁垒频繁度则根据政府实际出台的技术性贸易壁垒的项目数进行判断；"两反一保"数量变动则统计各年日本发起的针对中国"两反一保"数量的增加或减少的数量，以计算的数量为判断指标。

（3）经济风险 X_{13}

该指标体系由四个具体指标构成，即 GDP 增长率 X_{131}、对外直接投资增长速度 X_{132}、居民消费支出增长率 X_{133} 和通货膨胀率 X_{134}。

（4）外汇风险 X_{14}

外汇风险与日本的对外贸易、经济增长以及政府的财政金融政策等密切相关。其测量的方法很多，可以采用常用的 VAR 分析法得到外汇风险的测量值。

（5）文化风险 X_{15}

文化风险主要包括日本民众的民族中心主义 X_{151}、对中国的特定敌意 X_{152}、不喜欢中国人的占比 X_{153}。其中民族中心主义与日本人对中国的特定敌意可以借鉴民族中心主义以及民族仇恨的已有量表进行测量。不喜欢中国人的占比可以参考网上有关报道中的调查结论，有条件可以直接展开问卷调查。

2. 鲁日经贸合作风险中的中方风险因素 X_2

中国的政治稳定而持续，对外秉承五项基本原则，积极推动"一带一路"建设，积极同各个国家发展和平外交，在重要国际事务上都能积极发挥作用。因此，无需考虑影响鲁日经贸合作的中方政治风险，主要从经济风险、汇率风险和文化风险的角度考虑构建指标。

（1）经济风险 X_{21}

该指标体系由三个具体指标构成，即山东省的 GDP 增长率 X_{211}、通货膨胀率 X_{212}、企业的国际竞争力 X_{213}。其中，企业的国际竞争力包括职工平均工资、规模以上工业企业数量、企业科技研发成果以及国际名牌数量四项子指标。

（2）汇率风险 X_{22}

中国实行的是以市场供求为基础、参考一篮子货币进行调节、有管理的浮动汇率制度。但参考一篮子货币不等于盯住一篮子货币，它还需要将市场供求关系作为另一重要依据，据此形成有管理的浮动汇率。这将有利于增加汇率弹性，抑制单边投机，维护多边汇率。[①] 但以美国为首的国家一直认为中国是汇率操纵国，尤其是美国新一届总统公开声称中国操纵汇率，尽管中方一再重申中国的汇率管理原则，但能否得到有关国家的理解，仍然存在不确定性。这里要关注人民币外汇汇率的变动趋势，任何相对于日元的增值，都会对以价格优势获得日本市场的产品出口形成重大压力。

（3）文化风险 X_{23}

文化风险的测量指标包括山东省居民的民族中心主义 X_{231}、对日本的特定敌意 X_{232}、不喜欢日本人的占比 X_{233}、中日民间文化交流程度 X_{234}。前三个指标的内涵与测量方法与日方的文化风险要素测量一致，中日民间文化交流趋势则通过中日双方举办的民间文化交流会议、文化交流活动的增减来衡量。

3. 鲁日经贸合作风险中的国际环境风险因素 X_3

全球经济与贸易形势的走向会对中国对外经贸合作的发展产生重

---

① 中国汇率制度，http://baike.baidu.com/。

要的影响。财政部副部长朱光耀于 5 月 20—21 日在北京召开的 2016 年中国金融论坛上谈到了全球经济形势，认为："现在包括美国、欧盟等在内的西方主要经济体，已从过去'支持经济全球化'的政策立场上表现出倒退到一种相对孤立主义的倾向。无论是在美国大选，还是在西方其他国家的大选中，孤立主义和民粹主义的苗头和倾向都表现得很明显。"[①]

商务部贸易救济调查局局长王贺军指出，2016 年国际贸易的增长显著地低于全球经济增速，各国的经济复苏都比较乏力，在此情况下，贸易摩擦增多，贸易保护主义有所抬头，中国遭遇的贸易摩擦案件增加，2016 年共有 119 起。2017 年的形势应当说依然复杂严峻，因为世界经济形势并没有明显好转的迹象。另外，一些国家的贸易政策明显地偏于内顾，保护主义明显抬头。[②]

美联储在会议纪要中连续使用 15 个"不确定"来描述 2017 年的国际市场，[③] 全球经贸发展不确定性的增强使鲁日经贸合作的风险也在增大。在考虑鲁日经贸合作风险中的国际环境风险因素时，我们倾向于采用全球贸易额增长率 X_{31}、全球投资增长率 X_{32}、全球"两反一保"的数量变动 X_{33} 三项指标。除此之外，作为美国的盟国，日本总是追随美国的对外贸易政策，例如，在制裁特定国家时，日本总是站在美国的背后，因此，有理由认为，美国对中国的贸易投资态度对日本的影响显著。在研究鲁日经贸合作风险中的国际环境风险因素时需要考虑中美政治关系 X_{34}，因为经济问题直接受到政治关系的影响。中美政治关系可以利用清华大学国际关系研究院公布的中美政治关系指数来测量。

---

① 朱光耀：《对当前全球经济形势的五点判断》，http：//finance. sina. com. cn/meeting/2016 – 05 – 24/doc – ifxsktkp9274334. shtml。

② 商务部：《摩擦是局部的 并非中美贸易关系主流》，http：//finance. sina. com. cn/roll/2017 – 02 – 09/doc – ifyamkqa5400729. shtml。

③ 《浅谈 2017 年全球经济形势"不确定"成为关键词》，http：//www. dyhjw. com/gold/20170112 – 09552. html。

表 10.1 **鲁日经贸合作风险评价综合指标体系**

一级指标	二级指标	三级指标	四级指标	五级指标
鲁日经贸合作风险评价指标体系	日方风险因素 X_1	政治风险 X_{11}	日本政权的右倾性 X_{111}	
			中日国家关系指数 X_{112}	
		政策风险 X_{12}	市场准入限制 X_{121}	
			技术性贸易壁垒 X_{122}	
			"两反一保"数量变动 X_{123}	
		经济风险 X_{13}	GDP 增长 X_{131}	
			对外直接投资增长速度 X_{132}	
			居民消费支出增长率 X_{133}	
			通货膨胀率 X_{134}	
		汇率风险 X_{14}		
		文化风险 X_{15}	民族中心主义 X_{151}	
			对中国的特定敌意 X_{152}	
			不喜欢中国人的占比 X_{153}	
	中方风险因素 X_2	经济风险 X_{21}	GDP 增长率 X_{211}	
			通货膨胀率 X_{212}	
			企业的国际竞争力 X_{213}	职工平均工资 X_{2131} 规模以上工业企业数 X_{2132} 企业科研专利 X_{2133} 国际名牌数量 X_{2134}
		汇率风险 X_{22}		
		文化风险 X_{23}	山东居民的民族中心主义 X_{231}	
			对日本的特定敌意 X_{232}	
			不喜欢日本人的占比 X_{233}	
			中日民间文化交流变动 X_{234}	
	国际环境风险因素 X_3	全球贸易额增长率 X_{31}		
		全球投资增长率 X_{32}		
		全球"两反一保"的数量变动 X_{33}		
		中美政治关系指数 X_{34}		

上述评价指标体系由一个总目标层，三个分目标系统，每个分目标系统又由若干个子指标构成，共计 28 个具体指标，形成全面反映鲁日经贸合作风险的指标体系，具体构成详见表 10.1。

第四节　鲁日经贸合作风险实证分析

鲁日经贸合作风险评价指标体系构建之后，进入风险实证评价阶段。评价的方法很多，这里采用的是模糊综合评价法。为便于理解，首先对模糊综合评价法的评价过程进行简单介绍。

一　模糊综合评价法简介

（一）模糊综合评价法内涵

模糊综合评价法是在考虑多种因素的影响下，运用模糊数学工具对某事物做出综合评价。是从系统的角度出发，在制定出的指标体系基础上，对每项指标的结果进行综合，把总体的各方面特征用一个综合值表示，以求对总体的经济效益做出全面、客观、统一的判断。模糊综合评价方法成为目前多指标综合评价实践中应用较为广泛的一种方法。

（二）模糊综合评价法流程

模糊综合评价过程大致包括以下几个环节：

步骤一：确定评价的因素集。根据研究指标设置因素全集：$X = \{X_{11}, X_{12}, \cdots, X_{in}\}$。

步骤二：建立 n 个评价因素的权重分配向量 W。

评价因素集中的每个因素在"评价目标"中有不同的地位和作用，即评价因素在综合评价中占有不同的比重，我们将这个比重称为权重值，确定权重分配向量的方法很多，可以采用专家咨询法、层次分析法或"相对重要程度相关等级计算法"等，本书研究采用层次分析法（AHP 法）。

AHP 法是指将决策问题的有关元素分成目标、准则、方案等层次，在此基础上进行定性与定量分析的一种决策方法。该方法通过人们对于不同指标的重要性的比较判断，计算决策方案在不同准则及总准则之下的相对重要性程度，从而据之对决策方案的优劣进行排序。其具体操作方法如下：

第一，聘请专家，根据 5/5—9/1 的比例九标度体系，对各指标之间的重要性进行比较判断。即：

$$a_{ij} = i \text{ 指标的重要性分数} / j \text{ 指标的重要性分数}$$

表 10.2   5/5—9/1 的比例九标度体系

a_{ij} 的取值	比较的含义
1	i 与 j 一样重要
1.5	i 比 j 稍微重要
7/3	i 比 j 明显重要
4	i 比 j 强烈重要
9	i 比 j 极端重要
6.5/3.5，5.5/4.5 3；8.5/1.5	i 与 j 的比较结果介于上述各等级程度之间
上述各数的倒数	j 与 i 的比较

第二，根据上述判断结果，形成各指标之间重要性比较的判断矩阵 A。

$$
\begin{array}{cccc}
X_1 & X_2 & \cdots & X_n
\end{array}
$$

$$
A = \begin{pmatrix}
a_{11} & a_{12} & \cdots & a_{1n} \\
a_{21} & a_{22} & \cdots & a_{2n} \\
\vdots & \vdots & \cdots & a_{3n} \\
a_{n1} & a_{n1} & \cdots & a_{nn}
\end{pmatrix}
\begin{array}{c}
X_1 \\
X_2 \\
\vdots \\
X_n
\end{array}
$$

上式中，a_{ij} 的含义是第 i 指标的重要性与第 j 指标的重要性的比值，即：

$$a_{ij} = \frac{i \text{ 指标的重要性分数}}{j \text{ 指标的重要性分数}} = \frac{w_i}{w_j}$$

第三，确定判断矩阵的标准化特征向量 W。

确定标准化特征向量的方法很多，有幂乘法、行和法与方根法等。本书采用行和法求解权重向量 W。

首先，求出每一行的算数平均数 $\overline{R}_i$。

$$\overline{R}_i = \frac{1}{n} \sum_{j=1}^{n} a_{ij} \quad (i = 1, 2, \cdots, n)$$

其次，对于求出的算数平均数进行归一化处理，即：

$$W_i = \overline{R}_i / \sum_{j=1}^{n} \overline{R}_j \quad (i = 1, 2, \cdots, n)$$

最后，得到 $W = (W_1, W_2, \cdots, W_n)^T \quad (i = 1, 2, \cdots, n)$

第四，计算判断矩阵 A 的最大特征根 $\lambda_{\max}$。

$$\because AW = \lambda_{\max} W$$

$$\therefore \lambda_{\max} = \frac{1}{n} \sum_{i=1}^{n} \frac{(AW)_i}{W_i}$$

其中，$AW = \begin{pmatrix} a_{11} & a_{12} & \cdots & a_{1n} \\ a_{21} & a_{22} & \cdots & a_{2n} \\ \vdots & \vdots & \cdots & a_{3n} \\ a_{n1} & a_{n1} & \cdots & a_{nn} \end{pmatrix} \begin{pmatrix} W_1 \\ W_2 \\ \vdots \\ W_4 \end{pmatrix}$，$(AW)_i$ 为 AW 的第 i 个

元素。

第五，进行一致性检验。

由于专家构造的矩阵可能会存在一定的误差，为了确保判断具有一定的科学性，需要对判断矩阵进行一致性检验。对判断矩阵的检查方法有两类：一类是一致性比率法，另一类是统计假设检验法，实践中较常用的是第一类方法，需要说明的是，对于仅有两个因素构成的矩阵，无需进行一致性检验。

一致性比率 CR 的计算公式为：

$$CR = \frac{CI}{RI}$$

式中，RI 为同阶平均随机一致性指标，它是通过数百个甚至上千个随机构造的样本矩阵计算的平均 CI。CI 称为一致性指标，其计算公式为：

$$CI = \frac{\lambda_{max} - n}{n - 1}$$

据证明，对于任何正判断矩阵，均有 $\lambda_{max} \geq n$，并且，判断矩阵的一致性程度越高，λ_{max} 越接近于 n；当判断完全一致时，A 的非零特征根是唯一的，且为 n。显然，CI 越小，判断矩阵 A 的一致性就越高。故 CI 是衡量判断矩阵一致性水平的重要指标。考虑到专家对于问题的认识不同而引起的误差，Satty 提出了随机一致性指标 RI 的概念，并通过对比计算 CR，指出 CR 越小，判断矩阵的一致性程度就越高。实践中采用 Satty 提出的 CR≤10% 的标准。Satty 给出了 1—9 标度之下的基于 500 个随机矩阵的 RI，如表 10.3 所示。

表 10.3　　5/5—9/1 标度的 1—9 阶随机一致性指标 （RI）

阶数	1	2	3	4	5	6	7	8	9
RI	0	0	0.1690	0.2598	0.3287	0.3694	0.4007	0.4167	0.4370

步骤三：对于原始指标数值进行无量纲化处理。

由于指标体系各要素具有不同的内涵，需要对其进行无量纲化处理后，才能纳入统一的评价体系中，本书采用模糊隶属函数对各指标进行标准化处理。

模糊数学中把某事物隶属于某一标准的程度用 ［0，1］ 区间内的一个实数来表示，"0" 表示完全不隶属，"1" 表示完全隶属，模糊隶属度函数是描述从隶属到不隶属这一渐变过程的。其中指标分为三种类型，即正向指标、逆向指标和适度指标。正向指标是指标值越大越好的指标，逆向指标是指标值越小越好的指标，适度指标是指标值处于某一标准值或某一适度范围内最好。

对于正向指标，我们采用半升梯形模糊隶属度函数进行量化，即：

$$F(X_i) = \frac{X_i - \min(X_i)}{\max(X_i) - \min(X_i)}$$

对于逆向指标，采用半降梯形模糊隶属度函数进行量化，即：

$$F(X_i) = \frac{\max(X_i) - X_i}{\max(X_i) - \min(X_i)}$$

对于适度指标，采用半升半降梯形模糊隶属度函数进行量化，即：

$$F(X_i) = \frac{2[X_i - \min(X_i)]}{\max(X_i) - \min(X_i)} \qquad \min(X_i) \leqslant X_i < X_{io}$$

$$F(X_i) = \frac{2[\max(X_i) - X_i]}{\max(X_i) - \min(X_i)} \qquad X_{io} \leqslant X_i \leqslant \max(X_i)$$

其中，X_i 表示 M_i 指标的实际值，$F(X_i)$ 表示指标实际数值的隶属度值，$\max(X_i)$ 表示 X 指标的最大值，$\min(X_i)$ 表示 X 指标的最小值，X_{io} 表示 X 指标的适度值。

步骤四：通过上述各单因素模糊评价获得模糊关系矩阵 $\underset{\sim}{R}$。

$$\underset{\sim}{R} = \begin{bmatrix} R_1 \\ R_2 \\ \vdots \\ R_n \end{bmatrix}$$

R_i 为第 i 个因素 X_i 的单因素评价。

步骤五：进行复合运算可得到对象的综合分值。

$$\underset{\sim}{B} = W\underset{\sim}{R}$$

其中 $\underline{B}$ 表示被评价事物得到的综合评价值，$\underline{R}$ 表示最终指标的无量纲标准量化值，W 表示相应指标的权重。通过计算由各个指标的权重及相应的标准量化值组成的线性加权函数即可得到整个评价体系的总指数及相应的子系统指数。

二　鲁日经贸合作风险因素权重分析

（一）确定评价的因素集

根据研究指标设置因素全集：

$X = \{ X_{111} X_{112} X_{121} X_{122} X_{123} X_{131} X_{132} X_{133} X_{134} X_{14} X_{151} X_{152} X_{153} X_{211} X_{212} X_{2131}$
$X_{2132} X_{2233} X_{2134} X_{22} X_{231} X_{232} X_{233} X_{234} X_{31} X_{32} X_{33} X_{34} \}$

各因素子集为：

$X_1 = \{ X_{111} X_{112} X_{121} X_{122} X_{123} X_{131} X_{132} X_{133} X_{134} X_{14} X_{151} X_{152} X_{153} \}$

其中，$X_{11} = \{ X_{111} X_{112} \}$

$X_{12} = \{ X_{121} X_{122} X_{123} \}$

$X_{13} = \{ X_{131} X_{132} X_{133} X_{134} \}$

$X_{15} = \{ X_{151} X_{152} \}$

$X_2 = \{ X_{211} X_{212} X_{2131} X_{2132} X_{2233} X_{2134} X_{22} X_{231} X_{232} X_{233} X_{234} \}$

其中，$X_{21} = \{ X_{211} X_{212} \}$

$X_{23} = \{ X_{231} X_{232} X_{233} X_{234} \}$

$X_3 = \{ X_{31} X_{32} X_{33} X_{34} \}$

（二）建立评价因素的权重分配向量 W

根据 AHP 法原理，聘请有关专家对各项指标之间的重要性进行比较判断，并根据判断结果，形成各指标之间重要性比较的判断矩阵 A，然后根据各层次判断矩阵计算出最终权重。最终得到鲁日经贸合作风险综合评价各项具体指标所占权重。由于各个不同的时期，国际国内环境状况不同，各项指标的重要性也有所差异，得出的各项具体指标所占权重实际上是变化的。下面仅仅根据当前的实际情况，由专家①打分汇总，分别计算得出各级权重（见表 10.2），最后换算成所有的 28 个具体指标的权重值如下：

W = （ 0. 1062， 0. 1062， 0. 022656， 0. 035872， 0. 035872，0. 013275， 0. 013275， 0. 013275， 0. 013275， 0. 0944， 0. 051566，0. 051566， 0. 032568， 0. 006237， 0. 02495， 0. 008108， 0. 003475，0. 031853， 0. 014479， 0. 1431， 0. 00945， 0. 00945， 0. 00945， 0. 00945，0. 0168， 0. 0168， 0. 0392， 0. 0672）

从鲁日经贸合作风险评价综合指标权重占比的计算结果来看，鲁日经贸合作面临的最主要的风险来自日方因素，占比达到 59%；中方因素占比为 27%；国际因素占比达到 14%。日方的风险占据了一半以上的比例，这表明要想有效地管控鲁日经贸合作风险，必须高度关注来自日方的五大类主要风险，即政治风险、政策风险、经济风险、汇率风险以及文化风险。进一步分析，政治风险与文化风险占比最大，在上述五类风险中分别占 36% 和 23%，因此，密切关注日本政权的右倾性变化以及随时跟踪中日国家关系指数非常有必要，而且不能忽视民族中心主义与日本居民对中国的特定敌意所带来的潜在风险。

来自中方的因素所带来的风险尽管不如日方的风险大，但其中的经济风险与汇率风险不能忽视。随着中国经济进入新常态，国内需求会出现结构性调整，日本对山东省的投资也会随着中国经济发展环境的变化而变动。正如前文所分析的，人民币对日元汇率的变动对于鲁日双方的贸易与投资都有着一定的影响，如何规避汇率风险也是当事企业需要认真研究的问题。

---

① 本研究在山东省范围内聘请了山东大学、山东财经大学、潍坊学院、临沂大学的有关国际贸易与区域经济研究方向的专家，就各指标的重要性进行赋值。最后由作者整理计算。

表 10.4　　　　鲁日经贸合作风险评价综合指标权重占比

一级指标	二级指标	三级指标	四级指标	五级指标
鲁日经贸合作风险评价指标体系	日方风险因素 X_1 （0.59）	政治风险 X_{11} （0.2124）	日本政权的右倾性 X_{111} （0.1062）	
			中日国家关系指数 X_{112} （0.1062）	
		政策风险 X_{12} （0.0944）	市场准入限制 X_{121} （0.022656）	
			技术性贸易壁垒 X_{122} （0.035872）	
			"两反一保"数量变动 X_{123} （0.035872）	
		经济风险 X_{13} （0.0531）	GDP 增长 X_{131} （0.013275）	
			对外直接投资增长速度 X_{132} （0.013275）	
			居民消费支出增长率 X_{133} （0.013275）	
			通货膨胀率 X_{134} （0.013275）	
		汇率风险 X_{14} （0.0944）		
		文化风险 X_{15} （0.1357）	民族中心主义 X_{151} （0.051566）	
			对中国的特定敌意 X_{152} （0.051566）	
			不喜欢中国人的占比 X_{153} （0.032568）	
	中方风险因素 X_2 （0.27）	经济风险 X_{21} （0.0891）	GDP 增长率 X_{211} （0.006237）	
			通货膨胀率 X_{212} （0.02495）	
			企业的国际竞争力 X_{213} （0.05792）	职工平均工资 X_{2131} （0.008108）　规模工业企业数 X_{2132} （0.003475）　企业科研专利 X_{2133} （0.031856）　国际名牌数量 X_{2134} （0.014479）
		汇率风险 X_{22} （0.1431）		
		文化风险 X_{23} （0.0378）	山东居民的民族中心主义 X_{231} （0.00945）	
			对日本的特定敌意 X_{232} （0.00945）	
			不喜欢日本人的占比 X_{233} （0.00945）	
			中日民间文化交流变动 X_{234} （0.00945）	
	国际环境风险因素 X_3 （0.14）	全球贸易额增长率 X_{31} （0.0168）		
		全球投资增长率 X_{32} （0.0168）		
		全球"两反一保"的数量变动 X_{33} （0.0392）		
		中美政治关系指数 X_{34} （0.0672）		

尽管来自国际环境的风险因素影响占比相对不高，但全球"两反一保"的数量变动以及中美政治关系指数的变动趋势对鲁日经贸合作的影响也应得到重视，因为这两项在所有指标中的占比分别达到了3.92%和6.72%。如果全球贸易保护主义盛行，鲁日贸易也难免受影响。如果美国以中国操纵汇率为借口，通过对来自中国的进口产品征收高关税以迫使人民币对美元升值的话，会间接带来人民币对日元的升值，必然不利于山东省对日的出口贸易。

第十一章 突破障碍,降低风险,
扩大鲁日经贸合作

第一节 加强政治互信 管控鲁日
经贸合作政治风险

由前文的实证分析得知,中日政治关系的变动方向与鲁日贸易、投资合作变动具有一致性。当中日政治关系缓和时,鲁日贸易与投资额会上升,反之则下降。进一步的因果关系检验结果表明,尽管鲁日贸易增长率与中日政治关系并没有直接的因果关系,但中日政治关系对日本向山东省的投资产生了直接影响,这说明中日政治关系的正常化对于鲁日贸易非常重要。日本是山东省最主要的贸易投资合作伙伴之一,鉴于特殊的地理位置、彼此渗透的贸易关系,在复杂的政治关系面前,只要加强民间沟通,鲁日仍然有着巨大的合作空间。正确认识中日政治风险的持续性特点,并采取措施合理管控政治风险给鲁日经贸发展所带来的不利影响,对于山东省对外经贸工作的稳定拓展以及地方经济的稳步发展都至关重要。

一 正确认识政治风险存在的客观性与长期性

中日政治争端有其历史原因、经济原因,但最根本的还是中国崛起给日本带来的战略压力。中日两国同处一个地缘政治区域,日本对于中国的崛起完全没有准备接受的心态,屡屡想通过制造各种问题与麻烦来牵制中国的发展。

大国的崛起对于地区格局乃至世界格局都有着重大的影响，也意味着国际社会利益与主导权的重新划分，崛起国总是要面对融入国际社会这一坎坷过程，总会受到其他强国的质疑、指责甚至打压。担心自身国际影响力下降以及战略利益受到影响是驱使外界国家遏制崛起新兴大国的直接动因。我们需要认识到，随着中国实力的壮大，国家的利益领域也在不断扩大，在与国际社会的交往不断加深的同时，与他国之间的利益冲突也会随之增加。中日当前时起时落的政治关系是中国成长壮大过程中必然会出现的，虽然依靠双方的自我克制，两国海上争端的局势有所缓和，但在日本深刻反省历史侵略事实、不再插手中国南海事务之前，双方就搁置争议、共同开发、共同维护东海和平稳定达成新共识之前，两国关系的根本好转没有基础。我们需要冷静客观地认识到中日这种起起落落的政治关系具有客观性与长期性，难以在短时间内发生根本性改变。

二　加强沟通与战略对话，建立双边互信关系

中国领导人多次强调，中国永远不称霸、永远不搞扩张，始终坚定不移地走和平发展的道路，坚持睦邻、安邻、富邻的周边政策，欢迎他国搭乘中国经济发展的快车，坚持做负责任的大国，为世界的繁荣与发展做出自己的贡献。但是，日本仍然散布"中国威胁论"，其中原因或许可以从英国历史学家赫伯特·巴特菲尔德的《历史与人类关系》一书中找到一二。巴特菲尔德认为："在安全困境下，你会对其他国家有现实的恐惧感，别国也会对你有着同样的恐惧，也许你对别国根本无伤害之意，做的只是一些平常的事情，但你无法使别国真的了解你的意图。你无法理解别国为什么会如此的神经质。反之亦然。在这种情况下，双方都以为对方是敌意的，无理性的，都不肯做出可以使大家都获得安全的保证。军备竞赛的不断升级，就是这种状

态的产物。"① 中日两国所处的情势完全符合巴特菲尔德的描述，根本原因在于双方的沟通与战略对话机制还没有建立起来，双方政治上互不信任，相互猜忌，对于对方意图的不确定性导致双方关系始终无法进入正常轨道。

把日本包容进中国的和平崛起进程符合中国的根本利益，而与中国保持良好邦交关系也符合日本的根本利益。中日友好对双方都有利，这种共识在 2005 年以及 2012 年两国关系最困难的时候也是存在的，但问题是干扰这种共识的临时性因素太多，造成中日关系的剧烈动荡。中日两国在诸多方面拥有重大的共同利益，对于地区与世界的和平发展都负有重要责任，大国对抗与战争只能带来双输的结局，避免战争是双方的根本底线。不仅中日双方希望避免冲突与战争，而且国际社会，包括东亚各国、美国与欧盟国家在内，都不愿看到中国和日本这两个世界第二、第三大经济体走向对抗与战争。

加强沟通，化解猜忌，以实际行动向日本证明中国的崛起绝不会对日本构成安全威胁，强大的中国更有助于亚洲的和平稳定与发展。中国需要更加积极主动，既要坚持根本原则，保护国家核心利益，又需要不断向国际社会释放友善信号，对其他国家在一些非核心利益上做出适当的让步，从而促使日本重新认识中国。只要日本能放下安全包袱，坦然接受中国的崛起，相信双边互信关系最终会建立并惠及两国人民。

作为地方政府，山东省在促进鲁日地方领导人之间建立互信关系中有很大的发展空间。地方领导人之间的互访与交流，有助于加深互信与合作。早在 2008 年，中国国家副主席习近平会见日本长崎县知事金子原二郎一行时就谈道："中日两国地方政府之间的交流与合作是两国友好合作关系的重要组成部分，双方应全面加强在这一领域的

---

① 转引自李建民《冷战后日本的"普通国家化"与中日关系的发展》，中国社会科学出版社 2005 年版。

交流与合作,为中日友好事业和两国战略互惠关系注入活力。"① 继2012 年首届中日省长知事论坛举办后,2014 年 10 月,由中国人民对外友好协会、中日友好协会和日本全国知事会共同主办的第二届中日省长知事论坛在北京举行。② "中日韩三国地方政府交流会议"自1999 年起在三国轮流举行。2016 年的交流会议于 10 月 18—21 日,在日本冈山市开幕,据日本共同社报道,有来自地方政府及团体的约460 人参会,介绍振兴旅游及应对环境问题的举措,并以搞活东北亚为主题展开讨论。③

举办论坛与交流会议主要是为了构建友好稳定的中日关系,通过建立地方政府之间的交流机制,推进今后两国间互惠关系的发展,这些政府间的交流取得了良好的效果。山东省政府要以更加积极的态度参与并推动地方政府之间的合作与交流,为缓和两国的政治紧张关系做出努力。

三 与美国保持良好关系有助于管控中日关系恶化

中国的崛起在亚洲地区对日本的冲击最大,使日本有着强烈的落差感,但除了日本之外,大洋彼岸还有美国对中国的崛起保持着警惕。从历史的经验来看,美国不会允许任何一个国家威胁到其世界霸主的地位,无论是日本还是德国都曾有超越美国的势头,也都被打压过。担心中国取代它成为世界第一大国,美国牵制中国的意图非常明显,美国"亚太再平衡"战略的核心实际上是制衡中国的发展,使中国的发展速度不要快到能够挑战美国的霸权;同时,美国不愿冲在第一线,希望利用中日之间的矛盾和摩擦,拖累中国

---

① 习近平:《中日应全面加强地方政府间交流与合作》,http://www.chinanews.com/gn/news/2008/10 - 17/1416527. shtml。

② 《第二届中日省长知事论坛在北京举行》,http://www.chinanews.com/gn/2014/10 - 28/6725657. shtml。

③ 《中日韩三国地方政府交流会议在日本冈山市开幕》,http://news.163.com/16/1019/09/C3NT5OA600014JB6. html。

发展。① 美国希望通过适度的控制，使得日本的东亚政策走上符合美国战略利益的轨道，日本显然成为美国牵制中国的一颗重要棋子。

由于日本需要美国的安全保护，美国对日本具有足够的话语权。美国新一届总统特朗普在竞选期间曾多次批评日本，例如特朗普对日美安保条约的不满，"日本遭到攻击的话，美国必须帮助日本；而美国遭到攻击的话，日本则没必要帮助美国，这不公平"。"为什么日本不100%负担驻日美军费用？驻日美军对美国没有任何利益可言。"② 特朗普在竞选期间表现出的对美日同盟及美韩同盟的漫不经心、要求日本为美国提供安全保障付费、出钱供养驻日美军等言论令日本非常紧张，以致安倍在特朗普上台后迫不及待地访美，以经济上的让步来讨好特朗普，换取美国对日本一贯的安全承诺。对于首相安倍讨好特朗普一事，日本国内的民众也感到反感，尽管日本不满于美日关系的现状，但无论是客观的经验教训还是主观的预期判断，疏远美国所带来的战略损失必将是日本难以承受的。日本对美国已经形成依附关系，日本对华外交政策基本上是在美国全球战略框架下展开的，足见美国对日本影响力的巨大。

美国愿意看到中日发生摩擦，但是中日发生严重的军事冲突并不符合美国的利益。哈佛大学肯尼迪政府学院约瑟夫·奈就说过，中国经济实力的增长没有给东亚造成明显的紧张局势，现在唯一突出的问题是中日关系。他指出，有人认为美国能从中日关系紧张中渔利，其实从大战略上看，稳定的东亚才最符合美国的根本利益。③ 安全、稳定的东北亚环境符合各国的利益，因此，美国既希望日本能够对中国进行牵制，又希望中日冲突要处于可控的范围之内。在钓鱼岛主权纠

---

① 《外媒：美利用中日摩擦拖累中国 不愿冲在第一线》，http：//www. chinanews. com/mil/2014/07 – 03/6345558. shtml。

② 《安倍最怕死对头竟是他！再不停下来日本就亡国了》，http：//mt. sohu. com/20160408/n443653995. shtml。

③ 《哈佛大学肯尼迪政府学院约瑟夫·奈教授作"中国的和平崛起并非意味战争"讲座》，http：//news. ruc. edu. cn/archives/17258。

纷上,美国方面在表态中不选边站队,实际上它并不支持日本政府在钓鱼岛问题上的持续强硬政策,认为这会导致东亚局势出现不受控的恶化。2014 年,美国奥巴马总统访问日本时,在公开场合表示钓鱼岛问题适用于《日美安保条约》的范围,美国对日本的安抚与支持的意味明显加强。《日美安保条约》既是美日军事同盟条款,也是美国管控日本的重要手段。显然,日本在美日同盟中处于从属地位,日本的对华外交政策并非完全忠于本国意图与利益,确定性效应使得日本在"外交漂流"中愈加偏向美国,美国的对华态度在一定程度上影响着日本。

随着日本对美国的依赖度日益加强,中日关系的发展日益受到美国的影响。面对美国对外战略出现东移的趋势,以及日本"普通国家"战略的日益具体化,中国为了营造持续发展的有利环境,不断寻求与美日之间的共同利益。从战略利益出发,美国改变了在历史问题上对日的"超然姿态",开始适当敲打日本,希望开展中日关系危机管理。中国应促进美国对日工作的积极因素,构建良性发展的中美日关系。① 如果中美能够基于多变利益考虑而不断改善双边关系,顾及美国的制约,日本与中国的对抗与冲突也只能采取有限的行动。因此良好的中美关系有助于将日本重新拉回到与中国建立正常外交关系的轨道上来。

四　加强鲁日企业间合作有助于降低政治风险

中国与日本经济具有很强的互补性,中国需要日本的资金与技术,日本更不愿意放弃占世界 1/4 人口的广阔的中国市场,也正因为如此,中日多年来才出现了"政冷经热"的现象。而且随着日本政权的交替,右倾势力的减弱,双方的政治紧张状态或许会自动缓和。目前来看,通过推动两国企业之间的合作向纵深发展,加强两国的经

---

① 高兰:《历史问题与中日危机管理中的美国因素》,《日本研究》2006 年第 4 期。

济融合程度会在一定程度上缓和双边的政治紧张局面。

作为中国的一个省份，山东省具有与日本企业开展合作的良好基础，无论是在数量方面还是在合作深度与广度方面，山东省企业与日本的合作都走在全国的前面，这在前文论述鲁日经贸合作现状中已有表述。也正是在鲁日双方企业的共同努力下，在日本明显从中国撤资的背景下，山东省的日资占比反倒上升了，这说明从山东省撤资的企业数量与规模是较小的，反映出两地相对更加牢靠的经贸合作关系。日本企业为什么要撤走，其中一个关键的原因就是担心政治风险与文化风险，而日本企业最留恋的是庞大的中国国内消费市场。如果山东省能够为日本企业营造一个良好的生产制造环境，打消日企的后顾之忧，在庞大的国内市场的吸引下，日企一定会设法留在中国，而两地企业的深入合作是淡化政治风险最有效的方法。反过来，如果山东省企业到日本投资时，如能通过参股、控股等合资合作的方式融入日本企业，淡化中国的色彩，也更容易被日本国民所接受。

在当前形势下，山东省应充分认识到鲁日合作在促进山东省地方经济发展中的重要作用，以及彼此合作的停滞所带来的危害，从战略高度和长远角度审视和把握鲁日经贸合作关系，绝不可以盲目地以所谓的爱国义气放弃与日本合作的机会。主动排除各种干扰和障碍，积极创造鲁日经济和贸易合作的良好的环境氛围。中国经济"新常态"的一个重要转变是经济增长动力将从传统的依靠投资和出口拉动经济逐步转向依靠消费拉动，未来中国巨大的消费市场将给日本企业带来新的机遇。山东省要借助良好的鲁日合作基础，充分利用日本企业在技术、管理、人才等方面的优势来推动省内产业升级与技术升级。重点是推动鲁日企业界在绿色低碳、节能环保、高端制造、旅游地产等重点领域的合作，并且探索新的发展空间。

五　市场多元化战略有助于降低鲁日合作中的政治风险

日本在山东省对外贸易与外商直接投资中的重要地位决定了山东

省对日经贸合作的高风险，在两国政治关系起起落落的背景下，鲁日合作不可避免地受到政治风险的影响，因此积极推动市场多元化发展战略成为规避政治风险的有效途径。

出口风险可分为系统风险和非系统风险。系统风险是指由于全球整体经济环境恶化，导致全球贸易额整体下降的风险。出口市场多元化是无法显著减少乃至消除系统风险的。非系统风险则指对于个别国家或地区存在的潜在的出口额下降的风险，这种风险往往与特定国家的对外贸易政策、政治经济发展环境有关，这种非系统性风险可以通过出口市场多元化得到化解。

市场多元化战略是中国在 1991 年初提出来的。出口市场多元化意味着出口市场在发达国家、新兴市场国家以及发展中国家之间的多元化布局，降低对发达国家市场的依赖，尤其是避免过分依赖少数几个发达国家的情形出现。同理，外资来源的多样化就是要促进新兴经济体与"一带一路"沿线国家的资金流入，扩大外商投资的来源，减少对少数发达经济体的依赖。

山东省在调整出口市场的分布与市场结构方面做了大量工作，也取得了一定的成效，但是出口市场相对集中的局面并没有得到根本的改变，对于日韩出口市场的依赖以及对于日韩投资的依赖程度依然偏高，这在前文已经做过分析。尤其当前在中日政治关系极其不稳定、日资大量撤出的背景下，减少对日本市场与资金的依赖显得非常必要。

2013 年以来，中国积极深化与"一带一路"沿线国家的经贸合作和贸易投资往来，在既有双边、多边和区域次区域合作机制框架下，通过合作研究、论坛展会、人员培训、交流访问等多种形式，促进沿线国家对共建"一带一路"内涵、目标、任务等方面的进一步理解和认同，在政策、设施、贸易、资金等各方面寻求和实现互联互通，取得了积极成效。中国在"一带一路"沿线国家的境外经贸合作区的发展势头也很好，与"一带一路"沿线国家双边贸易额与投资额大幅度上升。

中国加大与"一带一路"沿线国家经贸合作为山东省开展出口市场多元化、吸引外资多元化提供了良好的机遇。根据商务部网站的信息，2016 年，山东省对"一带一路"沿线国家经贸合作取得积极进展。一是对外贸易实现快速增长。山东省与"一带一路"沿线国家地区实现外贸进出口值为 4133.6 亿元，增长 8.4%，占全省的26.7%。其中，出口为 2504.6 亿元，增长 11%，占全省的 27.7%。二是对外承包工程占全省比重超过六成。三是境外经贸合作区建设取得积极进展。烟台万华匈牙利中匈宝思德经贸合作区通过商务部、财政部确认考核。目前，全国通过确认考核的位于沿线国家地区的境外经贸合作区共 17 家，山东省 4 家，数量居全国第一位。①

推动出口市场多元化并不意味着对原有市场的放弃，而是在增量上扩大新市场的占比，从而降低少数发达国家的占比。因此，山东省要借助地缘优势，继续保持并扩大与日韩的贸易，加快发展与日韩的高新技术产业合作和物流等服务业合作，推动山东省高新技术产业的发展。加快与美欧的贸易合作，同时抓住中国—东盟、中智、中新、中澳自由贸易谈判及其他区域合作所带来的有利影响，扩大对亚、非、拉美、东欧和独联体国家的出口，加强引进东盟国家丰富的农、林、矿产资源；支持企业开展境外加工贸易、合作开发能源资源和开拓工程承包市场，进一步推动市场多元化。尤其是跟着国家的指挥棒，努力抓住与"一带一路"沿线国家经贸合作的机遇，推动贸易与投资的扩大。

在推动外贸市场多元化的过程中，一定要注重对贸易对象国政治稳定性进行评估，降低收汇的风险。避免在优化出口市场赫芬达指数的同时却又增加了收汇的风险。特别值得一提的是，对于当前以及未

---

① 商务部：《2016 年山东省对"一带一路"沿线国家经贸合作取得积极进展》，ht-tp：//www. mofcom. gov. cn/article/resume/n/201703/20170302528519. shtml。

来一段时间内政治经济局势还很不稳定的中东地区的贸易，尤其应该警惕其风险。

第二节　加强民间交流，降低鲁日 经贸合作文化风险

中日分别是世界上第二与第三大经济体，是亚洲经济实力最大的两个国家，两国人民相互理解与相互包容对于推动两国的交流与发展乃至世界的和平与稳定有着深远的影响。山东省与日本隔海相望，两国文化在渊源上有着密切的相关性，日本的文化深受中国孔孟思想的影响，在经济上有着强烈的互补性与依赖性。加强交流、消除隔阂、促进理解有利于降低文化冲突风险，为推动鲁日经贸合作创造良好的文化环境。

一　充分发挥主流媒体作用，正确引导民族主义思想

民族主义主要是维护本民族利益、安全，实现本民族独立的一种强烈意识，是爱国主义的感情表达。但是，如果非理性地盲目排外就会带来强大的破坏力。2010 年和 2012 年，中国国内针对"钓鱼岛撞船事件"以及"日本政府购岛事件"进行了反日大游行，原本非常正常的利益诉求表达，却因为非理性的盲目排外行为，最终导致游行变成了打砸烧的行为，对日货的抵制波及购买日货的同胞身上。

民众对特定民族的感情受各种主流媒体的影响，各种社交媒体也扮演着重要的角色，媒体的片面宣传容易引导民众产生错误的判断。美国西东大学外交与国际关系学院汪铮教授指出："随着民众对国际问题的高度关注，外交和国际事务评论开始商品化和利益化，但是以吸引受众眼球为目的的商业化的运作不免会使国际问题的讨论趋于简单化和片面化。媒体往往以简单来代替复杂，以情绪来代替理智，以偏激来代替周全。因而很多观点和评论充满了狭隘的民族主义，也往

往对其他国家的行为和意图进行不切实际的解读和渲染。"① 因此，正确理性的舆论与媒体引导，对于构建良好的鲁日经贸合作关系至关重要。

政府对外交问题的框定可诱导社会舆论，影响国民态度，反过来，社会舆论与国民态度也会对政府的外交决策带来越来越多的影响。中日两国社会舆论与国民态度存在着相互认知不足与好感整体下降的问题。2014 年 6 月，英国广播公司国际部委托国际民调公司 GlobeScan 进行的全球 24 国民意调查结果显示，73% 的日本人不喜欢中国，90% 的中国人讨厌日本。② 我们认为，两国人民互不认同的局面与官方以及主流媒体的宣传不无关联。山东省曾是抗日主战区之一，也是遭受日军侵害最严重的地区之一，由于历史的原因，山东省老一代人民本来对日本民族的感觉就差，再加上多年来主流媒体不断播放抗日战争的影片，宣传日本侵华的罪行，宣传日本的军国主义复活，缺少冷静客观地分析战后日本政治与社会变动的内在逻辑，容易导致极端民族主义情绪的爆发。而日本作为传媒大国，媒体对特定议题的报道对框定大众观念与官方决策同样影响巨大。尤其是日本那些面临着激烈市场竞争的周刊和月刊，它们的重商主义致使其报道充斥着负面信息，追求轰动效应，这是日本新闻界的一个严重问题。

诚然，媒体涉日题材影视的大量反复播放有着积极的作用，有助于中国民众了解国际形势、中日关系以及相关事件；有助于唤醒民众的忧患意识、强化民族认同、加强民族凝聚力。然而值得注意的是，有时过度夸大的对日矛盾宣传容易催生情绪化、狭隘化的民族主义，进而转变为一种难以控制的情绪和激情，它将对中华民族的热爱转化为对日本的仇视和憎恨，抵消中国政府为缓和双边关系

---

① 汪铮：《心态决定国运》，《东方早报》2013 年 7 月 11 日，http：//news. sina. com. cn/pl/2013 - 07 - 11/101927639304. shtml。

② 《73% 日本人不喜欢中国 90% 中国人讨厌日本》，http：//war. 163. com/14/0605/ 09/9TVDVEJ300011MTO. html。

所做出的积极努力。正如彼得·格里斯所指出的:"当前中国的民族主义中,普通民众是其中的主角,而且民间民族主义与官方有着不同的诉求,它对政府形成某种挑战,政府正逐渐丧失其对民族主义的垄断。"①

中国的外交政策一直以克制、理性、冷静的态度对待中日摩擦,也号召各方正确对待历史,而部分民众却在网络媒体上大力鼓吹武力解决问题,甚至对中日历史持报复等不健康、不理性的态度,这种狭隘的民族主义严重影响了中日关系的发展。王铮教授指出:"在世界充满了负面心态的情况下,中国需要贡献出一种希望的文化,作为一个正在崛起的国家,中国应当不只是为世界提供经济发展的机遇,也应当以一种阳光积极的正心态与正能量来影响和带动世界。"②

因此,为推动两国关系朝着积极的方向发展,媒体应本着推动两国关系健康发展的良好意愿,对历史与现实问题进行客观报道,帮助民众了解认识事物的本质,增加对彼此的正确认识。防止少数激进民族主义分子利用网络媒体散发不当言论,煽动民众,对两国人民的感情造成伤害。同时,政府也应主动与对方媒体进行良好而富有成效的合作,逐步在媒体中树立成熟、开放而又负责任的大国形象。

二　推动民间交往,加深彼此文化交流

民间交往在中日关系中扮演着重要的积极角色,是对政府间官方外交的有效补充。即便战后在中日政治关系冷却的时候,中日始终保持着民间联系,双方不仅签订了贸易协定、渔业协定等民间协定,还实现了大量友好人士的互访,成为连接两国的重要纽带。随着两国正式建交,民间交往更是成为中日关系中最为活跃的领域之一,为增进

① Peter Hays Gries, *China*, *New Nationalism*: *Prid*, *Politics*, *and Diplomacy*, Berkeley and Los Angeles: university of California Press, 2004.

② 汪铮:《心态决定国运》,《东方早报》2013 年 7 月 11 日, http: //news. sina. com. cn/pl/2013 - 07 - 11/101927639304. shtml。

彼此的了解与好感做出了贡献。随着国际政治的民主化，现代国际关系要采用政治、经济、军事等传统外交手段达到外交目的越来越艰难，甚至代价大而收获少的发展趋势，这就令民间交流的作用更加凸显。当政府间关系顺利时，民间关系有助于加强彼此的认识；当政府间关系遇到挫折时，民间交流则努力抚平因为政治和军事紧张而产生的裂痕。① 加强多渠道的民间交往，增加个体的主观体验，将有助于避免民众之间不必要的误解，逐步形成对彼此较为理性和客观的认识。例如，中日友好七团体②对于润滑巩固中日关系起到了巨大的作用。正如国家主席习近平在出席 2015 年 5 月 23 日举办的中日友好交流大会上所指出的那样："中日友好的根基在民间，中日关系前途掌握在两国人民手里。"③

民间交往并非意味着政府无所作为，实际上两国之间的民间交往与政府的推动有着莫大的关系。例如，日本政府构建了 ODA 与各种民间友好团体，从语言学校到文化交流基金等相对完整的推动民间交流的机制，在推动旅游与学术文化交流中有许多经验值得借鉴。

山东省是孔孟之乡，有着丰富的儒家文化基础与氛围，有五岳之首泰山、水浒故里梁山、孔孟之乡曲阜、避暑胜地青岛、风筝之都潍坊等享誉中外的旅游资源，为发展国际旅游提供了得天独厚的资源。作为地方政府，山东省应积极寻找符合自身特征的领域加以重点扶持，推动鲁日文化交流和完善国际旅游产业，树立"好客山东"的旅游文化，传播孔孟文化，树立儒雅形象，提高地区软实力。

充分发挥留学生群体的作用。留学生作为一个高素质群体，通过

① 娜仁其木格：《当前中日关系与民间交往的作用》，《内蒙古师范大学学报》2016年第 3 期。

② 日中友好七团体是指日中友好协会、日本国际贸易促进协会、日中文化交流协会、日中经济协会、日中友好议员联盟、日中协会、日中友好会馆这七个致力于中日友好的民间团体，他们的成员涵盖了日本的政治、经济、文化和学术等各界人士。

③ 《专家解读习近平出席中日友好交流大会并发表重要讲话》，http：//world. people. com. cn/n/2015/0525/c1002 - 27053259 - 3. html。

一段时间在日本的学习与生活，对彼此的社会与文化特点有更多的了解，也会更理性、更客观地评价历史与现实，他们可以充当文化使者，传播彼此的文化，促使双方建立信任关系。

发挥日本劳务输出人员的沟通作用。山东是对日劳务输出的大省，大量在日务工的劳动人员是日本人了解山东乃至中国的一个窗口，他们的言行举止代表了中国人的形象，他们返回后的宣传也有助于国内人民了解日本的某个侧面，因此要注意对外派人员进行中国文化的培训，让其认识到传播中国文化的重要性，从而肩负起更多的社会责任。

发挥华侨的作用。同济大学教授、博士生导师蔡建国提出，华人华侨是中国与海外交流的天然纽带和桥梁，充分肯定了华侨的文化传播媒介作用。旅居日本的华人华侨中有大批的专业人士，他们具有较高的知识结构与技能水平，有着深厚的文化底蕴与爱国情怀，同时他们也深深了解日本的社会文化，在加强鲁日文明交流、搭建友谊桥梁中可以发挥独特的作用。

三　巩固对日友好城市关系，增强鲁日民间互信

国际"友好城市"是世界各国地方政府之间通过协议形式建立起来的一种国际联谊与合作关系，是国家总体外交政策的地方延伸，也是民间外交的重要形式。随着全球化的不断推进，友好城市服务地方经济社会发展的优势和作用日益明显。[1] 改革开放以来，随着中国经济逐步融入全球价值链体系，地方政府之间的国际交流与合作也得到了广泛深入的展开，地方政府国际合作已成为一个普遍而又重要的国际政治现象，成为国家之间国际合作的重要补充形式。到 2015 年 9 月，在与中国建立友好城市关系的世界各国中，日本以 251 个排名榜

---

① 黄周会：《做好友好城市工作 服务"一带一路"建设》，《民主协商报》2017 年 1 月 6 日。

首，占到全部 1442 座城市的 17.4%。①

山东省委、省政府深入贯彻中央精神，从经济社会发展实际和扩大对外开放需要出发，做出了外事工作转型发展的决策部署。山东省外事系统认真践行五大理念，扎实推动转型发展，取得了阶段性成果。截止到 2016 年 10 月 25 日，山东省共缔结友好城市 211 对、友好合作关系城市 214 对。自 1979 年青岛与日本下关缔结第一对友好城市以来，山东省与日本缔结了 18 对友好城市关系。山东省已经连续三年获得全国友协颁发的"国际友好城市交流合作奖"②。

山东省同日本友好城市的合作不仅形式多样，议题领域也较为广泛，既包括投资、贸易、资源合作开发等经济合作，也包括环境保护、科教与艺术、医疗卫生等非经济议题。其中科教领域的交流合作开展密切，交流形式多样，例如城市之间举办学术会议、互派留学生和进修人员、专家到对方国家讲学以及开展科研领域的合作。山东省对日友好城市建设最引人瞩目的效果是扩大了招商引资的渠道，不少项目的合作就是在友好城市互访中促成的。例如，日本山口县有 18 家企业来山东省投资办厂，带动了日本 100 多家企业与山东省开展贸易往来。据不完全统计，山东省通过友好城市直接推动的合作项目达上百亿美元。③ 友好城市也是山东省进行人员国际交流、引进智力和技术的主渠道，成为山东省争取国际援助和捐赠的重要对象。

对日友好城市的活动不仅促进了双方经贸合作的发展，对于紧张的中日关系也起到了一定的缓和作用。例如，由于国内反对日本首相参拜靖国神社、反对日本扶桑社歪曲事实的历史教科书和反对日本申请加入联合国安理会常任理事国，2004 年、2005 年中日关系降至冰

---

① 《与中国结成友好城市最多的是日本》，http：//world. huanqiu. com/hot/2015 - 09/7398928. html. http：//world. huanqiu. com/hot/2015 - 09/7398928. html。
② 该奖项由中国人民对外友协、中国国际友好城市联合会共同主办，每两年评选一次，是中国国际友好城市工作的最高荣誉。
③ 《山东：已与 117 个外国城市建立国际友好关系》，http：//www. sh. xinhuanet. com/2004 - 05/11/content_ 2111068. htm。

点，青岛市与其对日友好城市下关市排除各种困难，如期举办了"青岛—下关结好 25 周年"庆典，为解冻中日关系做出了地方城市的努力。2010 年 9 月末，日本非法扣押我渔船船长事件发生后，在舆论紧张的情况下，青岛市向 85 岁高龄的下关市日中友好协会会长金田满男授予了青岛市人民对外友好协会荣誉理事称号，此举经日本主流媒体报道后，给当地对华友好人士注入了一针强心剂。[①] 在"讲友谊、讲互利、讲实效"的友好城市交往原则下，鲁日友好城市的建设对于加强两国人民之间的交流与理解、缓和中日紧张关系做出了积极的贡献。

今后要以友好城市为载体，全方位、多层次、宽领域地开展中日民间友好工作。推动友好城市间各层次人员的交流，包括领导、学生、商人、教师、艺术家等，可以通过民间友好组织推动友好城市工作走上新台阶。同时要加强友好城市宣传，通过宣传手册、网络、媒体等多种形式向日本的友好城市、"准友好城市"进行宣传推荐，让鲁日人民更好地了解彼此的城市特征、文化特点，建立互信、友谊，消除隔阂，最大限度地降低政治对抗所带来的不利影响，为鲁日经贸合作的深入开展创造良好的文化氛围。

第三节　提高防范意识 规避鲁日经贸合作汇率风险

2005 年 7 月 21 日，中国人民银行正式宣布对中国汇率制度进行改革，人民币放弃盯住单一美元的汇率制度，转为实行更加富有弹性的以市场供求为基础、参考一篮子货币进行调节、有管理的浮动汇率制度。汇率改革前，人民币汇率处于稳定状态，外经贸企业从事国际

---

① 《中日"友好城市"的缘分》，http://news.ifeng.com/shendu/lwdfzk/detail_ 2012 _ 03/26/13453880_ 0. shtml。

经贸合作不用考虑汇率风险，这就造成了国内企业外汇风险防范意识比较淡薄，外汇风险管理研究以及风险管理理论相对滞后，外汇风险管理实战经验与管理人才储备不足，企业内部风险管理缺乏系统性、全局性、协调性的局面。

在汇率改革后的一段时间内，人民币单边升值，兑美元由8.11升值到不足6.2，外贸企业无需进行太复杂的预判，出口型企业通过远期结汇锁定未来的结汇汇率，进口型企业通过美元融资推迟购汇享受因美元贬值而带来的更优的购汇汇率。随着人民币汇率双向波动成为新常态，企业面临的汇率风险不断加大，外贸企业也越来越多地暴露在外汇波动风险之下。外汇汇率的变动直接对以外币计价的出口产品价格与原材料的价格形成影响，对于原本从事劳动密集型、资源密集型或依靠低价格优势占据国际市场的部分企业来说，汇率波动所带来的不仅仅是利润的降低，由于难以消化汇率波动所带来的不确定损失，部分企业的生存直接受到威胁。因此对于从事对日经贸活动的山东省企业来说，外汇风险防范既是必要的也是必须的。

一 政府在外汇风险规避中发挥引导、督促与保障作用

（一）加强政府宣传，提高企业汇率风险防范意识

1. 提高企业应对外汇风险的能力，首先要提高企业的风险防范意识，有时候"想不到"比"做不到"的危害更大。中国企业运用外汇衍生品规避汇率风险的规模和水平与贸易第一大国的身份严重不匹配。2014年，外汇衍生品交易量为4.7万亿美元，分别占当年对外贸易额的109%和国内生产总值的45%，而发达国家这两个比例普遍超过150%。在金砖五国中，巴西2007年外汇衍生品交易规模和国内生产总值的比值达到了13.92倍。[①] 据统计，中国仅有不足1/3的

---

① 白琳：《外汇避险启新程》，《中国外汇》2015年3月15日。

企业正在使用或是计划使用金融衍生工具进行外汇避险。① 当前山东省从事对日进出口贸易的企业与全国其他地区的民营企业类似，将更多的精力放在了国际市场竞争上，非常注意市场的开发与维护，但普遍对外汇汇率带来的风险的敏感性不够。如果说以往企业面临的外汇风险主要是通过国家的优惠政策来规避，伴随着中国外汇汇率双向波动的新常态，从事国际经贸合作的企业自身才是具体外汇风险控制与管理的执行者。因此，外贸企业与跨国公司必须提高外汇风险防范意识。

2. 相对于大企业来说，规模较小的企业规避汇率风险的意识普遍较弱。部分中小企业从事的对外贸易进出口额相对较小，交易时间较短，企业对小额的汇率损失不大在意。甚至有些企业存在着侥幸心理，认为汇率是双向波动的，汇率风险与获益、损益的机会同时存在，国际金融市场客观风险所导致的损失属于正常现象，以后汇率的反向变动就会给企业带来收益，进而抵消之前的损失。如果通过银行保值，不但要支取手续费，也有可能丧失原本获益的更多机会。还有不少企业只做远期结汇，不做远期购汇，甚至将远期结汇作为企业赚钱的工具。而众多外汇风险防范意识较弱的中小企业构成了山东省对外贸易的重要主体，因此，政府需要有针对性地对中小外贸企业加大外汇风险意识宣传。

3. 政府在扩大宣传、提高企业外汇风险防范意识的过程中要让企业正确认识外汇风险防范的目的与作用，因为这正是企业存在侥幸心理的根本原因所在。外汇风险防范的内涵是企业针对外汇市场汇率可能出现的变化而做出相应的决策，以减少或消除外汇风险给企业带来的影响。显然，外汇风险管理的目的不在于利用风险进行投机活动获利，而在于规避或控制可能面临的风险所带来的损失，而采用任何一种方法规避外汇风险，都要支付一定的成本。因此企业不能以获利

---

① 马丽娜：《新常态下企业外汇避险策略探析》，《征信》2015 年第 11 期。

与否来衡量外汇风险防范的价值，更应从稳定经营、控制波动的视角来对待外汇风险防范。不管规模大与小，外贸企业都应该增强外汇避险意识，多和银行交流，加强外汇管理方面的学习，防微杜渐，规范企业资金运作，以便做大做强。

4. 加强企业避险实例的宣传，通过正反实例让企业能切身感受到外汇风险防范操作所带来的效果，从而加强企业的风险防范意识。加强外汇风险防范的宣传很重要，但要注意，比起单纯的理论讲解与劝告，案例的宣传更生动，效果更好。《烟台日报》在2008年9月刊登了关于外汇风险防范的一篇文章①，其中有两个案例值得一提。一个案例的大致内容为：2006年5月，烟台市一家专门经销电子配件的外贸公司，与日本一家电机企业签订了价值500万美元的供货合同。合同约定，日本企业2007年5月付款。合同签订时人民币对美元的汇率为8.0062，谁知美元持续走低，到了付款当日，美元落至7.6835。这家公司因美元贬值而造成的直接经济损失达161.35万元人民币。另一个案例大致为：2007年1月，莱阳一家农产品加工出口企业与日本签订了价值200万美元的供货合同，合同约定2007年9月18日首付100万美元，2008年9月18日付完余款100万美元。该企业为规避汇率风险，与银行签订了8个月的美元结汇和一年以上的超远期结汇业务，将汇率分别锁定在7.5910和7.2770。结汇时，市场汇率分别降到了7.5030和6.7560，企业因外汇操作成功避免了50多万元人民币的汇兑损失。如果能够配合电视、网络等多种媒体的宣传，这样的正反案例的对比，会给存在侥幸心理的企业以触动。

（二）加强企业理论培训，提高企业汇率风险管理能力

目前中国境内银行间外汇市场已涵盖远期、掉期、货币掉期、期权等衍生品品种，构成了相对完整的人民币汇率避险产品体系。然而，由于对各种金融衍生工具的不了解和不熟悉，企业外汇避险工具

---

① 刘军：《外贸企业，莫忘外汇避险》，《烟台日报》2008年9月24日。

运用严重不足。中国金融期货交易所对山东省外贸企业的调查结果显示，55.1%的企业使用价格转移，36.5%的企业使用接短单的方式被动应对风险，而运用衍生工具的企业仅占31.4%。[①] 汇率波动导致企业因此不敢接大单、长单，则使贸易增长受到限制。

一直以来，在各种外汇避险工具中，企业主要使用的是远期结汇。然而，远期交易更适合管理单边波动的汇率风险，适合管理双边汇率波动风险的则是期权。国家外汇管理局于2014年6月底出台了以外汇期权为重点推进外汇市场发展的措施，简化市场准入，以进一步鼓励人民币汇率交易工具的创新与运用。而离岸汇率交易工具不仅包括远期、掉期、期权，还有无本金交割远期（NDF）、期货等。尤其是人民币外汇期货方面，境外已有6家交易所推出了11个品种的人民币外汇期货。外汇避险工具在不断丰富，但制约企业运用的瓶颈则是对于各种外汇避险工具的知识浅薄，缺乏操作人才，即使企业想做，也做不了。定期对外贸企业有关人员进行外汇操作知识培训，对于无力聘请专业金融人员的中小企业，尤其是小企业，可以有效地补足其外汇避险能力短板。

从培训的内容来看，除了要讲授各种外汇业务基本知识、外汇基础操作、外汇风险的量化方法与注意事项以外，还要重点讲解如何建立一套有效的外汇风险管理体系。一套有效的风险管理体系应该包括对风险的识别与估计、制定风险管理措施、执行避险措施、对避险结果的评价。中小外贸企业本身管理能力弱，一般没有专门外汇风险管理部门与外汇管理专业人员，实际对外贸易业务中的外币结算业务一般都是由财务部门进行管理，而且财务人员也不具备系统地规避外汇风险的相关管理知识和技能，更无法从企业战略的高度出发来给企业提供有效规避外汇风险的建议。加之财务人员的流动，给企业及时、

---

① 白琳：《企业面临汇率风险不断加大　外汇避险启新程》，http：//finance. huanqiu. com/roll/2015 - 04/6218557. html。

合理、有效地评估与规避外汇风险带来难度。如果企业建立起了一套有效的外汇管理体系，即使发生个别人事变动，外汇避险操作也可以照常进行。

当前政府部门举办的各类外汇避险知识培训中存在的一些问题值得注意。首先，培训的安排上往往是时间短、内容量大、不连贯，学员听的时候明白，离开课堂进行操作还是有困难。如果能够将培训时间连续化，例如一周 2 小时，连续进行一个月，将大量知识点分散来讲，给学员一定的消化时间，效果会更好。

其次，当前的培训大都追求聘请名人与高层次人员做讲师，有"高大上"的感觉，没有针对参培人员制定分类培训计划，培训的内容过于深奥。由于许多参与培训的人员没有足够的金融知识做基础来消化培训的内容，造成培训效果不佳。

作为以规避外汇风险的外汇业务操作需要解决两个难题：一是要判断汇率走向，这是非常难的；二是会选择适当的避险工具并加以实施。在避险工具的选择方面，要针对不同的参训人员有针对性地选择培训内容。例如，一般的中小型外贸企业由于业务金额相对小，结汇的时间一般较短，首先适宜利用合同条款改变结汇的货币或结汇的时间避险，也比较适宜采用以短期借款、调整结汇日期、应收票据贴现与优化货币组合为主的外汇资金管理工具。这些方法的灵活性强，手续相对简单，对于中小型外贸企业而言，既可达到规避外汇风险的目的，又可以提高资金的利用率。但对于大中型对日经贸合作企业，由于其贸易量大、结算周期长、合作形式复杂等特点，期权、期货、远期、掉期与货币互换等金融衍生品品种有时效果更好，而且相对来讲这些企业参与培训的人员层次较高，所掌握的金融知识相对较多，基础较好，因此更深度的前沿知识与经验的分享会更加适宜。

最后，培训后的专家或专业金融人士的免费咨询与指导工作没有跟上，无法保证企业构建的外汇风险管理体系的有效与有用，学员在实际工作中遇到了问题也没有地方咨询解决。当企业遇到外汇风险时，如果有专门的外汇管理专家为企业出谋划策，帮助企业及时有效地制定并执行外汇风险规避策略，对企业更好地达到规避外汇风险的目的有莫大的帮助。因此，如果政府能够牵头组织金融界人士成立企业金融业务咨询办公室，建立咨询平台，聘请专家进行免费咨询指导，将会极大地保证培训的效果。

（三）鼓励银行支持企业外汇风险防范

企业在转变过去近十年来的人民币单边升值以及波动率低的操作习惯，积极采取措施以适应人民币汇率双向波动的新常态的过程中，也对银行等金融机构提出了更高的要求。

首先，银行要承担起外汇知识的传播、讲解与解答的社会责任。当前山东省的金融人才主要集中于银行、证券、基金等主要金融机构，尽管高校也有一部分，但就操作层面来讲，还是来自于第一线的银行外汇部门的人员能力高，他们的理论知识未必最全面，但操作经验与操作理论更丰富。而且，各银行的分行遍布全省各地，即使县级市甚至乡镇都有各大银行的办事机构，这为外汇知识的传播提供了得天独厚的条件。因此，山东省各大银行如果能够主动承担起外汇避险业务知识的宣讲与解答义务，必将会在企业界形成很好的学习外汇知识的氛围，企业有关工作岗位员工的外汇管理能力也一定会得到相应提高。

其次，努力开发"适销对路"的避险产品，为企业提供个性化金融服务。银行为企业提供的金融产品应该与客户的需求相一致，未必一定是复杂的，但也不一定要固守于传统的几种操作方法。不同企业的避险需求不一样，所需要的产品也就不同，这就需要银行在新产品的设计方面下工夫，因地制宜，研究开发适用性强、操作简单的金融衍生工具，扩大市场参与度。许多新的外汇业务其实并不复杂但避险的代价更小，效果更好，如果银行能够提供并加以推广，企业应该十分乐于接受。在外汇避险产品的操作上，银行应简化办理金融衍生工具的流程和审批手续，使更多有实际需求的企业可以顺利使用金融衍生工具来规避外汇风险，针对不同企业类型不同层次外汇风险敞口管理的需求，为企业打造更丰富的服务方案。

（四）储备外汇风险管理人才

金融人才是企业制定外汇风险管理战略、实施外汇风险管理的关键。加强外汇专业人才培养和储备，对金融界乃至企业界的发展都至关重要。当前，中国经济类院校每年培养了大量的金融专业学生，从供需的角度来看，甚至供过于求，很多学生因找不到与金融相关的工作而被迫转行。一个重要的原因是许多大城市毕业的学生愿意留在大城市工作，不愿回到地方，尤其是不愿意到乡镇一级工作，即使专门从事风险管理工作的银行也缺乏大量的高端金融人才。结果出现大城市金融人才济济，小城市人才匮乏的局面。而许多中小外贸企业恰恰就分布在县级市与乡镇上，在内部外汇人才储备和培养严重不足的情况下，企业需要来自金融部门专业人士的指导，却无法得到帮助。

解决地方金融人才不足的关键还是要在高校的人才培养计划上做出调整，让更多的地方院校设立金融专业，培养操作型、技能型的金融人才，或适当扩大地方高校金融专业的招生人数。这些学生可能没有非常前沿的理论知识，但他们的金融基础知识以及业务操作技能还是非常扎实的，重要的是这些学生由于不是211、985或者大城市高校的学生，对于工作环境的要求也相对不高，相对来说，他们乐于到基层工作，能够扎根基层，服务地方企业，可以为小城市金融机构或位于小城市的外贸企业工作。因此，从调整地方高校培养计划入手，增加金融专业操作方向的学生培养，是缓解目前乡镇金融人才短缺的可行手段。当然，对于走上工作岗位后的这批金融人才后续跟踪培养与培训仍然是不能忽视的。

（五）做好外汇波动预警

规避外汇风险，企业应通过风险识别和风险量化对外汇风险敞口进行评估，并在此基础上与银行进行合作，选择合适的金融工具，建立控制成本的风险管理策略，实现风险控制的目标。从近年来国际经贸形势来看,影响汇率波动的因素趋于复杂,既有经济发展变动自身的原因,也有出于宏观调控而主动通过财政政策与货币政策干预汇率的原因,当然还有短期国际资本的流动性加强以及政府之间政治关系的原因。

正是由于外汇汇率的波动出现了双向波动的难以预期的新常态以及汇率变动原因的多样性,对汇率波动的研判就更加复杂,通常需要构建复杂的模型,并应用大量数理统计知识配合专业分析软件进行研究判断。以汇率波动最严重的货币危机和预警研究为例,货币危机和预警研究始于 20 世纪 70 年代,目前国外的研究理论非常丰富,已先后提出概率预警模型、横截面回归危机预警模型、KLR 信号法预警模型、静态面板 Probit 预警模型、面板 Logit 预警模型以及人工智能神经网络预警模型等。国内关于货币危机预警的研究开始于东南亚金融危机后,主要是在国外有关理论的基础上对中国外汇风险进行预警分析。没有国际金融领域专业人员的研究与分析,单凭从事外经贸活动的业务人员与财务人员的经验,企业对于未来的外汇汇率的变动趋势很难做出正确而全面的判断。山东省政府如果能够牵头,联合各大银行与高校,结合鲁日经贸合作的实际业务特点,构建人民币兑日元的风险评估模型,构建外汇波动监控网站并及时公布汇率变动特点与趋势预测,将会极大地帮助企业进行外汇风险规避。

第四节　提升经济国际竞争力,降低鲁日经贸合作的经济风险

一国与地区国际竞争力的高低主要取决于产业结构的竞争力,最终取决于技术创新能力与人才储备竞争。中国尽管在经济总量上超越了日本,但我们不得不承认,在经济发展的内涵与质量上还有不小的差距。在国际分工体系中,日本处于产业链的高端,而中国则处于产业链的低端,中国对日出口的产品以低技术含量的劳动密集型产品占

比较高，而日本主要向中国出口高技术水平的机械和电子产品，同时日本是中国直接投资的净资本输出国。产业竞争力的不平衡是导致日本对中国"不服输"甚至对抗的重要原因之一，因为在日本看来，并没有"中日两强"，在高端技术与创新方面有着短板的中国仅仅是在追赶日本，至少当前无法取代日本成为亚洲最强。因此，中国在中日政治关系中能否占据主动权，取决于中国经济综合国际竞争力的强大与否。如果中国在经济发展的质量上显著超越日本，反过来让日本向中国学习技术与管理，日本就会不得不实施其"与强者为伍"的外交战略。因此经济实力是核心所在，只有经济竞争力的强大，才可以彰显军事实力与文化软实力，才能得到日本的尊重，使中日达成的改善与发展中日关系的四点原则共识①得到彻底贯彻实行。

当前，中国经济与外贸发展正处于新常态。山东省政府要正确认识经济与外贸发展的新常态与新特征，紧紧抓住21世纪头20年战略机遇期的最后几年，主动适应经济发展的国际与国内"新常态"，紧紧围绕国家经济改革发展的指挥棒，专心致志培育地区产业国际竞争力。

一　培育地区产业国际竞争力，深度融入世界经济

世界经济形势正在发生深刻变化，各国之间相互联系、相互依存，和平、发展、合作、竞争、共赢成为主流趋势，但在后金融危机时期，各国调整经济结构面临着不少困难，全球治理机制有待进一步完善，全球经济进入深度调整期，整体复苏呈现出艰难曲折的态势，

---

① 2014年11月7日，国务委员杨洁篪在钓鱼台国宾馆同来访的日本国家安全保障局长谷内正太郎举行会谈，就改善与发展中日关系达成四点原则共识：一是双方确认将遵守中日四个政治文件的各项原则和精神，继续发展中日战略互惠关系。二是双方本着"正视历史、面向未来"的精神，就克服影响两国关系发展的政治障碍达成一些共识。三是双方认识到围绕钓鱼岛等东海海域近年来出现的紧张局势存在不同主张，同意通过对话磋商以防止局势恶化，建立危机管控机制，避免发生不测事态。四是双方同意利用各种多双边渠道逐步重启政治、外交和安全对话，努力构建政治互信。

这也为中国经济国际竞争力的提升提供了良好的机遇。在新的世界经济大环境下,中国政府充分发挥大国优势,创造性地提出了"一路一带"合作发展理念,亚投行的设立、中韩自贸区的建立等都为各地区创造增加值和实现国民财富持续增长创造了外围条件。

在新常态下,各级政府都在放眼世界、立足实际,积极规划未来、谋求发展。作为东部沿海经济发达省份,山东不仅要融入世界经济,而且要主动融入、积极对接,制定符合山东省实际的开放发展战略规划,纳入国家开放总体格局。要坚持创新发展路径,力促优势产业升级,兼顾生态效益与居民福利,推动地区产业与企业的国际竞争力持续提升,努力发展成为在国内外具有较高知名度和经济发达的地区。

产业国际竞争力和技术水平是决定对外贸易的根本因素,产业结构的变化决定了外贸结构的转变,有什么样的产业结构,就有什么样的外贸结构,出口结构是产业结构的表象,出口结构的改善必须从产业结构的高度化上获得支撑,因此,要从调整产业结构入手来促进出口商品结构的优化。不仅要改善产业结构,而且要培育产业的竞争力,这是推动对外贸易国际竞争力提升的关键与基础。

(一)努力发展高新技术产业,打造高新技术产业基地

加快发展电子信息、生物技术及制药、新材料三大高新技术产业,并通过技术创新和高新技术成果产业化,不断提高自主创新能力。充分发挥以青岛、烟台、威海三市为主体的胶东半岛制造业基地在发展高新技术产业中的龙头作用,大力支持高新技术企业的发展,加强产学研合作,引导科技型企业集聚,形成高新技术产业区,进而成长为技术密集型的制造业基地。

山东省对高新技术产业发展,应该说是非常重视的,但到目前为止,仍然没有形成具有较强影响力的高新技术产业区。今后要加强对产业规划与布局的宏观指导,提高产业基地集群效应,首先,要进一步明确产业的区域分工与规划定位,同时要加强对产业布局的宏观指

导，有效地促进产业集群的规模。其次，应该有序地促进产业集群的扩大和内部功能的完善。对于那些企业技术尖端、产业集聚快速、市场前景广阔、能够带动产业基地发展的龙头企业，应该给予更多的市场准入、产业配套、资金跟进等政策扶持，为它们搭建良好的发展平台。最后，要大力发展、完善与高新技术产业发展相适应的配套产业，包括特有的产业支持及与其相关的服务业。只注意制造而忽视服务是不符合区域经济发展规律的，也不符合高新技术产业基地发展的客观要求。

（二）加快传统劳动密集型产业技术改造

劳动密集型产业是山东省实现产业结构高级化的基础，只有劳动密集型产业得到充分发展，才能为今后资本技术密集型产业的发展提供可能。在注重知识经济和高新技术产业发展的同时，仍然要充分发挥比较优势，大力发展轻工、纺织、机械、化工、冶金、建材六大传统劳动密集型产业，推动传统产业进行技术改造。通过设备更新、工艺改进、新技术和新产品开发等途径，推动产品的升级换代，从而提高出口产品的附加值，实现传统优势产业国际竞争力的提高。

（三）继续优化农业生产结构，大力发展现代服务业

农产品出口在山东省对外贸易中一直占有重要地位，但由于面临名目繁多的绿色壁垒以及贸易摩擦，致使山东省农产品出口在近几年里受到很大影响。优化农业生产结构，以绿色消费需求和高效生态农业为导向，大力发展绿色农业、特色农业和出口农业，提高农产品的卫生质量、安全标准，提高应对"绿色壁垒"等非传统贸易壁垒的能力，全面提高出口产品的竞争力和经济效益。

而现代服务业是发展现代制造业的重要支撑，也是发展现代农业的重要保障，促进现代服务业的快速发展不仅能够为社会提供更多的就业机会，而且能够为现代农业以及现代制造业效率的提高提供支持。努力发展第三产业，提高第三产业在国民经济发展中的地位，尤其是促进第三产业中生产性服务业的发展，这对于提升产业国际竞争

力以及对外贸易国际竞争力尤为重要。因此,山东省要在政策上给予倾斜,加快研发与开发、金融、信息、教育、培训、物流、中介等现代服务业的发展,为发展现代制造业和现代农业提供条件,并通过产业发展和结构改善,促进外贸结构的优化和升级。

二　推动制造业产业升级,促进企业名牌战略开发

（一）推动制造业产业升级,促进生产性服务业发展

促进制造业,尤其是先进制造业的集群发展,提高资源配置效率,充分发挥产业集群效应,必定会带动生产性服务业的发展,反过来,生产性服务业的发展又会推动制造业效率的提高。努力发展高新技术产业,打造高新技术产业基地;加快传统劳动密集型产业技术改造,实现传统优势产业国际竞争力的提高;继续优化农业生产结构,大力发展绿色农业、特色农业和出口农业,推动农业产业化的发展,全面提高出口产品的竞争力和经济效益。改变当前制造业产业层次低、技术创新能力低、生产性服务业仍然内化于制造企业产品增值链体系中的状态,促进生产性服务环节有效地剥离为专业化的服务第三方,使生产性服务业拥有更多的需求,从而刺激其更好的发展。

（二）实施名牌战略,稳步扩大名牌效应

品牌是经济实力的重要标志,是竞争力的象征,仅仅从事劳动密集型的加工环节以及无品牌的产品出口,不但导致企业从经济全球化中所获取的利润极少,而且生产经营中始终不能掌握主动权。尤其在人民币不断升值、全球经济危机、周边国家争抢订单、市场需求下降的情况下,实施品牌发展战略,培育知名品牌企业,是加快山东省对外贸易增长方式转变、扩大产品增值率的重要环节。

1. 转变思想,正确认识海外分销与品牌建设的重要性

强化外贸企业的品牌意识,使企业自身意识到蕴藏在品牌中的巨大价值,要学会经营建设企业的无形资产,将品牌建设、经营与管理提升到战略高度。政府要积极组织开展一系列关于品牌宣传、推广、

促进和保护的活动，提高并强化企业甚至是全民的品牌意识，推动中国自主品牌全方位、多层次的发展。使外贸生产企业能够正确对待外贸出口中的贴牌生产与争创出口品牌的关系，能够充分认识到贴牌以及无牌生产的弊端，不能完全依赖贴牌生产，使有能力的企业积极努力地投入自有品牌的建设中来。

2. 提高产品质量，为创立名牌提供基础保证

一个好的品牌意味着其产品的质量是被市场所普遍接受的，意味着良好的信誉与品质，因此，提高产品质量成为创立名牌至关重要的基础性工作。企业要不断进行技术创新与改进，提高产品的技术含量，提供更实用、合理、可靠的产品，赋予品牌更引人入胜的传奇故事与更能够被客户认同的品牌理念。产品技术标准是衡量产品质量和品质的重要标志与具体指标，是衡量产品质量的重要依据，因此技术标准及其国际化的发展对品牌战略的实施具有重要影响。政府要积极推动企业落实技术标准化战略，采纳国际标准和国外先进标准，主动提高出口产品在安全、卫生、环保等方面的品质，从而减少产品出口所遇到的技术性贸易壁垒，为顺利开辟国外市场，创立名牌创造条件。

3. 重点培育具有核心竞争力的名牌企业及产品

打造具有国际竞争力的国际名牌需要企业的努力与政府的扶持，并不是扶持所有企业，而是选择一批与山东省产业发展规划一致，有发展潜力行业的部分企业予以重点扶持，即重点扶持和培育高科技产品、机电产品和有传统出口优势的农产品、轻纺产品名牌。这就要完善进入品牌扶持范围的标准和品牌出口绩效评价机制，进而确定各时期的重点扶持企业，通过动态管理，强化企业的国际品牌意识，推动品牌价值的不断上升。

4. 实施正确的营销策略，提高国际市场上的品牌知名度

好的品牌离不开正确的营销策略，尤其是品牌推广战略，而国内企业普遍缺乏品牌的国际推广经验，因此，外贸企业要不断吸收并创

新国外先进的品牌建设与管理经验，加强对品牌理论与实践的研究。不仅要向跨国公司学习成功的市场营销策略，而且要学习大型跨国公司成功的品牌定位、策划、传播、管理经验以及品牌战略在其产品成长过程中的运用。聘请当地的营销专家与相关人才参与品牌的国际推广，在保证产品质量和服务质量的前提下，做好分销商的沟通与管理工作，加强合作，加强品牌宣传，逐步建立完善的海外分销渠道，提高国际市场上的品牌知名度。

5. 政府要充分发挥在品牌建设中的扶持与引导作用

协调各相关部门，运用综合手段，实行动态管理。首先，积极营造公平有序的市场竞争环境，支持和鼓励各种社会力量参与品牌战略的推进工作。其次，在财政和贸易方面，继续给予品牌出口企业以重点支持，通过设立扶持出口品牌专项基金，对品牌出口企业境外注册商标和专利申请给予资助，在广交会和华交会的展位分配上向品牌企业倾斜，在检验检疫、便捷通关、知识产权保护、自主创新等方面也给予相应的政策优惠。再次，对企业的业务和技术人员进行定期的专题培训，使他们及时了解国际市场动向和不断变化的国际质量和技术标准，以便调整产品创新方向，适应国际市场需求，使老品牌不断升级换代，使非品牌产品及早成为品牌产品。最后，要采取一切有效措施，完善保护知识产权的法律法规以及相应的制度，规范品牌竞争秩序，加强品牌保护，防范品牌风险，合理引导品牌沟通和品牌集群发展，打造山东省的区域国际名牌。

三 加强人才队伍建设，为地区经济发展提供智力资源

人才竞争力是区域综合竞争力的重要内容。在人才资源日益重要的今天，如何建设强有力的人才竞争力，培养和吸引更多的优秀人才并让人才能够发挥作用创造价值，成为决定综合竞争力的重要因素。

（一）确立人才强省战略，树立新的人才竞争力理念

推进人才竞争力创新必须坚持以思想解放为先导，以新的思维方

式思考人才竞争力建设的新情况、新问题，树立与市场经济相适应和与国际接轨的人才竞争力新理念，确立"人才强省"战略。要客观、清醒地看到政府在人才竞争力建设中的积极作用，明确"以人为本"的人才竞争力建设的核心理念。在实际行动上要加大教育投资，并确保投入的产出效果。加大教育经费占比，确保人力资本稳步上升仍将是山东省政府在改革之路上所面临的一个重要问题。各级政府要牢固树立人才资源是第一资源的观念，以市场需求为导向，坚持培养、引进与留住相结合，将学历与能力相结合，将科研院所培养与企业职业训练相结合，通过继续教育与企业的培训促进人力资源能力与素质的螺旋式上升。

（二）正确认识人才的内涵，解决企业高级技术工人不足的发展瓶颈

长期以来，中国的人才培养重理论轻实践，往往认为高学历的博士、硕士才是人才，许多学生愿意拿高学历、考公务员但不愿意进职业院校，这固然与部分职业院校的培养质量有关，但关键的问题还在于社会对于专业技术工人的重要性认识不够，最终造成技术工人队伍建设相对缓慢，高水平的技工严重不足。在科学技术飞速发展的今天，企业对高技能人才的需求越来越迫切，然而，当前中国企业一线生产技术骨干特别是中高级技能人才严重缺乏是不争的事实，在企业生产中拥有"绝活"、掌握"绝技"，能够独当一面的"技术大亨"更是凤毛麟角。[1] 一流的技术工人缺乏，不仅影响到企业的技术革新和科研成果的转化，而且在一定程度上严重制约了企业的快速发展，减弱了企业参与市场的竞争力，这种现象令人忧虑。因此，加速培养一大批能担当重任、真正能够在本职岗位上拿得起、放得下，拥有"金刚钻"，敢拿"瓷器活"的技能人才已成为一项紧迫的任务。

---

① 《谈企业一线专业技术工人的作用与培养》，http://news.163.com/15/0326/06/ALK5CL2N00014AED.html。

（三）做好人才需求的结构调查，实施分层培养方案

政府有关部门要对区内企业的培训情况进行摸底调查，组织专家对于区内相关企业的岗位培训进行规划，建设岗位公共基础理论、专业基础理论与岗位技能相结合的分层培养方案。对于公共需求较集中的知识，政府有关部门应统一聘请专家，定期开展培训，对于专业技能也可以开展技能大赛提高水平，以解决企业因岗位人数少而难于培养的困难。通过政府部门、学校、社会与企业多层次、全方位实施人才培养计划，最终达到为对外贸易发展提供人力资源支持的目标。在人才培养中，重点要做好人才的结构性需求调查，突出解决当前专业人才急需的问题，同时还要抓好人才培养质量，对于各类各层次培训进行跟踪调查，确保培训的知识与技能是企业发展所需要的，避免形式主义，更要避免出现热门专业一哄而上的局面。

（四）重视人才培养过程，认真做好培训考核

就目前来看，相当多的职业技术学院都是由原来的中专转变而来的，学校根据就业的好坏新上了许多专业，而且专业的跨度很广，同时学校的学生人数也在迅速扩张，大有"赶超"的意味。然而，由于师资跟不上，许多教师没有实际工作经验甚至临时转专业从事该专业的教学工作，这对于非常重视实践操作能力培养的职业院校来说，无疑其培养的学生的技能会受到很大的限制。因此，大力发展职业技术教育是经济发展的客观要求，但加强对培养院校的考核与监督，笔者认为，是当前职业教育改革中非常重要的工作。

（五）人才培养多渠道，培育人才培养的载体

要通过多渠道、多层次来培养所需的各类人才，特别是能够适应国际市场竞争的既有专业技能又有经贸知识的复合型人才。鼓励和引导高等院校建立与产业发展相适应的学科和专业，支持高等院校、职业院校、科研院所建立专业人才培养基地，鼓励职业培训机构业务的开展，加强企业内部培训，鼓励民间资本进入人才培育领域，解决资

金瓶颈问题。

产业集群发展有助于产生技术溢出、管理溢出效应的提高，是成为专业人才培养的重要基地。因此，政府要引导推动产业集群建设，并通过税收政策调整，鼓励企业加大员工技术培训投入，将集群中的大量企业培育成为人才培养的有效载体，这不仅可以解决高校资源不足的问题，更能够确保人力资本的发展与企业的发展相吻合。同时，为使人才的能力与知识实现螺旋式上升，要重视继续教育。企业的"传帮带"式的技能培训要和科研院校的理论提升相结合。

（六）"走出去"与"请进来"相结合，吸引国内外高层次人才

建立完善的留学人员回国鼓励机制，重点引进一批高层次、高技能、熟悉现代服务业管理的留学人才，尤其是金融、保险、信息、商务中介等行业急需的专业人才，发挥他们的辐射作用，以带动服务业人才整体素质的提高。大力引进通晓国际规则、熟悉现代服务业管理的高层次外国专家，聘请外国专家来山东省进行学术交流、合作研究、讲学任教及工作任职等，鼓励各类人才带项目、带技术来山东省创业、发展，促进山东省服务业的国际交流与合作。积极支持服务业人才出国留学、进修，接受国外系统服务理论与技能的培训，鼓励中外合作办学，拓宽与海外交流合作渠道。外国语在对外贸易中非常重要，尤其是服务外包中的语音服务、咨询服务等，加强基础外语教育，让更多的外国人来山东省旅游、度假、工作，让更多的人"走出去"，创造一个良好的多语言应用省份，这对于山东省对外贸易的发展起着至关重要的作用。

（七）促进人才交流，营造尊重人才的氛围

要充分利用科研院所、高等院校等机构信息资源丰富、信息传播快的优势，进一步开发利用信息资源。各级政府要定期或不定期地向社会发布经济信息、科技信息、人才信息等内容，促进信息资源共享。要充分发挥科协、博士后联谊会和各类学会、协会的作用，积极组织开展学术、技术及其他形式的交流活动，为各类人才提供交流的

机会和平台。

完善与人事制度相关的法律法规，包括知识产权、劳动与社会保障、劳动合同等，建立符合经济全球化发展的法律法规体系，建立良好的人才工作环境和生活环境，确立高层次人才的核心与主体地位，营造尊重知识、尊重人才、尊重创造的良好氛围和社会环境，增强对人才的感召力、吸引力和凝聚力，激发人才的创造力，做到"人才培养得出，引得进，留得住"，彻底解决对外贸易人才短缺问题。

四 促进技术创新，推动技术创新与对外贸易的良性循环

Fagerberg（1988）以国内 R&D 投入和专利数为指标对 15 个 OECD 国家进行分析，认为技术竞争力和及时传递技术的能力是影响国际竞争力和经济增长的最重要因素。从国外学者的研究中可以发现，技术对一个国家国际贸易的发展有显著的推动作用，技术创新对不同行业的产品贸易也有着不同的影响，对技术密集型行业的出口影响较大。[①] 因此，推动科学技术的发展成为影响对外贸易国际竞争力的关键因素。

山东省的 R&D 经费占 GDP 的比重比浙江省和江苏省同一指标低，而且也低于全国的平均水平，将山东省平均每万人授予专利量同浙江省、江苏省以及全国的平均水平进行比较之后发现，山东省该项指标远低于浙江省与江苏省，也低于全国的平均水平。这说明山东省在科技研发投入方面还需不断加大力度，进一步发挥科技对经济的促进作用，这将会推动山东省商品结构和产业结构的转变，最终提高产业竞争力，提高出口产品的国际竞争力。

面对新一轮科技与产业革命的蓄势待发，科技创新与产业创新相互促进、加快转化、融合发展，绿色低碳、网络智能、共创分享、可

---

① 宋青：《技术创新对我国高新技术产品出口贸易的影响研究》，山东经济学院 2011 年学位论文。

持续发展理念深入人心。中国科学院原院长路甬祥在"平潭企业家科学家创新论坛"上表示，中国经济已经进入"新常态"，创新将成为中国经济发展的关键词。企业家、科学家都是追求引领创新的重要群体，在新时期担负的使命将更为重大。要有效构建以企业为主体、市场为导向、产学研紧密合作的技术创新体系，充分发挥市场在创新资源配置中的决定性作用，更好地发挥政府的作用。[①]

（一）加大投入，提高中国整体科技水平

现代技术创新不再是偶然的发明和发现，而是在保证高投入条件下有意识的、系统的工作。西方发达国家的经验表明，研究开发经费的投入强度是随着科技创新发展阶段的上升而提高的，一个国家的创新产出和其研发投入有着密不可分的联系。在投入方向上，既要重视基础学科、新兴学科和边缘学科的投入，又要重点突破一批重大关键技术，同时攻关若干重大专项；既要确保持续提高创新能力，又要实现跨越式发展。因此，政府要深入实施创新驱动发展战略，加大资金政策的扶持力度，加快在技术、产品、业态等方面的创新，努力推动高新技术产业的快速崛起。加大对企业自主研发的支持力度，增加对企业高新技术出口产品开发的专项资金支持，尤其要激励劳动密集型企业的技术创新，以提高中国的整体科技水平。[②]

（二）加大对技术创新的政策扶持

建立专项基金用于新型产业领域的技术创新，对外贸领域重大技术引进项目及相关的技术改造应提供贷款贴息支持，对引进项目的消化吸收再创新活动应提供研发资助；引导和鼓励社会资本投入外贸领域知识产权交易活动中，符合规定的应享受创业投资机构的有关优惠政策；在政府采购中，应优先支持采用国内自主开发的软件等信息服

---

① 邱玥：《构建新常态下的技术创新体系》，《光明日报》2014 年 12 月 24 日。
② 赵亚南：《技术创新与对外贸易发展的互动关系分析》，《商业时代》2010 年第 13 期。

务，进一步扩大创业风险投资试点范围。[①] 在风险投资和中小企业政策上，要改善市场环境，发展创业风险投资，鼓励外商风险投资进入中国，支持中小企业提升自主创新能力。

（三）围绕工业发展的关键领域，建立和完善企业技术创新体系

深化科技体制改革、建设创新体系的中心任务，是解决科技与经济结合的问题，推动企业成为技术创新主体，增强企业创新能力。企业是经济活动的基本单元，只有企业成为技术创新的决策主体、研发投入主体、科研组织和成果转化中的主体，才能敏锐地把握市场需求，有效地整合产学研力量，加快创新成果的转化应用。[②] 鼓励企业从技术、市场、法律等角度综合分析以决定研究开发的方向、选题和技术路线，充分利用国内外专利文献资料，不断跟踪国内外企业的技术信息，研究和预测技术发展趋势和市场竞争动向。着力推进以企业为主体的技术中心建设，提高企业的自主研发能力和水平，培育壮大核心技术，大力开发具有自主知识产权的新技术、新产品，赢得发展的主动权，促进企业自主创新和国际化发展。

（四）重视技术引进，鼓励模仿创新

培育自主创新能力并不意味着完全自我研发，借鉴日本的经验，应该重视技术的引进。要抓住世界科技发展的最新形势，重点引进符合山东省产业发展规划的电子信息、生物技术、汽车制造、新材料、新能源、海洋化工等领域的先进技术。通过引进高技术，改造农业、能源与环保、交通运输业、原材料等传统领域，提升其竞争力。积极支持外资企业尤其是跨国公司子公司设立研发机构，加强服务和引导，促进已投产外商投资企业进行技术投入，扩大技术引进，促进中外企业的联合开发和合作，鼓励外资企业转移先进技术，培训员工，

---

① 陈文玲：《推动服务贸易发展的政策选择》，《商业研究》2009 年第 4 期。

② 《建立企业主导的技术创新体系》，2013.07.12，http：//www.qstheory.cn/zl/bkjx/201307/t20130712_ 248380. htm。

同时，严把审批关，将对外贸易管理工作与促进对外贸易的技术进步和技术外溢工作结合起来，扩大技术溢出效应。

借鉴日韩等国的经验，设立高新技术发展促进基金和产业科技进步基金，积极支持大中型企业更新设备、引进技术和进行新产品开发；发放优惠贷款和各种补贴，用于中小企业的产品设计、工程技术进步、质量改进、自动化发展和员工培训，以有效地缓解企业技术进步中资金不足的问题。

（五）促进校企合作，加快科技尤其是高新技术的产业化进程

把一些重大引进技术的消化吸收创新项目纳入诸如科技攻关等科技计划之中，以企业为主体，以市场为导向，通过体制和机制创新，建立有效的消化吸收创新激励机制，落实技术人员鼓励政策。拓展产学研合作领域，着重向国际化和高新技术领域拓展；提高合作层次，推动企业与世界 500 强企业合作，搞好共建机制；扩大合作成果，更加注重产学研合作的实效性。同时，大力宣传并采取适当鼓励措施，促使外贸生产企业实施合理的人才开发战略，鼓励员工创新，充分发挥技术创新主体的作用。

（六）完善科技支撑体系，提高科技转化率

建立一批研发设计、信息咨询、产品测试等公共服务平台；建设一批技术研发中心和中介服务机构；完善科技人才的引进、管理与激励机制，稳定人才队伍。强化微观主体的技术创新机制，鼓励服务类企业增强自主创新能力，加速建立多层次的资本市场体制，激励创新，并通过减税、补贴等方式激励技术创新活动，形成一个激励自主创新的微观机制。

深化科技体制改革，把科技市场与市场改革联系起来，建立适应市场经济的科技体制风险投资机制，鼓励与外省和外国进行科技交流与合作。加强知识产权政策的实施力度，维护市场秩序，保持技术进步的合法权益。

五　捕捉区域经济合作机会，构建开放发展的多元化格局

（一）遵循国家外经贸政策，捕捉区域经济合作中的巨大机会

加快实施自由贸易区战略，是中国新一轮对外开放的重要内容，也是中国积极参与国际经贸规则制定、争取全球经济治理制度性权力的重要平台，山东省应当紧跟国家战略布局，不能只当旁观者，而是要做积极参与者。

建立面向全球的自由贸易区网络，中国正积极同"一带一路"沿线国家和地区商建自由贸易区，使中国与沿线国家合作更加紧密、往来更加便利、利益更加融合。潍坊要抓住"一带一路"、亚太自贸区建设、中日韩自贸区建设等国家战略的重大机遇。特别是山东省处于"一带一路"的交汇点，打造丝绸路带枢纽的条件得天独厚。山东省应当积极利用其地缘优势，引导企业深入参与"一带一路"沿线国家基础设施建设，推动具有优势的先进装备制造、钢铁等企业走出去，转移富余产能，开展先进技术的合作。

（二）充分利用国际资源与市场，兼顾国内环境与就业

在全球范围整合资源，布局产业链，增强国际竞争力和抗风险能力，积极创造参与国际合作和竞争的新优势。坚持将推动优势企业"走出去"与吸引优质外资"走进来"相结合，形成"政府搭台，企业唱戏，全球是舞台"的对外合作新局面，全面提升潍坊开放型经济的核心竞争力。

在谋求发展的同时，既不能完全抛弃劳动密集型产业的发展，也不能牺牲环境求发展。在新常态下，应该在坚持巩固原有国际市场的基础上，努力发展动态比较优势，积极培育国际竞争力。不可否认，劳动密集型产业还是经济增长的动力源泉。中国这样的超级人口大国，根本就没有理由抛弃劳动密集型产业。高精尖产业的发展虽然光鲜亮丽，但是并非一日之功，以当前情况来看，我们应该稳步向前，避免结构转型过程中的急功近利。这就要求，在新常态下山东省的开

放布局，决不能牺牲环境以求发展，要坚持国家的可持续发展战略，需要清楚自身的地位、处境、优势和不足，需要在检验已有发展的同时制定新的竞争和发展战略，以实现可持续发展。

（三）结合"国别元"和"区域元"，构建开放发展的多元化格局

在经济全球化和区域经济一体化的国际发展趋势下，贸易集团化趋势明显，区域内贸易地位不断上升。中国政府顺应这一发展大趋势，正积极参与多层次、多种形式的区域经济一体化组织建设，为企业参与国际竞争寻求更大的优惠与更多的发展机遇。国家将国际合作的平台搭建好了，还得依赖地方政府与企业去捕捉合作机遇并将合作利益扩大化。

山东省在推动企业国际化发展的过程中，既要保持与不同发展水平的国家即"国别元"的合作，又要重视与主要区域经济组织即"区域元"的经贸关系发展。既要加深与现有国家和地区的合作，又要积极开拓新市场，避免对少数国家与地区的过度依赖，避免被对方的"软实力"所制约。

附　　表

附表1 　　　　　　　　　2003—2015 年日本外贸概况

年份	出口 （百万日元）	出口增长率 （%）	进口 （百万日元）	进口增长率 （%）	进出口差额 （百万日元）	差额增长率 （%）
2003	54548350	4.7	44362023	5.1	10186327	3.1
2004	61169979	12.1	49216636	10.9	11953343	17.3
2005	65656544	7.3	56949392	15.7	8707152	-27.2
2006	75246173	14.6	67344293	18.3	7901880	-9.2
2007	83931438	11.5	73135920	8.6	10795518	36.6
2008	81018088	-3.5	78954750	8.0	2063338	-80.9
2009	54170614	-33.1	51499378	-34.8	2671236	29.5
2010	67399627	24.4	60764957	18.0	6634670	148.4
2011	65546475	-2.7	68111187	12.1	-2564712	-138.7
2012	63747572	-2.7	70688632	3.8	-6941060	170.6
2013	69774193	9.5	81242545	14.9	-11468352	65.2
2014	73093028	4.8	85909113	5.7	-12816085	11.8
2015	75631565	3.5	78463746	-8.7	-2832181	-77.9

资料来源：国别报告网。

附表2 　　　　　　　　　2003—2015 年日本对华贸易情况

年份	出口 （百万日元）	出口增长率 （%）	进口 （百万日元）	进口增长率 （%）	进出口差额 （百万日元）	差额增长率 （%）
2003	6635482	33.2	8731139	13.0	-2095657	-23.7
2004	7994233	20.5	10198963	16.8	-2204，730	5.2

续表

年份	出口 （百万日元）	出口增长率 （%）	进口 （百万日元）	进口增长率 （%）	进出口差额 （百万日元）	差额增长率 （%）
2005	8836853	10.5	11975449	17.4	−3138596	42.4
2006	10793696	22.1	13784370	15.1	−2990674	−4.7
2007	12838998	18.9	15035468	9.1	−2196470	−26.6
2008	12949889	0.9	14830406	−1.4	−1880517	−14.4
2009	10235596	−21.0	11435984	−22.9	−1200388	−36.2
2010	13085565	27.8	13412960	17.3	−327395	−72.7
2011	12902160	−1.4	14641945	9.2	−1739785	431.4
2012	11509144	−10.8	15038787	2.7	−329643	102.9
2013	12625239	9.7	17659992	17.4	−5034753	42.6
2014	13381487	6.0	19176450	8.6	−5794963	15.1
2015	13229188	−1.1	19420336	1.3	−6191148	6.8

资料来源：国别报告网，http：//yzs. mofcom. gov. cn/article/zcfb/201602/20160201252550. shtml 日本 2015 年进出口贸易情况。

附表 3　　　　　2000—2015 年世界主要产品出口额统计　　　（百万美元）

年份	出口总额	农产品	工业 制成品	化学产品	机械与 运输设备	办公与 通信设备	运输设备	纺织服装
2000	6458000	550808	4689704	586367	2631916	964122	832558	352714
2001	6195000	552593	4511313	598736	2480473	837943	837262	342226
2002	6499000	585198	4753270	668992	2567274	848061	896185	358082
2003	7590000	684085	5501048	802639	2938372	955688	1030784	406173
2004	9223000	784171	6618848	976774	3520689	1145994	1225409	454850
2005	10509000	853029	7301650	1105042	3851443	1272229	1315036	481882
2006	12131000	946401	8254981	1246083	4375283	1452323	1465569	529197
2007	14023000	1135272	9509049	1478756	4961912	1510867	1719484	587133
2008	16160000	1345708	10445939	1687431	5347055	1561859	1835620	613841
2009	12555000	1182231	8362375	1460655	4207782	1321517	1371727	528384

续表

年份	出口总额	农产品	工业制成品	化学产品	机械与运输设备	办公与通信设备	运输设备	纺织服装
2010	15301000	1364854	9992431	1707664	5095259	1613496	1687393	606946
2011	18338000	1662579	11510994	2002238	5749657	1683596	1962240	713421
2012	18496000	1651285	11472523	1958865	5757238	1681471	1969695	703087
2013	18948000	1737207	11826411	1993991	5931461	1750751	2031330	763748
2014	18995000	1765405	12242881	2053848	6112332	1794303	2107379	797355
2015	16482000	1568337	11403800	1568337	5819537	1748729	2035409	744413

资料来源：WTO 数据库。

附表 4　　　　　2000—2015 年世界主要产品出口占比统计　　　　　（％）

年份	农产品	工业制成品	化学产品	机械与运输设备	办公与通信设备	运输设备	纺织服装
2000	8.53	72.62	9.08	40.75	14.93	12.89	5.46
2001	8.92	72.82	9.66	40.04	13.53	13.52	5.52
2002	9.00	73.14	10.29	39.50	13.05	13.79	5.51
2003	9.01	72.48	10.57	38.71	12.59	13.58	5.35
2004	8.50	71.76	10.59	38.17	12.43	13.29	4.93
2005	8.12	69.48	10.52	36.65	12.11	12.51	4.59
2006	7.80	68.05	10.27	36.07	11.97	12.08	4.36
2007	8.10	67.81	10.55	35.38	10.77	12.26	4.19
2008	8.33	64.64	10.44	33.09	9.66	11.36	3.80
2009	9.42	66.61	11.63	33.51	10.53	10.93	4.21
2010	8.92	65.31	11.16	33.30	10.55	11.03	3.97
2011	9.07	62.77	10.92	31.35	9.18	10.70	3.89
2012	8.93	62.03	10.59	31.13	9.09	10.65	3.80
2013	9.17	62.42	10.52	31.30	9.24	10.72	4.03
2014	9.29	64.45	10.81	32.18	9.45	11.09	4.20
2015	9.52	69.19	9.52	35.31	10.61	12.35	4.52

资料来源：根据附表 3 中的数据计算得来。

附表5 　　　　2000—2015 年日本主要产品出口额统计　　　（百万美元）

年份	出口总额	农产品	工业制成品	化学产品	机械与运输设备	办公与通信设备	运输设备	纺织服装
2000	479249	4349	449738	35158	329754	108178	114609	7528
2001	403496	5109	374564	30679	271510	82740	104134	6650
2002	416726	4438	387532	33251	280071	81233	116987	6488
2003	471817	4784	438689	38955	315305	90050	129078	6917
2004	565675	5401	524268	48007	371296	102362	147139	7723
2005	594941	5965	546466	52644	381371	97950	156170	7374
2006	646725	6469	587028	57837	412526	99424	175561	7419
2007	714327	7565	640629	65138	451771	103108	197283	7625
2008	781412	8314	693067	69135	484250	103259	214966	7928
2009	580719	7866	508038	61414	337829	78845	142879	6592
2010	769774	10166	680218	78419	458036	92610	197369	7617
2011	823184	10925	725089	84505	480216	86875	201548	8629
2012	798568	10859	709557	78954	476028	82485	212472	8376
2013	715097	10769	626165	75822	414289	70233	189674	7328
2014	690217	10590	597917	72245	400573	65614	180881	7008
2015	624939	10310	545076	62850	366692	60245	168387	6662

资料来源：WTO 数据库。

附表6 　　　　2000—2015 年日本主要产品出口占比统计　　　（％）

年份	农产品	工业制成品	化学产品	机械与运输设备	办公与通信设备	运输设备	纺织服装
2000	0.91	93.84	7.34	68.81	22.57	23.91	1.57
2001	1.27	92.83	7.60	67.29	20.51	25.81	1.65
2002	1.06	92.99	7.98	67.21	19.49	28.07	1.56
2003	1.01	92.98	8.26	66.83	19.09	27.36	1.47
2004	0.95	92.68	8.49	65.64	18.10	26.01	1.37
2005	1.00	91.85	8.85	64.10	16.46	26.25	1.24
2006	1.00	90.77	8.94	63.79	15.37	27.15	1.15

年份	农产品	工业制成品	化学产品	机械与运输设备	办公与通信设备	运输设备	纺织服装
2007	1.06	89.68	9.12	63.24	14.43	27.62	1.07
2008	1.06	88.69	8.85	61.97	13.21	27.51	1.01
2009	1.35	87.48	10.58	58.17	13.58	24.60	1.14
2010	1.32	88.37	10.19	59.50	12.03	25.64	0.99
2011	1.33	88.08	10.27	58.34	10.55	24.48	1.05
2012	1.36	88.85	9.89	59.61	10.33	26.61	1.05
2013	1.51	87.56	10.60	57.93	9.82	26.52	1.02
2014	1.53	86.63	10.47	58.04	9.51	26.21	1.02
2015	1.65	87.22	10.06	58.68	9.64	26.94	1.07

资料来源：表中的数据根据附表5中的数据计算得出。

附表7　　　　　山东省对日本贸易结合度指标计算

年份	山东对日出口额（万美元）	山东出口总额（万美元）	日本进口总额（百万美元）	世界进口总额（百万美元）	山东与日本贸易结合度
1998	299525	1034705	280484	5683000	5.87
1999	341801	1157909	309995	5926000	5.64
2000	436272	1552905	379511	6725000	4.98
2001	519357	1812899	349089	6484000	5.32
2002	537168	2111511	337194	6743000	5.09
2003	612331	2657285	382930	7869000	4.74
2004	724336	3587286	454542	9574000	4.25
2005	848233	4625113	515866	10870000	3.86
2006	932929	5864717	579064	12461000	3.42
2007	1031630	7524374	622243	14330000	3.16
2008	1219606	9317486	762534	16572000	2.84
2009	1139396	7956530	551981	12782000	3.32
2010	1317571	10424695	694059	15511000	2.82
2011	1676087	12578809	855380	18503000	2.88

续表

年份	山东对日出口额 （万美元）	山东出口总额 （万美元）	日本进口总额 （百万美元）	世界进口总额 （百万美元）	山东与日本 贸易结合度
2012	1718142	12873171	885843	18705000	2.82
2013	1614263	13450998	833166	19011000	2.74
2014	1599769	14474545	812185	19104000	2.60
2015	1474562	14406069	648494	16725000	2.64

附表8　　　　　　　　　**日本对山东省贸易结合度指标计算**

年份	日本对山东出口额 （万美元）	日本出口总额 （百万美元）	山东进口总额 （万美元）	世界进口额 （百万美元）	日本与山东 贸易结合度
1998	105703	387927	627035	5683000	2.47
1999	109127	417610	669185	5926000	2.31
2000	160213	479249	946093	6725000	2.38
2001	175363	403496	1083414	6484000	2.60
2002	199660	416726	1282664	6743000	2.52
2003	277145	471817	1808467	7869000	2.56
2004	304732	565675	2490850	9574000	2.07
2005	312920	594941	3063763	10870000	1.87
2006	346409	646725	3664100	12461000	1.82
2007	484115	714327	4737424	14330000	2.05
2008	624085	781412	6496994	16572000	2.04
2009	540852	580719	5903848	12782000	2.02
2010	779369	769774	8470390	15511000	1.85
2011	805736	823184	11020382	18503000	1.64
2012	705300	798568	11681316	18705000	1.41
2013	616541	715097	13264856	19011000	1.24
2014	643295	690217	13237004	19104000	1.35
2015	525015	624939	9768798	16725000	1.44

　　说明：附表7与附表8中的数据是根据山东省统计信息网、联合国国别数据库中的有关数据计算整理得出的。

附表9　　　山东省对外贸易国际竞争力综合评价指标原始指标值（Ⅰ）

年份	对外贸易出口额（亿美元）	高新技术产品出口比重（%）	工业制成品出口比重（%）	加工贸易出口占比（%）	出口市场分布度
2000	155.29	4.19	78.3	51.5	0.1822
2001	181.29	4.3	76.3	49	0.1853
2002	211.15	5.4	78.1	47.9	0.1733
2003	265.73	5.8	79.8	46.6	0.1505
2004	358.73	6.94	82.2	48.4	0.1354
2005	462.51	9.18	83.2	48.9	0.1367
2006	586.47	11.06	84.9	46.7	0.1308
2007	752.44	11.25	86.7	47.1	0.1112
2008	931.75	11.26	85.7	46.1	0.1136
2009	795.65	14.67	86.5	50.2	0.1090
2010	1042.91	16.86	87.1	47.8	0.1089
2011	1257.88	12.08	86.9	44.4	0.1038
2012	1287.32	11.12	87.6	42.2	0.1011
2013	1345.1	12.83	88.2	39.1	0.0964
2014	1447.45	14.23	88.5	38.3	0.0982
2015	1440.6	12.29	88.9	34.18	0.1036

附表10　　山东省对外贸易国际竞争力综合评价指标原始指标值（Ⅱ）

年份	加工贸易增值率（%）	进口技术效益率（%）	高新技术产品TC指数	机电产品TC指数	工业制成品显示性比较优势指数	外汇汇率（人民币/美元）
2000	56	11.31	−0.2442	0.0212	1.05	8.2772
2001	59	14.77	−0.3445	−0.0318	1.02	8.2770
2002	64.5	14.42	−0.2375	0.0162	1.04	8.2770
2003	56.5	13.22	−0.2163	−0.0016	1.07	8.2770
2004	64	12.36	−0.1059	0.0782	1.11	8.2768
2005	68.1	13.87	−0.0012	0.1294	1.16	8.1917
2006	74.8	17.69	0.1530	0.2111	1.22	7.9718
2007	77.5	17.88	0.0688	0.2608	1.21	7.6040
2008	78.4	21.04	0.0709	0.2635	1.31	6.9451

续表

年份	加工贸易增值率（%）	进口技术效益率（%）	高新技术产品TC指数	机电产品TC指数	工业制成品显示性比较优势指数	外汇汇率（人民币/美元）
2009	86.9	23.15	0.0651	0.2342	1.27	6.8310
2010	92.8	20.76	0.0684	0.2433	1.30	6.7695
2011	101.8	13.79	0.0585	0.3100	1.35	6.4550
2012	104.7	12.26	0.0088	0.3347	1.37	6.3125
2013	100.6	13.01	0.0499	0.3024	1.36	6.1932
2014	84.6	14.12	0.0492	0.2680	1.37	6.1428
2015	95.16	18.00	0.0037	0.3219	1.28	6.2284

说明：附表9与附表10中数据根据山东省统计信息网、WTO数据库数据整理计算得到。

附表11　　　山东省对外贸易国际竞争力综合评价无量纲化指标值（Ⅰ）

年份	对外贸易出口额	高新技术产品出口比重	工业制成品出口比重	加工贸易出口占比	出口市场分布度
2000	0.00	0.00	15.87	0.00	3.49
2001	2.01	0.87	0.00	14.43	0.00
2002	4.32	9.55	14.29	20.79	13.50
2003	8.55	12.71	27.78	28.29	39.15
2004	15.74	21.70	46.83	17.90	56.13
2005	23.78	39.38	54.76	15.01	54.67
2006	33.37	54.22	68.25	27.71	61.30
2007	46.21	55.72	82.54	25.40	83.35
2008	60.09	55.80	74.60	31.18	80.65
2009	49.56	82.72	80.95	7.51	85.83
2010	68.69	100.00	85.71	21.36	85.94
2011	85.33	62.27	84.13	40.99	91.68
2012	87.61	54.70	89.68	53.70	94.71
2013	92.08	68.19	94.44	71.59	100.00
2014	100.00	79.24	94.44	76.21	97.98
2015	99.47	63.93	100.00	100.00	91.90

附表 12　　山东省对外贸易国际竞争力综合评价无量纲化指标值（Ⅱ）

年份	加工贸易增值率	进口技术效益率	高新技术产品 TC 指数	机电产品 TC 指数	工业制成品 RCA 指数	外汇汇率
2000	0.00	0.00	20.16	14.46	8.57	100.00
2001	6.16	51.72	0.00	0.00	0.00	99.99
2002	17.45	46.49	21.51	13.10	5.71	99.99
2003	1.03	28.55	25.77	8.24	14.29	99.99
2004	16.43	15.70	47.96	30.01	25.71	99.98
2005	24.85	38.27	69.01	43.98	40.00	95.99
2006	38.60	95.37	100.00	66.28	57.14	85.69
2007	44.15	98.21	83.08	79.84	54.29	68.46
2008	46.00	145.44	83.50	80.57	82.86	37.59
2009	63.45	176.98	82.33	72.58	71.43	32.24
2010	75.56	141.26	82.99	75.06	80.00	29.36
2011	94.05	37.07	81.01	93.26	94.29	14.63
2012	100.00	14.20	71.02	100.00	100.00	7.95
2013	91.58	25.41	79.28	91.19	97.14	2.36
2014	58.73	42.00	79.14	81.80	100.00	0.00
2015	80.41	100.00	69.99	96.51	74.29	4.01

说明：附表 11 与附表 12 中的数据是分别对附表 9 与附表 10 中的数据进行无量纲化处理后得到的。

附表 13　　山东地区经济国际竞争力综合评价指标原始指标值（Ⅰ）

年份	人均 GDP（元）	恩格尔系数（%）	居民消费水平（元）	外资依存度（%）	规模以上企业数（个）	第三产业占比（%）	工业总产值（亿元）
2000	8372	37.36	2766.66	2.95	11679	34.8	11229.38
2001	8990	36.50	2963.77	3.26	12268	35.7	11708.44
2002	10071	36.42	3157.83	4.5	13468	36.0	13844.17
2003	11659	35.88	3480.59	4.86	16177	34.0	17479.38
2004	13921	36.53	3822.32	4.79	23915	31.7	22303.00

续表

年份	人均 GDP（元）	恩格尔系数（%）	居民消费水平（元）	外资依存度（%）	规模以上企业数（个）	第三产业占比（%）	工业总产值（亿元）
2005	16626	35.32	4546.45	4	27540	32.3	29514.12
2006	19491	33.61	5411.96	3.64	31936	32.8	36251.21
2007	21839	34.24	6015.34	3.25	36145	33.5	43060.34
2008	25123	34.81	6929.99	1.84	42629	33.5	47301.68
2009	27379	33.92	7559.25	1.61	45518	34.7	53500.69
2010	30004	33.53	8072.24	1.58	44037	36.6	61205.40
2011	32894	33.89	9034.04	1.59	35813	38.3	69148.70
2012	35240	33.35	9927.42	1.56	37625	40.0	78085.29
2013	37499	33.38	11146.07	1.59	40467	41.2	86488.69
2014	39790	29.53	12239.60	1.57	40756	43.5	92428.12
2015	41452	28.63	13119.10	1.61	41485	45.3	94292.12

附表 14　山东省地区经济国际竞争力综合评价指标原始指标值（Ⅱ）

年份	外商直接投资额（万美元）	外资企业数（个）	每万人拥有专利量	教育支出GDP占比（%）	R&D 内部支出 GDP占比（%）	贷款余额（亿元）	全社会固定资产投资（亿元）
2000	266713.64	1740	0.77	1.42	0.62	55736506.28	2282.4506
2001	319306.00	2020	0.74	1.50	0.66	61884116.40	2476.0053
2002	496095.03	2385	0.80	1.58	0.86	75813491.12	3116.5986
2003	623348.86	2925	0.99	1.48	0.86	91978126.54	4682.2847
2004	737967.77	4315	1.06	1.36	0.94	99939167.94	6470.7718
2005	748183.49	4684	1.16	1.35	1.06	111607558.80	8792.2185
2006	825820.81	5227	1.71	1.33	1.07	129724206.44	9195.7556
2007	871170.09	5747	2.44	1.76	1.21	138806539.55	9918.5285
2008	616262.96	5900	2.83	1.78	1.41	152966516.9	11774.1648
2009	601808.41	6052	3.64	1.81	1.53	198026872.3	14516.3768
2010	669221.17	5536	5.38	1.97	1.72	224252817.5	16990.2842
2011	775553.86	4481	6.11	2.31	1.86	244468370.7	18603.0113

年份	外商直接投资额（万美元）	外资企业数（个）	每万人拥有专利量	教育支出GDP占比（%）	R&D 内部支出 GDP占比（%）	贷款余额（亿元）	全社会固定资产投资（亿元）
2012	840889.72	4457	7.80	2.62	2.04	272440380.6	21277.0320
2013	935629.16	4365	7.91	2.56	2.13	298011077.2	24493.3895
2014	993144.44	4155	7.48	2.46	2.19	327180681.0	27774.8693
2015	1053029.72	4013	9.96	2.68	2.17	358120150.5	31209.5995

说明：附表13与附表14中数据根据山东省统计信息网数据整理计算得到。其中人均GDP、居民消费水平、工业总产值、外商直接投资额、贷款余额、全社会固定资产投资等数据按1990年不变价格进行了调整以剔除价格因素所带来的影响。

附表15　山东省地区经济国际竞争力综合评价指标无量纲化指标值（Ⅰ）

年份	人均 GDP	恩格尔系数	居民消费水平	外资依存度	规模以上企业数	第三产业占比	工业总产值
2000	0.00	0.00	0.00	57.88	0.00	22.79	0.00
2001	1.87	9.85	1.90	48.48	1.74	29.41	0.58
2002	5.14	10.77	3.78	10.91	5.29	31.62	3.15
2003	9.94	16.95	6.90	0.00	13.29	16.91	7.52
2004	16.77	9.51	10.20	2.12	36.16	0.00	13.33
2005	24.95	23.37	17.19	26.06	46.87	4.41	22.01
2006	33.61	42.96	25.55	36.97	59.86	8.09	30.12
2007	40.71	35.74	31.38	48.79	72.30	13.24	38.32
2008	50.64	29.21	40.22	91.52	91.46	13.24	43.43
2009	57.46	39.40	46.29	98.48	100.00	22.06	50.89
2010	65.39	43.87	51.25	99.39	95.62	36.03	60.17
2011	74.13	39.75	60.54	99.09	71.32	48.53	69.73
2012	81.22	45.93	69.17	100.00	76.67	61.03	80.49
2013	88.05	45.59	80.94	99.09	85.07	69.85	90.61
2014	94.98	89.69	91.50	99.70	85.93	86.76	97.76
2015	100.00	100.00	100.00	98.48	88.08	100.00	100.00

附表 16　　山东省地区经济国际竞争力综合评价指标无量纲化指标值（Ⅱ）

年份	外商直接投资额	外资企业数	每万人拥有专利量	教育支出GDP占比	R&D内部支出GDP占比	贷款余额	全社会固定资产投资
2000	0.00	0.00	0.33	6.67	0.00	0.00	0.00
2001	6.69	6.49	0.00	12.59	2.55	2.03	0.67
2002	29.17	14.96	0.65	18.52	15.29	6.64	2.88
2003	45.36	27.48	2.71	11.11	15.29	11.99	8.30
2004	59.93	59.72	3.47	2.22	20.38	14.62	14.48
2005	61.23	68.27	4.56	1.48	28.03	18.48	22.50
2006	71.10	80.87	10.52	0.00	28.66	24.47	23.90
2007	76.87	92.93	18.44	31.85	37.58	27.47	26.40
2008	44.45	96.47	22.67	33.33	50.32	32.15	32.81
2009	42.62	100.00	31.45	35.56	57.96	47.06	42.29
2010	51.19	88.03	50.33	47.41	70.06	55.73	50.84
2011	64.71	63.57	58.24	72.59	78.98	62.41	56.42
2012	73.02	63.01	76.57	95.56	90.45	71.67	65.66
2013	85.07	60.88	77.77	91.11	96.18	80.12	76.78
2014	92.38	56.01	73.10	83.70	100.00	89.77	88.13
2015	100.00	52.71	100.00	100.00	98.73	100.00	100.00

　　说明：附表 15 与附表 16 中的数据是分别对附表 13 与附表 14 的数据进行无量纲化处理后得到的。

附表 17　　　　　对外贸易与地区经济国际竞争力指标值

年份	WMJZL	JJJZL	鲁对日出口DREX（万美元）	鲁从日进口DRIM（万美元）	日对鲁FDIDLFDI（万美元）
2000	−0.6312	2.5498	436272	160213	33382
2001	−5.4711	5.2019	519357	175363	34305
2002	2.7394	8.3320	537168	199660	49465
2003	6.4794	9.3798	612331	277145	46133
2004	17.1032	10.7043	724336	304732	56157
2005	25.2902	15.7893	848233	312920	68063

续表

年份	WMJZL	JJJZL	鲁对日出口 DREX（万美元）	鲁从日进口 DRIM（万美元）	日对鲁 FDI DLFDI（万美元）
2006	37. 5732	20. 9970	932929	346409	70275
2007	42. 5219	27. 4799	1031630	484115	68612
2008	47. 2492	31. 6430	1219606	624085	40164
2009	49. 5579	38. 1670	1139396	540852	30396
2010	55. 2489	45. 2887	1317571	779369. 1	31937
2011	58. 3922	50. 6400	1676087	805736	52599
2012	59. 7401	59. 6615	1718142	705300	71954
2013	62. 0986	64. 2561	1614263	616540. 7	49000
2014	60. 7289	71. 1854	1599769	643295	57875
2015	59. 1232	79. 1097	1474562	525015	73032

说明：WMJZL 与 JJJZL 指标值由本书的第五章实证分析得到。其他数据来源于山东省统计信息网。

附表18　　**对外贸易与地区经济国际竞争力指标对数值**

年份	LNWMJZL	LNJJJZL	LNDREX	LNDRIM	LNDLFDI
2000	0. 4601	0. 9360	27. 64	46. 81	137. 24
2001	− 1. 6995	1. 6490	19. 04	9. 46	2. 76
2002	1. 0077	2. 1201	3. 43	13. 86	44. 19
2003	1. 8686	2. 2386	13. 99	38. 81	− 6. 74
2004	2. 8393	2. 3706	18. 29	9. 95	21. 73
2005	3. 2304	2. 7593	17. 10	2. 69	21. 2
2006	3. 6263	3. 0444	9. 98	10. 70	3. 25
2007	3. 7500	3. 3135	10. 58	39. 75	− 2. 37
2008	3. 8554	3. 4545	18. 22	28. 91	− 41. 46
2009	3. 9031	3. 6420	− 6. 58	− 13. 34	− 24. 32
2010	4. 0118	3. 8131	15. 64	44. 10	5. 07
2011	4. 0672	3. 9247	27. 21	3. 38	64. 7
2012	4. 0900	4. 0887	2. 51	− 12. 47	36. 8

续表

年份	LNWMJZL	LNJJJZL	LNDREX	LNDRIM	LNDLFDI
2013	4.1287	4.1629	-6.05	-12.58	-31.9
2014	4.1064	4.2653	-0.90	4.34	18.11
2015	4.0796	4.3708	-7.83	-18.39	-15.32

说明：表中的数据是对附表 17 中的数据取对数后得到的。

附表 19　　1998—2015 年日本国内经济以及鲁日贸易原始数据

年份	日人均GDP（美元）	日制造业产值（亿美元）	日家庭消费支出（美元）	鲁对日出口（万美元）	鲁从日进口（万美元）	日对鲁FDI（万美元）	山东人均GDP（元）	山东居民家庭消费（亿元）
1998	32191	8579.54	21656.08	299525	105703	16616	7968	2554.64
1999	36357	9592.96	25002.33	341801	109127	14071	8483	2821.9
2000	38878	10308.39	26593.73	436272	160213	33382	9326	3099.76
2001	34162	8469.08	23774.80	519357	175363	34305	10195	3382.64
2002	32595	7909.35	22989.73	537168	199660	49465	11340	3581.27
2003	35137	8607.17	24768.53	612331	277145	46133	13268	3992.22
2004	37983	9415.68	26737.07	724336	304732	56157	16413	4545.39
2005	37450	9408.71	26451.45	848233	312920	68063	19934	5451.19
2006	35634	8965.13	25317.76	932929	346409	70275	23603	6553.88
2007	35483	9115.87	25140.18	1031630	484115	68612	27604	7603.39
2008	39570	9917.44	28536.57	1219606	624085	40164	32936	9085.22
2009	41082	9255.07	30598.74	1139396	540852	30396	35894	9910.18
2010	44770	11140.12	32918.30	1317571	779369	31937	41106	11058.97
2011	48388	11396.76	35868.39	1676087	805736	52599	47335	12999.98
2012	48790	11477.40	36375.49	1718142	705300	71954	51768	14583.38
2013	40601	9504.58	30398.14	1614263	616541	49000	56885	16741.4
2014	38241	8976.63	28327.73	1599769	643295	57875	60879	18726.59
2015	34629	8101.49	24791.11	1474562	525015	73032	64168	20308.37

资料来源：日本的数据来源于联合国国别数据库，山东省的数据来源于《山东省统计年鉴》。

附表 20　　1998—2015 年日本国内经济及鲁日贸易 2005 年不变价格数据

年份	日人均GDP（美元）	日本制造业产值（亿美元）	日家庭消费支出（亿美元）	鲁对日出口（万美元）	鲁对日进口（万美元）	日对鲁直接投资（亿美元）	山东省人均GDP（元）	山东居民家庭消费（亿元）
1998	34918	8096.38	24184.61	324893.91	114655.74	18023.33	8530.14	2734.87
1999	34770	8117.75	24465.14	326887.86	104365.67	13457.07	9147.08	3042.81
2000	35670	8585.04	24850.74	400279.84	146995.53	30628.01	10037.67	3336.30
2001	35742	8278.71	25322.52	543369.85	183471.03	35891.12	10779.23	3576.49
2002	35706	8144.35	25621.83	588432.08	218714.35	54185.64	12075.39	3813.51
2003	36173	8523.08	25790.62	630383.99	285315.90	47493.11	13979.56	4206.32
2004	36898	9018.63	26128.69	703646.83	296027.96	54552.99	16691.75	4622.59
2005	37450	9408.71	26451.45	848233.00	312920.00	68063.00	19934.00	5451.19
2006	37935	9852.05	26725.07	993175.02	368779.15	74813.17	23369.31	6488.99
2007	38528	10446.98	26975.14	1120154.87	525657.24	74499.64	26184.78	7212.47
2008	38087	10530.02	26701.14	1173900.75	600697.15	38658.84	29669.40	8184.15
2009	36017	8666.27	26512.66	998924.83	474172.71	26648.61	32334.02	8927.29
2010	37533	10361.33	27149.07	1104592.11	653387.82	26774.54	35975.84	9678.78
2011	37509	10099.74	27044.17	1299282.21	624596.72	40774.10	39439.26	10831.51
2012	38104	10329.68	27592.88	1341824.22	550820.96	56194.20	42252.69	11902.86
2013	38914	10339.96	28246.45	1547179.66	590919.63	46963.72	45409.91	13364.25
2014	39103	10497.11	28005.95	1635836.27	657798.28	59179.81	47707.08	14674.86
2015	39649	10633.43	27891.55	1688335.66	601128.71	83619.77	49700.26	15729.51

说明：表中的数据是按照 2005 年不变价格对附表 19 中的数据进行处理后得到的。其中 2005 年不变价格指标值来源于山东省统计信息网。

附表 21　1998—2015 年日本国内经济及鲁日贸易 2005 年不变价格数据对数值

年份	人均GDP	制造业产值	家庭消费支出	鲁对日出口	鲁对日进口	日对鲁直接投资	山东省人均GDP	山东省居民家庭消费
1998	10.4608	8.9992	10.0935	12.6913	11.6497	9.7994	9.0514	7.9138
1999	10.4565	9.0018	10.1050	12.6974	11.5557	9.5073	9.1212	8.0205
2000	10.4821	9.0578	10.1206	12.8999	11.8982	10.3297	9.2141	8.1126

续表

年份	人均GDP	制造业产值	家庭消费支出	鲁对日出口	鲁对日进口	日对鲁直接投资	山东省人均GDP	山东省居民家庭消费
2001	10.4841	9.0214	10.1394	13.2055	12.1198	10.4882	9.2854	8.1821
2002	10.4831	9.0051	10.1512	13.2852	12.2955	10.9002	9.3989	8.2463
2003	10.4961	9.0505	10.1578	13.3541	12.5614	10.7683	9.5454	8.3443
2004	10.5159	9.1070	10.1708	13.4640	12.5982	10.9069	9.7227	8.4387
2005	10.5308	9.1494	10.1831	13.6509	12.6537	11.1282	9.9002	8.6036
2006	10.5436	9.1954	10.1934	13.8087	12.8180	11.2227	10.0592	8.7779
2007	10.5591	9.2541	10.2027	13.9290	13.1724	11.2185	10.1729	8.8836
2008	10.5476	9.2620	10.1925	13.9758	13.3058	10.5625	10.2979	9.0100
2009	10.4917	9.0672	10.1854	13.8144	13.0693	10.1905	10.3839	9.0969
2010	10.5330	9.2458	10.2091	13.9150	13.3899	10.1952	10.4906	9.1777
2011	10.5323	9.2203	10.2052	14.0773	13.3449	10.6158	10.5825	9.2902
2012	10.5481	9.2428	10.2253	14.1095	13.2192	10.9366	10.6514	9.3845
2013	10.5691	9.2438	10.2487	14.2519	13.2894	10.7571	10.7235	9.5003
2014	10.5740	9.2589	10.2402	14.3077	13.3967	10.9883	10.7728	9.5939
2015	10.5878	9.2718	10.2361	14.3393	13.3066	11.3340	10.8138	9.6633

说明：表中的数据是对附表20中的数据取对数后得到的。

附表22　　中日政治关系分值原始数据及调整后均值数据

年份	1月	2月	3月	4月	5月	6月	7月	8月	9月	10月	11月	12月	平均
1998	3.7	3.8	3.8	3.8	3.4	3.3	3.3	3.3	3.3	3.3	3.9	3.9	3.54
1999	3.7	3.7	3.7	3.5	3.5	3.5	3.7	3.6	3.6	3.6	3.6	3.6	3.63
2000	3.3	3.3	3.3	3.1	3.2	3.3	3.3	3.4	3.7	3.7	3.7		3.36
2001	3.7	3.6	3.6	3.3	3.3	3.3	3.3	3	3	3.2	3.2	3.2	3.43
2002	3.2	3.2	3.3	2.9	2.9	2.9		2.9	3.1	3.1	3.1	3	3.08
2003	2.6	2.6	2.6	2.6	2.5	2.5	2.5	2.3	2.4	2.2	2.2	2.2	2.65
2004	2	1.8	1.4	1.2	1.2	1.1	1	0.7	0.7	0.7	0.8	0.3	1.48
2005	0.1	-0.4	-0.8	-1.1	-1.3	-1.6	-1.8	-1.9	-2	-2.2	-2.3	-2.4	-0.75
2006	-2.4	-2.4	-2.6	-2.7	-2.5	-2.5	-2.3	-2.5	-2.5	-2	-1.8	-1.6	-2.44

续表

年份	1月	2月	3月	4月	5月	6月	7月	8月	9月	10月	11月	12月	平均
2007	-1.5	-1.4	-1.3	-0.7	-0.7	-0.6	-0.5	-0.2	0.1	0.1	0.2	0.7	-1.02
2008	0.7	0.9	0.9	1.1	1.7	1.7	1.8	1.9	1.9	2	2	2.1	1.13
2009	2.1	1.9	1.9	2.1	2	2.1	2.1	2.1	2.1	2.2	2.3	2.5	2.04
2010	2.5	2.5	2.5	2.6	2.8	2.8	2.8	2.9	1.5	1.3	1.3	1.2	2.49
2011	1.2	1.2	1.1	1.1	1.2	1.2	1.2	1.2	1.2	1.2	1.4	1.8	1.20
2012	1.6	1.5	1.3	1.3	1.3	1.2	0.7	0.1	-2.8	-3.1	-3.3	-3.3	0.88
2013	-3.3	-3.4	-3.5	-3.6	-3.7	-3.7	-3.7	-3.8	-3.8	-4	-4.1	-4.5	-3.24
2014	-4.6	-4.7	-4.7	-4.9	-4.9	-5	-5	-5	-5	-5	-4.8	-4.8	-4.70
2015	-4.8	-4.8	-4.7	-4.7	-4.7	-4.7	-4.7	-4.8	-4.9	-4.8	-4.5	-4.5	-4.78

说明：表中平均值是将上一年度10—12月数值以及本年度1—9月数值累加后平均得到的值。

附表23　　中日政治关系与鲁日经贸合作关系相关分析数据

年份	鲁对日出口增长率（%）	鲁从日进口增长率（%）	日对鲁直接投资增长率（%）	中日关系无量纲化分值
1999	14.11	3.24	-15.32	6.10
2000	27.64	46.81	137.24	1.57
2001	19.04	9.46	2.76	0.00
2002	3.43	13.86	44.19	0.71
2003	13.99	38.81	-6.74	2.34
2004	18.29	9.95	21.73	4.47
2005	17.10	2.69	21.2	2.71
2006	9.98	10.70	3.25	4.53
2007	10.58	39.75	-2.37	7.09
2008	18.22	28.91	-41.46	5.01
2009	-6.58	-13.34	-24.32	4.25
2010	15.64	44.10	5.07	5.16
2011	27.21	3.38	64.7	7.41
2012	2.51	-12.47	36.8	7.44

续表

年份	鲁对日出口增长率（%）	鲁从日进口增长率（%）	日对鲁直接投资增长率（%）	中日关系无量纲化分值
2013	−6.05	−12.58	−31.9	7.81
2014	−0.90	4.34	18.11	7.12
2015	−7.83	−18.39	−15.32	6.27

说明：表中的数据根据山东省统计信息网数据计算得来。其中，无量纲化值是根据半升梯形模糊隶属度函数对附表22中的"平均数"进行量化后得到的。

附表24 日元汇率波动对鲁日经贸影响分析使用原始数据

年份	EX（万美元）	IM（万美元）	JDI（万美元）	JRAT（1美元兑换日元）
1998	299525	105703	16616	130.91
1999	341801	109127	14071	113.91
2000	436272	160213	33382	107.77
2001	519357	175363	34305	121.53
2002	537168	199660	49465	125.31
2003	612331	277145	46133	115.93
2004	724336	304732	56157	108.18
2005	848233	312920	68063	110.16
2006	932929	346409	70275	116.31
2007	1031630	484115	68612	117.76
2008	1219606	624085	40164	103.37
2009	1139396	540852	30396	93.54
2010	1317571	779369.1	31937	87.78
2011	1676087	805736	52599	79.81
2012	1718142	705300	71954	79.81
2013	1614263	616540.7	49000	97.63
2014	1599769	643295	57875	105.85
2015	1474562	525015	73032	121.03

资料来源：JRAT的数据来源于联合国国别数据库，其他数据来源于山东省统计信息网。

附表 25　　日元汇率波动对鲁日经贸影响分析使用数据的对数值

年份	LNEX	LNIM	LNJDI	LNJRAT
1998	12.6100	11.5684	9.7181	4.8745
1999	12.7420	11.6003	9.5519	4.7354
2000	12.9860	11.9843	10.4158	4.6800
2001	13.1603	12.0746	10.4430	4.8002
2002	13.1941	12.2044	10.8090	4.8308
2003	13.3250	12.5323	10.7393	4.7530
2004	13.4930	12.6272	10.9359	4.6838
2005	13.6509	12.6537	11.1282	4.7019
2006	13.7461	12.7554	11.1602	4.7563
2007	13.8467	13.0901	11.1362	4.7686
2008	14.0140	13.3440	10.6007	4.6383
2009	13.9460	13.2009	10.3221	4.5384
2010	14.0913	13.5662	10.3715	4.4748
2011	14.3320	13.5995	10.8705	4.3796
2012	14.3568	13.4664	11.1838	4.3796
2013	14.2944	13.3319	10.7996	4.5812
2014	14.2854	13.3744	10.9660	4.6620
2015	14.2039	13.1712	11.1987	4.7960

说明：表中的数据是对附表 24 中的数据取对数后得到的。

附表 26　　　　关于消费者民族中心主义与爱国主义的调查

请针对下列陈述，根据自己的感受选择对应项	完全同意	比较同意	同意	既不同意也不反对	不同意	比较反对	强烈反对
1	只有那些在中国市场买不到的产品才应该进口	—	—	—	—	—	—	—
2	中国国产品的质量是一流的、耐用的、最好的	—	—	—	—	—	—	—
3	购买外国产品就说明你不爱国	—	—	—	—	—	—	—
4	购买外国货是不对的，因为那会使中国人失去工作机会	—	—	—	—	—	—	—

续表

	请针对下列陈述，根据自己的感受选择对应项	完全同意	比较同意	同意	既不同意也不反对	不同意	比较反对	强烈反对
5	一个真正的中国人就应该总是购买中国制造的产品	—	—	—	—	—	—	—
6	我们应该购买国产品，不要让其他国家把钱赚走	—	—	—	—	—	—	—
7	中国人不应该购买外国货，因为这会有损民族工业，并引起失业	—	—	—	—	—	—	—
8	长期来看，购买国产货会让我花费更多，但我仍然愿意支持国产货	—	—	—	—	—	—	—
9	我们只应该从国外购买那些自己国内生产不出来的产品	—	—	—	—	—	—	—
10	购买外国货的中国人应该对自己同胞的失业负责	—	—	—	—	—	—	—
11	我热爱我的国家	—	—	—	—	—	—	—
12	作为一名中国人，我很自豪	—	—	—	—	—	—	—
13	我感觉，自己在感情上依附自己的国家并且受它的行动影响	—	—	—	—	—	—	—
14	尽管有时我不同意政府的行为，但我总是很坚定地执行中国公民的义务	—	—	—	—	—	—	—
15	我非常自豪那片土地，这就是中国	—	—	—	—	—	—	—
16	对我来说，服务国家并不重要	—	—	—	—	—	—	—
17	当我看到五星红旗随风飘扬时，感觉非常好	—	—	—	—	—	—	—
18	我是一个中国人这一事实是我身份的一个重要部分	—	—	—	—	—	—	—
19	对于一个人来说，形成对于国家的依赖，并没有什么意义	—	—	—	—	—	—	—
20	总的来说，我对中国人几乎没有什么尊重感	—	—	—	—	—	—	—
21	当我看到孩子们向国旗宣誓效忠，唱国歌或者接受其他爱国主义教育活动时，总是感觉很烦	—	—	—	—	—	—	—
22	中国是一个真正的机构，大而强壮，但仅仅是一个机构而已	—	—	—	—	—	—	—

附表27 关于对日消费者敌意与产品判断的调查

（本次调查不涉及任何个人隐私，调查结果完全用于学术研究，非常感谢您的合作。）

	请针对下列陈述，根据自己的感受选择对应项	完全同意	比较同意	同意	既不同意也不反对	不同意	比较反对	强烈反对
1	我对日本人很生气	—	—	—	—	—	—	—
2	我永远不会原谅日本的南京大屠杀行为	—	—	—	—	—	—	—
3	日本应该对其在二战期间对中国的所作所为进行赔偿	—	—	—	—	—	—	—
4	日本不是一个可信赖的贸易伙伴	—	—	—	—	—	—	—
5	日本想在经济实力方面超越中国	—	—	—	—	—	—	—
6	日本同中国做贸易是在利用中国	—	—	—	—	—	—	—
7	日本对中国经济的影响过大	—	—	—	—	—	—	—
8	日本同中国进行的贸易是不公平的	—	—	—	—	—	—	—
9	日本制造的产品做工细致，工艺精湛	—	—	—	—	—	—	—
10	日本制造的产品技术先进程度非常高	—	—	—	—	—	—	—
11	日本制造的产品通常颜色精美，设计考究	—	—	—	—	—	—	—
12	日本制造的产品通常质量可靠并且使用时间长	—	—	—	—	—	—	—
13	日本制造的产品通常物有所值	—	—	—	—	—	—	—
14	如果我购买日本产品，我会有罪恶感	—	—	—	—	—	—	—
15	无论何时，如有可能，我会尽量避免购买日本产品	—	—	—	—	—	—	—
16	我不喜欢拥有日本产品的想法	—	—	—	—	—	—	—
17	如果两种产品在质量上相当，但一个是日本制造，一个是中国制造，我愿意多支付10%购买中国制造的产品							

男＿＿＿＿＿＿；　女＿＿＿＿＿＿＿

再次感谢您的合作！

附录 28   **实证分析权数的计算过程**

$$\text{行算术平均值} \quad \text{归一化权} \quad \text{权值 } W$$

$$A = \begin{bmatrix} 1 & 7/3 & 4/1 \\ 3/7 & 1 & 6.5/3.5 \\ 1/4 & 3.5/6.5 & 1 \end{bmatrix} \Rightarrow \begin{bmatrix} 2.444444 \\ 1.095238 \\ 0.596154 \end{bmatrix} \Rightarrow \begin{bmatrix} 0.591040 \\ 0.264817 \\ 0.144143 \end{bmatrix} \Rightarrow \begin{bmatrix} 59\% \\ 27\% \\ 14\% \end{bmatrix}$$

$$AW = \begin{bmatrix} 1 & 7/3 & 4/1 \\ 3/7 & 1 & 6.5/3.5 \\ 1/4 & 3.5/6.5 & 1 \end{bmatrix} \begin{bmatrix} 59\% \\ 27\% \\ 14\% \end{bmatrix} = \begin{bmatrix} 1.780000 \\ 0.782857 \\ 0.432885 \end{bmatrix}$$

$$\lambda_{max} = \frac{1}{3} \sum_{i=1}^{3} \frac{(AW)_i}{W_i} = 3.002818$$

$$CI = \frac{\lambda_{max} - 3}{3 - 1} = \frac{3.002818 - 3}{2} = 0.001409$$

$$CR = \frac{CI}{RI} = \frac{0.001409}{0.1690} = 0.008336$$

$$\text{行算术均值} \quad\quad \text{化权} \quad\quad \text{权值 } W_1$$

$$A_1 = \begin{bmatrix} 1 & 7/3 & 4 & 7/3 & 3/2 \\ 3/7 & 1 & 6.5/3.5 & 1 & 2/3 \\ 1/4 & 3.5/6.5 & 1 & 3.5/6.5 & 3/7 \\ 3/7 & 1 & 6.5/3.5 & 1 & 2/3 \\ 2/3 & 3/2 & 7/3 & 3/2 & 1 \end{bmatrix} \Rightarrow \begin{bmatrix} 2.233333 \\ 0.990476 \\ 0.551099 \\ 0.990476 \\ 1.400000 \end{bmatrix} \Rightarrow$$

$$\begin{bmatrix} 0.362237 \\ 0.160651 \\ 0.089386 \\ 0.160651 \\ 0.227074 \end{bmatrix} \Rightarrow \begin{bmatrix} 36\% \\ 16\% \\ 9\% \\ 16\% \\ 23\% \end{bmatrix}$$

$$A_1 W_1 = \begin{bmatrix} 1 & 7/3 & 4 & 7/3 & 3/2 \\ 3/7 & 1 & 6.5/3.5 & 1 & 2/3 \\ 1/4 & 3.5/6.5 & 1 & 3.5/6.5 & 3/7 \\ 3/7 & 1 & 6.5/3.5 & 1 & 2/3 \\ 2/3 & 3/2 & 7/3 & 3/2 & 1 \end{bmatrix} \begin{bmatrix} 36\% \\ 16\% \\ 9\% \\ 16\% \\ 23\% \end{bmatrix} = \begin{bmatrix} 1.811667 \\ 0.794762 \\ 0.450879 \\ 0.794762 \\ 1.160000 \end{bmatrix}$$

$$\lambda_{max} = \frac{1}{5} \sum_{i=1}^{5} \frac{(AW)_i}{W_i} = 5.004035$$

$$CI = \frac{\lambda_{max} - 5}{5 - 1} = \frac{5.004035 - 5}{4} = 0.001009$$

$$CR = \frac{CI}{RI} = \frac{0.001009}{0.3287} = 0.003069$$

平均值　　化权　　权值

$$A_{11} = \begin{bmatrix} 1 & 1 \\ 1 & 1 \end{bmatrix} \Rightarrow \begin{bmatrix} 1 \\ 1 \end{bmatrix} \Rightarrow \begin{bmatrix} 0.5 \\ 0.5 \end{bmatrix} \Rightarrow \begin{bmatrix} 50\% \\ 50\% \end{bmatrix}$$

行算术均值　　归一化权　　权值 W_{12}

$$A_{12} = \begin{bmatrix} 1 & 2/3 & 2/3 \\ 3/2 & 1 & 1 \\ 3/2 & 1 & 1 \end{bmatrix} \Rightarrow \begin{bmatrix} 0.777778 \\ 1.166667 \\ 1.166667 \end{bmatrix} \Rightarrow \begin{bmatrix} 0.250000 \\ 0.375000 \\ 0.375000 \end{bmatrix} \Rightarrow \begin{bmatrix} 24\% \\ 38\% \\ 38\% \end{bmatrix}$$

$$A_{12} W_{12} = \begin{bmatrix} 1 & 2/3 & 2/3 \\ 3/2 & 1 & 1 \\ 3/2 & 1 & 1 \end{bmatrix} \begin{bmatrix} 24\% \\ 38\% \\ 38\% \end{bmatrix} \Rightarrow \begin{bmatrix} 0.746667 \\ 1.120000 \\ 1.120000 \end{bmatrix}$$

$$\lambda_{max} = \frac{1}{3} \sum_{i=1}^{3} \frac{(AW)_i}{W_i} = 3.001949$$

$$CI = \frac{\lambda_{max} - 3}{3 - 1} = \frac{3.001949 - 3}{2} = 0.000975$$

$$CR = \frac{CI}{RI} = \frac{0.000975}{0.1690} = 0.005767$$

行算术均值　　化权　　权值 W_{13}

$$A_{13} = \begin{bmatrix} 1 & 1 & 1 & 1 \\ 1 & 1 & 1 & 1 \\ 1 & 1 & 1 & 1 \\ 1 & 1 & 1 & 1 \end{bmatrix} \Rightarrow \begin{bmatrix} 1 \\ 1 \\ 1 \\ 1 \end{bmatrix} \Rightarrow \begin{bmatrix} 0.25 \\ 0.25 \\ 0.25 \\ 0.25 \end{bmatrix} \Rightarrow \begin{bmatrix} 25\% \\ 25\% \\ 25\% \\ 25\% \end{bmatrix}$$

行算术均值　　归一化权　　权值 W_{15}

$$A_{15} = \begin{bmatrix} 1 & 1 & 3/2 \\ 1 & 1 & 3/2 \\ 2/3 & 2/3 & 1 \end{bmatrix} \Rightarrow \begin{bmatrix} 1.666667 \\ 1.666667 \\ 0.777778 \end{bmatrix} \Rightarrow \begin{bmatrix} 0.375000 \\ 0.375000 \\ 0.250000 \end{bmatrix} \Rightarrow \begin{bmatrix} 38\% \\ 38\% \\ 24\% \end{bmatrix}$$

$$A_{15}W_{15} = \begin{bmatrix} 1 & 1 & 3/2 \\ 1 & 1 & 3/2 \\ 2/3 & 2/3 & 1 \end{bmatrix}\begin{bmatrix} 38\% \\ 38\% \\ 24\% \end{bmatrix} \Rightarrow \begin{bmatrix} 1.120000 \\ 1.120000 \\ 0.746667 \end{bmatrix}$$

$$\lambda_{max} = \frac{1}{3}\sum_{i=1}^{3}\frac{(AW)_i}{W_i} = 3.001949$$

$$CI = \frac{\lambda_{max} - 3}{3 - 1} = \frac{3.001949 - 3}{2} = 0.000975$$

$$CR = \frac{CI}{RI} = \frac{0.000975}{0.1690} = 0.005767$$

行算术均值   归一化权   权值 W_2

$$A_2 = \begin{bmatrix} 1 & 2/3 & 7/3 \\ 3/2 & 1 & 4 \\ 3/7 & 1/4 & 1 \end{bmatrix} \Rightarrow \begin{bmatrix} 1.333333 \\ 2.166667 \\ 0.559524 \end{bmatrix} \Rightarrow \begin{bmatrix} 0.328446 \\ 0.533724 \\ 0.137830 \end{bmatrix} \Rightarrow \begin{bmatrix} 33\% \\ 53\% \\ 14\% \end{bmatrix}$$

$$A_2 W_2 = \begin{bmatrix} 1 & 2/3 & 7/3 \\ 3/2 & 1 & 4 \\ 3/7 & 1/4 & 1 \end{bmatrix}\begin{bmatrix} 33\% \\ 53\% \\ 14\% \end{bmatrix} \Rightarrow \begin{bmatrix} 1.010000 \\ 5.585000 \\ 0.413929 \end{bmatrix}$$

$$\lambda_{max} = \frac{1}{3}\sum_{i=1}^{3}\frac{(AW)_i}{W_i} = 3.060606$$

$$CI = \frac{\lambda_{max} - 3}{3 - 1} = \frac{3.060606 - 3}{2} = 0.001301$$

$$CR = \frac{CI}{RI} = \frac{0.001301}{0.1690} = 0.007697$$

行算术均值   归一化权   权值 W_{21}

$$A_{21} = \begin{bmatrix} 1 & 1/4 & 1/9 \\ 4 & 1 & 3/7 \\ 9 & 7/3 & 1 \end{bmatrix} \Rightarrow \begin{bmatrix} 0.453704 \\ 1.809524 \\ 4.111111 \end{bmatrix} \Rightarrow \begin{bmatrix} 0.071177 \\ 0.283876 \\ 0.644947 \end{bmatrix} \Rightarrow \begin{bmatrix} 7\% \\ 28\% \\ 65\% \end{bmatrix}$$

$$A_{21}W_{21} = \begin{bmatrix} 1 & 1/4 & 1/9 \\ 4 & 1 & 3/7 \\ 9 & 7/3 & 1 \end{bmatrix}\begin{bmatrix} 7\% \\ 28\% \\ 65\% \end{bmatrix} = \begin{bmatrix} 0.212222 \\ 0.838571 \\ 1.933333 \end{bmatrix}$$

$$\lambda_{max} = \frac{1}{3}\sum_{i=1}^{3}\frac{(AW)_i}{W_i} = 3.000334$$

$$CI = \frac{\lambda_{max} - 3}{3 - 1} = \frac{3.000334 - 3}{2} = 0.000167$$

$$CR = \frac{CI}{RI} = \frac{0.000167}{0.1690} = 0.000989$$

行算术均值　　归一化权　　权值

$$W_{213}\,A_{213} = \begin{bmatrix} 1 & 7/3 & 1/4 & 3.5/6.5 \\ 3/7 & 1 & 1/9 & 1/4 \\ 4 & 9 & 1 & 7/3 \\ 6.5/3.5 & 4 & 3/7 & 1 \end{bmatrix} \Rightarrow \begin{bmatrix} 1.030449 \\ 0.447421 \\ 4.083333 \\ 1.821429 \end{bmatrix} \Rightarrow \begin{bmatrix} 0.139577 \\ 0.060604 \\ 0.553100 \\ 0.246718 \end{bmatrix} \Rightarrow$$

$$\begin{bmatrix} 14\% \\ 6\% \\ 55\% \\ 25\% \end{bmatrix}$$

$$A_{213}\,W_{213} = \begin{bmatrix} 1 & 7/3 & 1/4 & 3.5/6.5 \\ 3/7 & 1 & 1/9 & 1/4 \\ 4 & 9 & 1 & 7/3 \\ 6.5/3.5 & 4 & 3/7 & 1 \end{bmatrix}\begin{bmatrix} 14\% \\ 6\% \\ 55\% \\ 25\% \end{bmatrix} = \begin{bmatrix} 0.552115 \\ 0.243611 \\ 2.233333 \\ 0.985714 \end{bmatrix}$$

$$\lambda_{max} = \frac{1}{4}\sum_{i=1}^{4}\frac{(AW)_i}{W_i} = 4.001832$$

$$CI = \frac{\lambda_{max} - 4}{4 - 1} = \frac{4.001832 - 4}{3} = 0.000611$$

$$CR = \frac{CI}{RI} = \frac{0.000611}{0.2598} = 0.002351$$

$$CR = \frac{CI}{RI} = \frac{0.002351}{0.2598} = 0.002057$$

行算术均值　归一化权　权值 W_{23}

$$A_{23} = \begin{bmatrix} 1 & 1 & 1 & 1 \\ 1 & 1 & 1 & 1 \\ 1 & 1 & 1 & 1 \\ 1 & 1 & 1 & 1 \end{bmatrix} \Rightarrow \begin{bmatrix} 1 \\ 1 \\ 1 \\ 1 \end{bmatrix} \Rightarrow \begin{bmatrix} 0.25 \\ 0.25 \\ 0.25 \\ 0.25 \end{bmatrix} \Rightarrow \begin{bmatrix} 25\% \\ 25\% \\ 25\% \\ 25\% \end{bmatrix}$$

行算术均值　　归一化权　　权值

$$W_3\,A_3 = \begin{bmatrix} 1 & 1 & 3/7 & 1/4 \\ 1 & 1 & 3/7 & 1/4 \\ 7/3 & 7/3 & 1 & 3.5/6.5 \\ 4 & 4 & 6.5/3.5 & 1 \end{bmatrix} \Rightarrow \begin{bmatrix} 0.669643 \\ 0.669643 \\ 1.551282 \\ 2.714286 \end{bmatrix} \Rightarrow \begin{bmatrix} 0.119476 \\ 0.119476 \\ 0.276775 \\ 0.484274 \end{bmatrix} =$$

$$
\begin{bmatrix} 12\% \\ 12\% \\ 28\% \\ 48\% \end{bmatrix}
$$

$$
A_3 W_3 = \begin{bmatrix} 1 & 1 & 3/7 & 1/4 \\ 1 & 1 & 3/7 & 1/4 \\ 7/3 & 7/3 & 1 & 3.5/6.5 \\ 4 & 4 & 6.5/3.5 & 1 \end{bmatrix} \begin{bmatrix} 12\% \\ 12\% \\ 28\% \\ 48\% \end{bmatrix} = \begin{bmatrix} 0.480000 \\ 0.480000 \\ 1.098462 \\ 1.960000 \end{bmatrix}
$$

$$
\lambda_{max} = \frac{1}{4} \sum_{i=1}^{4} \frac{(AW)_i}{W_i} = 4.001603
$$

$$
CI = \frac{\lambda_{max} - 4}{4 - 1} = \frac{4.001603 - 4}{3} = 0.000534
$$

$$
CR = \frac{CI}{RI} = \frac{0.000534}{0.2598} = 0.002056
$$

参考文献

高鸿业：《西方经济学（宏观部分）》，中国人民大学出版社 2014 年版。

蔡茂森、李永：《国际贸易理论与实务》，清华大学出版社 2015 年版。

迈克尔·波特：《竞争优势》，华夏出版社 1997 年版。

保罗·克鲁格曼：《国际经济学》，中国人民大学出版社 2002 年版。

亚当·斯密：《国民财富的性质和原因的研究》，商务印书馆 1974 年版。

李嘉图：《政治经济学及税赋原理》，商务印书馆 1976 年版。

俄林：《区域和国际贸易》，商务印书馆 1986 年版。

凯恩斯：《通论》，商务印书馆 1983 年版。

高鸿业：《西方经济学》，中国人民大学出版社 2000 年版。

庞浩：《计量经济学》，科学出版社 2012 年版。

薛荣久：《国际贸易》，对外经济贸易大学出版社 2012 年版。

刘凤良：《西方经济学》，中国人民大学出版社 2013 年版。

李刚、李俊：《迈向贸易强国》，人民出版社 2006 年版。

李悦：《产业经济学》，中国人民大学出版社 2013 年版。

苑涛：《中国对外贸易竞争优势研究》，中国财政经济出版社 2005 年版。

库兹涅茨：《现代经济增长》，北京经济学院出版社 1989 年版。

隋红霞：《外贸竞争力制约因素研究》，中国言实出版社 2013 年版。

丁斗：《东亚地区的次区域经济合作》，北京大学出版社 2001 年版。

伊特韦尔等：《新帕尔格雷夫经济学大辞典》第 2 卷，经济科学出版社 1996 年版。

中曾根康弘：《新的保守理论》，世界知识出版社 1984 年版。

时立文：《SPSS 统计分析》，清华大学出版社 2013 年版。

高铁梅：《计量经济分析方法与建模》，清华大学出版社 2007 年版。

张晓桐：《计量经济学软件 Eviews 使用指南》，南开大学出版社 2003 年版。

自宁骚：《民族与国家：民族关系与民族政策的国际比较》，北京大学出版社 1995 年版。

吉尔·德拉诺瓦：《民族与民族主义》，郑文彬、洪辉译，三联书店 2005 年版。

赵曙明：《国际企业：风险管理》，南京大学出版社 1998 年版。

李建民：《冷战后日本的"普通国家化"与中日关系的发展》，中国社会科学出版社 2005 年版。

隋红霞：《对外贸易与区域经济国际竞争力：理论与实证——基于山东省的数据分析》，中国社会科学出版社 2016 年版。

赵书华、张弓：《对服务贸易研究角度的探索——基于生产要素密集度对服务贸易行业的分类》，《财贸经济》2009 年第 3 期。

李汉君：《中日产业内贸易发展实证分析》，《国际贸易问题》2006 年第 4 期。

陈俊聪、黄繁华：《对外直接投资与贸易结构优化》，《国际贸易问题》2014 年第 3 期。

杨剑：《战后日本经济迅速发展的客观原因》，《经济问题》2004 年第 6 期。

彭华：《战后日本制造业产业结构与贸易结构演进研究》，吉林大学 2013 年学位论文。

徐梅：《战后 70 年日本经济发展轨迹与思考》，《日本学刊》2015 年第 6 期。

吴振宇、沈利生：《中国对外贸易对 GDP 贡献的经验分析》，《世界经济》2004 年第 2 期。

严冀、陆铭、陈钊：《改革政策的相互作用和经济增长——来自中国省级面板数据的证据》，《世界经济文汇》2005 年第 1 期。

吴建功：《国际贸易风险度量问题探讨》，《特区经济》2007 年第 10 期。

谭红梅：《美国重返亚太对中日韩关系的影响》，《延边大学学报》（社会科学版）2014 年第 5 期。

章丽群：《产业内贸易理论演进》，《国际商务研究》2011 年第 3 期。

梁志坚、阮明德：《日本"中国加一"战略及其对越南投资的影响》，《国际经济合作》2014 年第 5 期。

宋雪梅：《美国重返亚太及其背后的中国因素》，《国际问题》2014 年第 4 期。

吴怀中：《战后中日关系轨迹、特征与走向》，《日本学刊》2015 年第 6 期。

金灿荣、刘宣佑、黄达：《"美国亚太再平衡战略"对中美关系的影响》，《东北亚论坛》2013 年第 5 期。

徐奇渊、陈思翀：《中日关系紧张对双边贸易的影响》，《国际政治科学》2014 年第 1 期。

熊爱宗：《日本量化宽松政策对日本经济和世界经济的影响》，《亚太经济》2014 年第 4 期。

易宪容：《"安倍经济学"效果及影响的理论分析》，《国际金融研究》2013 年第 6 期。

李鹏军、吴建华：《战后日本经济崛起的文化探源》，《西南师范大学学报》（人文社会科学版）2002 年第 1 期。

张卫兵：《论武术文化中的民族精神在构建和谐社会进程中的作用》，郑州大学 2011 年学位论文。

梁嘉颖：《冷战后日本新民族主义的兴起及其对中日关系的影响》，复旦大学 2013 年学位论文。

李会丽：《日本新民族主义探析》，吉林大学 2011 年学位论文。

许晖、姚力瑞：《我国企业国际化经营的风险测度》，《经济管理》2006 年第 1 期。

王红蕾、吴晶妹：《国家风险测评方法研究》，《经济经纬》2008 年第 3 期。

张金水、连绣花：《国家经济风险评价模型的一种改进》，《清华大学学报》2006 年第 5 期。

林晓光：《战后日本与东南亚国家的关系》，《亚洲论坛》2000 年第 4 期。

高兰：《历史问题与中日危机管理中的美国因素》，《日本研究》2006 年第 4 期。

娜仁其木格：《当前中日关系与民间交往的作用》，《内蒙古师范大学学报》2016 年第 3 期。

马丽娜：《新常态下企业外汇避险策略探析》，《征信》2015 年第 11 期。

张卫兵：《论武术文化中的民族精神在构建和谐社会进程中的作用》，郑州大学 2011 年学位论文。

潘亚玲：《爱国主义与民族主义辨析》，《欧洲研究》2006 年第 4 期。

庞中英：《经济民族主义的"复兴"》，《世界知识》2006 年第 9 期。

吕耀东：《试析日本的民族保守主义及其特性》，《日本学刊》2006 年第 5 期。

崔健：《日本经济民族主义新论——兼论"安倍经济学"的民族主义特征》，《日本学刊》2014 年第 2 期。

李寒梅：《日本新民族主义的基本形态及其成因》，《外交评论》2013 年第 1 期。

袁胜军、宋亮：《消费者敌意对品牌来源国选择的影响》，《商业研究》2013 年第 8 期。

王鑫、雷鸣:《消费者敌意与品牌信任——基于中国市场上日本品牌的实证研究》,《价值工程》2014 年第 8 期。

韩小林、刘向明:《对近代中国"国货意识"的探讨》,《嘉应大学学报》(哲学社会科学版)1995 年第 4 期。

郭功星、周星、涂红伟:《消费者敌意研究脉络梳理及未来展望》,《外国经济与管理》2014 年第 6 期。

吕兵兵:《山东农产品出口连续 17 年领跑全国》,《农民日报》2016年 8 月 5 日。

刘彪:《中国对日出口农产品四成山东产》,《济南时报》2015 年 3 月6 日。

王莉莉:《日本对华投资金额将呈上升趋势》,《中国对外贸易》2016年 2 月 15 日。

释清仁:《从容淡定应对"中国威胁论"》,《中国青年报》2012 年 4月 6 日。

闫海防:《日本推出新版量化宽松政策》,《经济日报》2014 年 11 月3 日。

闫海防:《日本央行决定维持既定量化宽松政策》,《经济日报》2015年 3 月 23 日。

白琳:《外汇避险启新程》,《中国外汇》2015 年 3 月 15 日。

刘军:《外贸企业,莫忘外汇避险》,《烟台日报》2008 年 9 月 24 日。

汪铮:《心态决定国运》,《东方早报》2013 年 7 月 11 日。

Alan A. Bevana, Saul Estrin. "The Determinants of Foreign Direct Investment into European Transition Economies." *Journal of Comparative Economics*. 2004,(32):775 - 787.

Hans Kohn. *Nationalism: Its Meaning and History* (revised edition), Malabar Floroda: Krieger Publishing, 1982, pp. 1 - 18

Miller, K. D. "A Framework for Integrated Risk Management in Interna-

tional Business. " *Journal of International Business Studies*, 1996, (2):
311 – 331.

Subidh P. Kulkami. "The Influence of the Type of Uncertainty on the Mode
of International Entry. " *American Business Review*, 2001, 19 (1):
94 – 101.

Kosterman, R. , Seymour, F. "Toward a Measure of Patriotism and Na-
tionalistic Attitudes. " *Political Psychology*, 1989, 10 (2): 257 –
274.

Ashizawa, Kuniko. "Japan's Approach toward Asia Regional Security:
from Hub-and-Spoke Bilateralism to Multi-Tiered. " *The Pacific Review*,
VoI. 16 (3), 2003, pp. 361 – 382.

Ang, S. H. , Jung K. , Kau A. K. , et al. (2004). "Animosity towards
Economic Giants: What the little Guys Think. " *Journal of Consumer
Marketing*, 21 (3), pp. 190 – 207

Bahaee, M. and M. Pisani (2009). "Iranian Consumer Animosity and
U. S. Products: A Witch's Brew or Elixir?" *International Business Re-
view*, Vol. 18 (2), pp. 199 – 210.

Chan, T. S. , Chan, K. K. and Leung, L. (2010). "How Consumer
Ethnocentrism and Animosity Impair the Economic Recovery of Emerging
Markets. " *Journal of Global Marketing*, 23 (3), pp. 208 – 225.

Ettenson, R. and Klein, J. G. (2005). "The Fallout from French Nuclear
Testing in the South Pacific: A Longitudinal Study of Consumer
Boycotts. " *International Marketing Review*, 22 (2), pp. 199 – 224.

Funk, C. A. et al. (2010). "Consumer Animosity in the Global Value
Chain: The Effect of International Production Shifts on Willingness to Pur-
chase Hybrid Products. " *Journal of International Business Studies*, 41
(4), pp. 639 – 651.

Gianluigi Guido, M. Irene Prete, et al. (2010). "Effects of Jewish-Italian Consumer Animosity towards Arab Rroducts: The Role of Personality. " *Marketing Management Journal*, Spring Volume 20, Issue 1, pp. 1 – 18

Hinck, W. (2004). "The Role of Domestic Animosity in Consumer Choice: Empirical Evidence from Germany. " *Journal of Euro-Marketing*, Vol. 14 (18), pp. 87 – 104.

Josephp Little, K. Chris Cox, Eldonl Little (2012). " A Generational Comparison of Economic-Based and War-Based Consumer Animosity: The Cases of U. S. Consumer Animosity towards China and Vietnam. " *Marketing Management Journal*, Fall 2012, PP. 31 – 44

K. Jung, S. H. Ang, S. M. Leong, et. al. (2002). "A Typology of Animosity and Its Cross-national Validation. " *Journal of Cross-Cultural Psychology*, 33 (6).

Klein, J. G. , Ettenson, R. and Morris, M. D. (1998). "The Animosity Model of Foreign Product Purchase: An Empirical Test in the People's Republic of China. " *Journal of Marketing*, Vol. 62, January, pp. 89 – 100.

Lee, R. and Lee, K. T. (2013). "The Longitudinal Effects of a Two-dimensional Consumer Animosity. " *Journal of Consumer Marketing*, 30 (3): 273 – 282.

Maher, A. A. and Mady S. Animosity (2010). "Subjective Norms and Anticipated Emotions During an International Crisis. " *International Marketing Review*, 27 (6): 630 – 651.

Matea Matić, Barbara Puh (2008). "Consumer Animosity and the Influence of Demographic Variable on General and Economic Dimension of Consumer Animosity. " *International Journal of Management Cases*, pp. 460 – 465.

Nijssen, E. J. , Douglas, S. P. (2004). "Examining the Animosity Model in a Country with a High Level of Foreign Trade." *International Journal of Research in Marketing*, 2004, 21 (1): 23 – 28

Nunnally, J. (1978). *Psychometric Theory.* McGraw-Hill, New York.

Riefler, P. and Diamantopoulos, A. (2007). "Consumer Animosity: A literature Review and a Reconsideration of Its Measurement." *International Marketing Review*, 24 (1): 87 – 119.

Shoham, A. et al. (2006). "Animosity on the Home Front: The Intifada in Israel and Its Impact on Consumer Behavior." *Journal of international marketing*, 14 (3), 92 – 114.

Shin, Mincheol (2001). "The Animosity Model of Foreign Product Purchase Revisited: Does It Work in Korea?" *Journal of Empirical Generalisations in Marketing Science*, 6 (1), 6 – 14.

Shimp, T. A., T. Dunn and J. G. Klein (2004). "Remnants of Us Civil War and Modern Consumer Behavior." *Psychology and Marketing*, Vol. 21 (2), pp. 75 – 84.

Weiyue Wanga, Hongwei Heb, Yan Lic (2013). "Animosity and willingness to Buy Foreign Products: Moderating Factors in Decision-making of Chinese Consumers." *Asia Pacific Business Review*, Vol. 19, No. 1, January, pp. 32 – 52.

Stefan Hoffmann (2010). "Development and Validation of a Cross-Nationally Stable Scale of Consumer Animosity." *Journal of Marketing Theory and Practice*, Vol. 19, No. 2 (spring 2011), pp. 235 – 251.

Han, C. M. "The Role of Consumer Patriotism in the Choice od Domestic Versus Foreign Products." *Journal of Advertising Research*, 1998 (2): 25 – 32.

Rick Kosterman and Seymour Feshbach. "Toward a Measure of Patriotic and Nationalistic Attitudes." *Political Psychology*, Vol. 10, No. 2, 1989, pp. 257 – 274.